一只果 一座城

常山胡柚发展史

主　编◎杨兴良

副主编◎汪丽霞

浙江大学出版社

·杭州·

图书在版编目（CIP）数据

一只果 一座城：常山胡柚发展史 / 杨兴良主编
. —杭州：浙江大学出版社，2023.9
ISBN 978-7-308-24143-4

Ⅰ．①一… Ⅱ．①杨… Ⅲ．①柑桔类－种植业－产业
发展－研究－常山县 Ⅳ．①F326.13

中国国家版本馆CIP数据核字(2023)第164622号

一只果 一座城：常山胡柚发展史
YI ZHI GUO YI ZUO CHENG：CHANGSHAN HUYOU FAZHAN SHI

杨兴良 主编 汪丽霞 副主编

策划编辑　吴伟伟
责任编辑　陈　翮
文字编辑　刘婧雯
责任校对　丁沛岚
封面设计　雷建军
出版发行　浙江大学出版社
　　　　　（杭州市天目山路148号　　邮政编码　310007）
　　　　　（网址：http://www.zjupress.com）
排　　版　杭州林智广告有限公司
印　　刷　浙江全能工艺美术印刷有限公司
开　　本　710mm×1000mm　1/16
印　　张　23.75
字　　数　340千
版 印 次　2023年9月第1版　2023年9月第1次印刷
书　　号　ISBN 978-7-308-24143-4
定　　价　98.00元

浙江大学出版社市场运营中心联系方式：0571-88925591；http://zjdxcbs.tmall.com

胡柚系列加工产品（上）
上海农博会"常山胡柚"造型（下）

浙江省常山县人民政府

中国常山胡柚之乡

中国特产之乡命名宣传活动组委会
一九九六年三月·北京

中国常山胡柚之乡、胡柚祖宗树

领导关怀

1989 年 11 月 6 日
时任浙江省副省长许行贯在白石十八里
胡柚基地调研

1991 年 10 月 22 日
时任浙江省委副书记沈祖伦来常山考察调研胡柚
良种场

2005 年 11 月 17 日
浙江省委原书记李泽民考察调研同弓胡柚基地

2006 年 9 月 7 日
时任浙江省副省长茅临生考察调研天子胡柚
基地

● 1991 年 12 月 12 日
时任浙江省委副书记刘枫来常山考察调研胡柚生产情况

● 2002 年 10 月 25 日
时任浙江省副省长章猛进考察调研胡柚基地

● 2008 年 11 月 14 日
时任浙江省政协主席周国富参考察调研胡柚基地

● 2015 年 8 月 4 日
时任浙江省农业厅厅长史济锡考察调研胡柚绿色防控示范区

2019 年 11 月
时任浙江省副省长彭佳学考察调研胡柚
深加工

2021 年 4 月 8 日
时任衢州市委书记徐文光考察调研常山胡柚种苗
繁育

2022 年 9 月 25 日
衢州市委书记高屹考察调研浙江艾佳果蔬开发有
限责任公司

2022 年 11 月 16 日
浙江省委常委、统战部部长邱启文在太公山
胡柚国家标准果园考察调研

2021 年 7 月 28 日

时任浙江省委副书记、省长郑栅洁到常山胡柚省
级农业科技示范园考察调研

2021 年 10 月 17 日

浙江省委副书记、省长王浩在"柚香谷"
香柚产业园考察调研

2022 年 12 月 3 日

时任浙江省副省长刘忻在柚香谷生产车间
考察调研

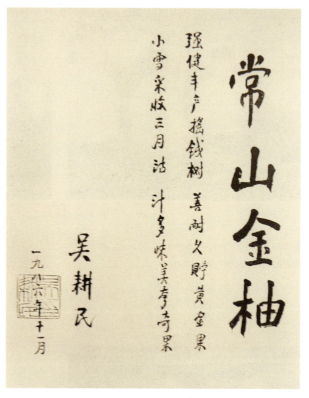

常山金柚

强健丰产摇钱树 善耐久贮黄金果
小雪采收三月沽 汁多味美李奇果

吴耕民

一九○年十一月

著名园艺学家、园艺教育家吴耕民题词

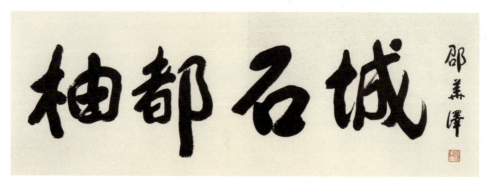

城名柚都

邵华泽

著名新闻学者、高级编辑、博士生导师、《人民日报》社原社长邵华泽题词

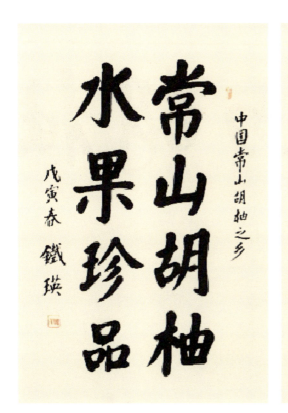

浙江省委原书记铁瑛题词

中国书法家协会原副主席、浙江省书法家协会名
誉主席朱关田题词

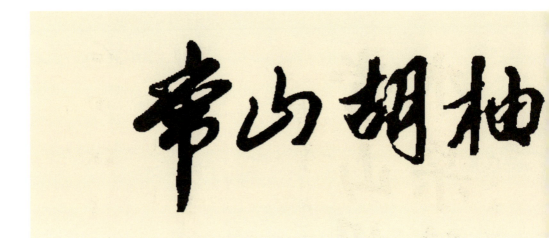

浙江省委原常委、宣传部原部长梁平波题词

浙江省委原常委、宣传部原部长陈敏尔题词

水繁之玉

梁平波题

历任县委书记齐抓一只果（1978—2022 年）

县委书记鲍天才

县委书记俞济初

县委书记钱国女

县委书记雷长林（右一）

县委书记黄锦朝

县委书记李华

县委书记王良春（一排左二）

县委书记程平平（右二）

县委书记陈艳华

县委书记金运成

县委书记童建中

县委书记叶美峰

县委书记潘晓辉

序

　　常山县位于浙江省西南部，是浙西第一门户，县域生态环境优良，有"千里钱塘江，最美在常山"美誉，建县 1800 多年，其中柑橘栽培历史已有 1500 多年。优越的绿水青山自然环境孕育了一种特有的中国珍贵柑橘品种资源——常山胡柚。一只历经 600 多年的沧桑野果，它是大自然对常山老百姓的恩赐。

　　从 20 世纪 80 年代开始，常山县历届党委、政府高度重视胡柚产业的发展，构建了"历任书记齐抓一只果"的顶层设计，形成了 10 万多亩种植规模、年产量约 14 万吨，相关从业人员近 10 万人，全产业链总产值超 40 亿元的农村经济支柱与主导产业。如今，常山胡柚从山间野果蜕变为"致富金果"，与香柚融合发展，开辟出"双柚合璧·争创百亿"的全新赛道，跻身全国"名特优新"水果行列，常山胡柚产业跨入全产业链高质量发展阶段。

　　"外裹黄金内溢香，酸甜爽口性微凉，春华秋实六百载，大柚未来在常山。"正是今日常山胡柚的传神写照。常山，这一方独特的秀水沃土，滋繁出如此佳果，如今，胡柚已成为常山城市金名片。在发展商品经济的大潮中，常山人民抓住机遇，因地制宜地开发山地，充分发挥了品种资源优势，可以说是地尽其利，人尽其才，顺乎民心，合乎潮流，产业兴旺，在浙江省乃至全国走出了一条乡村振兴产业发展带动共同富裕的典型路径，打造出全

产业链融合发展的成功案例。

　　了解一座城，需从一只果开始。胡柚是常山历史文化的沉淀，是常山发展的精神支柱，是常山人民的希望。因为有胡柚，百姓才得以安居乐业，常山才得以物阜民丰。可以说，常山胡柚是世世代代常山人民辛勤培育的结果，是大自然赋予常山人民繁衍生息的瑰宝。该书可以让我们进一步了解和研究常山胡柚，让更多的人知道常山，一听到常山就想到胡柚，把常山胡柚的品牌唱得更响、更亮。当这份不知凝聚了编纂者多少心血的书稿置于案头时，悉心研读，见微知著，掩卷沉思，我仿若站在历史的沿途上，感受着流金岁月中常山胡柚沧海沉浮的兴衰。我深知，常山胡柚孕育了一方水土、养育了一方百姓、丰富了一座城市。

　　该书翔实记述常山胡柚产业的发展历程，全面总结胡柚综合价值、产品加工、科研管理、文化荣誉、产业人物等事项，形成了柑橘学、历史学、社会学等多学科相交叉的综合体系，是一部柑橘类全历史链、全价值链、全产业链系统工程意义的大型著作，对高质量发展县域经济具有极大的借鉴意义。编写组成员均为长期深耕于柑橘行业专家，有广泛的科学知识和丰富的实践经验，他们集思广益、齐心协力，希望该书的出版不仅可以对当地柑橘产业的发展起到重要作用，而且可以为其他地区的柑橘产业乃至全国果树产业的发展树立良好典范。

　　40 年来，不离不弃；40 年来，持续发力；40 年来，精准施策；40 年来，常山历届县委、县政府齐抓"一只果"，一任接着一任干，书写了胡柚从野果蜕变为金果的故事，"一只果"成就"一座城"。

　　该书付梓之际，作序礼赞。

　　（浙江大学原校长助理、浙江大学科学技术研究院原院长，第十三届中国园艺学会副理事长，现任浙江省园艺学会理事长，浙江大学求是特聘教授、食物冷链物流研究中心主任）

2022 年 12 月

Contents

目 录

概　述

　　常山县位于浙江省西南部、钱塘江上游，为"浙西第一门户"，建县于东汉建安二十三年（218），始称安阳，有1800多年的历史。全县总面积1099平方公里，下辖14个乡镇（街道）、190个行政村（社区），总人口34万人。这里群山环抱，水流成川，形成"山水相融、城在园中"的城市风貌，森林覆盖率达71.2%，是全球绿色城市、中国天然氧吧。

　　常山县地形以丘陵为主，有"八山半水分半田"之称。这里雨量充沛，土壤营养丰富，水源涵养充盈。据北魏郦道元《水经注》记载，常山柑橘栽培历史1500多年，柚、橘、橙等品种在这里肆意生长，相生相融，孕育了一种甘中微苦、风味独特的柑橘新品种——常山胡柚（如图0-1所示）。

图 0-1　常山胡柚

　　明万历《常山县志》卷之三《土产·果类》记载有"橘""柚"条目；清雍正《常山县志》卷之一《物产·果之属》也记载有"橘""柚"条目。而据清康熙《衢州府志》记载："抚州（明时惟西安县西航埠二十里栽之，今遍地皆栽）。"离航埠西边20里就是今常山县青石镇澄潭村胡家、低铺一带，这表明澄潭村是抚州（即胡柚）的最早栽培地，其历史已有600多年。

胡柚是常山独有的地方柑橘品种，外形似小柚子又似橙，早年因方言谐音曾被人称作胡州、抚州等。后经专家论证，老百姓俗称的胡州、抚州，是酸橙的栽培变种，因果实似柚似橙，又在胡家自然村始种，遂将此果规范命名为"胡柚""常山胡柚"，又名"常山柚橙"。

20世纪80年代以前，胡柚一般在房前屋后零星种植，农民自采自食，市场上销售较少。人们在食用过程中发现，经过贮藏的胡柚，特别是到春节以后，汁多味美，风味更佳。科技人员对常山胡柚资源开发利用进行调查研究，优选出了一批优良单株，开始了胡柚资源的保护与开发利用。

40多年来，常山县历届党委、政府高度重视胡柚产业发展，构建"14任书记齐抓一只果"的顶层设计。同时，常山胡柚也获得浙江省委、省政府的大力支持，铁瑛、张德江、李泽民、沈祖伦、葛洪升、万学远、周国富、李金明、许行贯、章猛进、茅临生、夏宝龙、乔传秀、李强、彭佳学、高兴夫、陈奕君、袁家军、郑栅洁、王浩、徐文光、邱启文、刘忻等省领导多次来常山县视察指导胡柚产业发展。浙江省委原书记张德江同志称"常山胡柚是水果之王"；《人民日报》社原社长邵华泽，浙江省委原书记铁瑛，浙江省委原常委、宣传部原部长陈敏尔等领导同志还专为常山胡柚题词；我国园艺界权威吴耕民、章文才、沈德绪、张上隆等教授称常山胡柚为"中华第一杂柑，是很有发展前途的优良品种，对整个长江流域的柑橘品种结构调整具有战略意义和作用，可以与畅销东南亚地区的世界名果美国西柚相媲美"，并题名"常山金柚"。

1984年，常山县第五次党代会提出把常山胡柚作为农业拳头产品，在"七五"期间建成3万亩优质基地的奋斗目标，吹响了胡柚快速发展的号角。1986年1月，农业部在南昌召开全国柑橘优良品种评比会，常山胡柚被评为全国优质农产品；1989年，又一次被评为全国优质农产品，荣获第一届、第三届全国星火计划展交会金奖。

1991年2月28日，常山胡柚被农业部授予"绿色食品"证书，1995年、1997年分别荣获第二届、第三届中国农业博览会金奖。1996年7月

16 日，常山县被命名为"中国常山胡柚之乡"。进入 21 世纪，常山胡柚产业进入快速发展阶段，种植面积、产量逐年增长；2002 年 9 月，获准为国家原产地域保护产品，并先后获得"中国驰名商标""国家地理标志产品""农产品地理标志"等称号，入选全国最具影响力 100 个农产品区域公共品牌。

2014 年，常山胡柚、山茶油、猴头菇被常山县确立为"常山三宝"。2015 年 1 月 9 日，常山胡柚在浙江舟山大宗商品交易所上市，成为第一个柑橘类交易产品。2018 年，常山县获得"全国柑橘产业 30 强县（市）"称号；2022 年，常山胡柚果品区域公共品牌价值达到 15.77 亿元。

常山胡柚独特的营养与药用价值得到不断的证实与开发利用。据中国古代著名医药学家李时珍《本草纲目》记载："柚，（气味）酸、寒、无毒，主治消食、解酒毒、治饮酒人口气、去肠胃中恶气、疗妊妇不思食口淡。"经科学分析：胡柚性凉，具有清肺润肺、清凉祛火、降糖稳糖、降脂健身、消炎止咳、消食健胃、护肤美容、护肝醒酒功效，堪称纯天然的保健品。常山县联合浙江大学、浙江中医药大学、浙江工业大学、浙江省农业科学院、浙江省医学科学院（杭州医学院）、华中农业大学开展胡柚营养与健康、胡柚功能性物质分类提取与药用价值研究，形成了一大批理论成果，各类专家共发表胡柚、衢枳壳等相关论文 600 多篇，其中"常山胡柚深度开发关键技术集成与产业化示范"等科技成果获得国家级、省级、市级科技奖项。为加大产品研发力度，浙江艾佳果蔬有限公司等相关企业与科研院所联合研发了胡柚 NFC 鲜果汁（非浓缩还原果汁）、双柚汁、胡柚膏等精深加工产品。2016 年，常山胡柚小青果切片以"衢枳壳"之名列入《浙江省中药炮制规范》2015 年版目录；2018 年，被列入新"浙八味""衢六味"；2020 年，常山胡柚载入《中国药典》工作启动。胡柚产业化进程加速。目前，常山县拥有国家级农业龙头企业 2 家，省级农业龙头企业 1 家，市县级农业龙头企业 65 家，精深加工企业 16 家，专业合作社与家庭农场430 余家，发展胡柚网上销售 300 多家。同时，常山胡柚深加工得到充分发

掘，现已开发出胡柚果茶、果脯、果膏（酱）、酵素、NFC鲜果汁、双柚汁、囊胞饮料、黄酮素、精油面膜等"饮、茶、食、健、美、药、香、料"八大类80多种加工产品。浙江常山恒寿堂柚果股份有限公司以胡柚、香柚为原料加工的"柚香谷"牌"双柚汁"入围浙江省第一批"263共富农产品"名册。浙江艾佳食品有限公司的"NFC胡柚复合果汁"被评为第四届"浙江省十大药膳（饮品类）"作品，综合加工率达到40%以上。实现胡柚由"普通水果"向"功能水果"转变，由"销售鲜果"向"精深加工"转变。

在常山，胡柚林也成为靓丽的城市封面。"柚香千里"风景带别具特色，树形美观的胡柚风景林充斥在城市的各个角落，彰显"中国常山胡柚之乡"主题；太公山胡柚基地成为国家标准果园，浙江省首批采摘基地；青石镇江家畈万亩胡柚精品基地被列入浙江省现代农业产业示范区；澄潭村胡柚祖宗树公园内，120多岁高龄的祖宗树仍生长健壮，年年丰收，接受着子子孙孙的祭拜。胡柚景观大道，全长30.4公里，以常山狮子口村为起点，止于东案乡梅树底，直达常山第一高峰白菊花景区。

胡柚种植文化源远流长。传统繁殖方式为有性实生繁殖，采取种子直接播种，需8年至10年才能结果。实生树树型高大优美且产量高，目前在澄潭村有50年以上树龄的胡柚实生树2万株。现今生产应用的繁殖方式多为无性繁殖，通过嫁接培育的胡柚，树体矮化，投产早，品质稳定。常山胡柚筑坎撩壕栽培历史悠久，其栽培系统入选2022年浙江省第一批重要农业文化遗产资源名单。

胡柚文化寄托了柚乡人民600多年的乡愁，柚花、柚果、柚歌、柚词、柚舞、柚娃等文化代代相传。从1996年到2022年，胡柚文化节已经举办了16届，赏花问柚、UU音乐节等"U"文化活动层出不穷。2004年11月，常山胡柚首届推介会在兰州举办，后续又在哈尔滨、西安、上海、北京、太原、贵阳、郑州、福州等多座城市举办，进一步提升常山胡柚在国内外市场的知名度和美誉度。而动漫片《胡柚娃》讲述胡柚孝子、仙人点化等世纪传说，传承胡柚文化，成为胡柚文化形象代表。《胡柚花》《胡柚熟了》

《相聚在柚乡》《柚灯舞》《柚乡金秋》《绿满柚林》《胡柚三吟》《柚乡处处好风光》《柚女担山》等以胡柚为题材的文艺精品层出不穷。

2021年，常山县餐饮行业协会开发了"胡柚文化宴"，"常山福柚羹"菜品入选首届"衢州市十大药膳"。

好山好水育好果。600多年来，常山胡柚从山间野果变为"致富金果"，到如今已经跻身国优名果行列。至2022年，常山县胡柚栽培面积10.5万亩，年产量约13万吨，相关从业人员近10万人，胡柚（香柚）全产业总产值超40亿元，是全国柑橘产业30强县（市）之一。

40多年来重塑形象，常山胡柚经历了实生繁殖、品种优选、规模化增长、产业化经营、全产业链高质量融合五个发展阶段。一路走来行之不易，常山胡柚在生产、加工技术与文旅融合上不断传承、发展与创新。如今，常山胡柚跨入了全新的发展阶段，利用胡柚的清凉微苦与香柚的清爽芳香，实现"双柚合璧、全果利用"，以实现高质量发展为目标，坚持种植标准化、管理数字化、产品药用化、产业多元化，实施"一果三用，三产联动"，充分挖掘胡柚多种价值，走出一条全要素链、全价值链、全产业链融合发展之路。规划到"十四五"期末，胡柚、香柚产业纵横融合、三产深度融合，"双柚"全产业总产值逾100亿元，成为浙江省重点培育的"一县一链"百亿级标志性农业全产业链特色支柱产业。

因为一只果，爱上一座城。今天，胡柚已经成为常山的城市封面，对外的金名片。常山县坚持打造"一切为了U"城市品牌，讲好"一只果"故事，全力塑造城市封面，深耕"一只果"全产业链发展，在共同富裕的道路上，书写"一只果带富一方百姓，成就一座城"的华丽篇章。

第一章
起源发展

一只果，一座城

常山县柑橘栽培历史悠久，至少有 1500 年历史。北魏郦道元（约 470—527）撰《水经注》云："榖水又东，定阳溪水注之，水上承信安县之苏姥布。……径定阳县，夹岸缘溪，悉生支竹及芳枳、木连，杂以霜菊、金橙，白沙细石，状如凝雪。"定阳县即今常山县，金橙即为柑橘。

常山胡柚，又名"胡州""金柚""柚橙"，距今有 600 多年的栽培历史。明万历《常山县志》卷之三《土产·果类》记载有"橘""柚"条目；清雍正《常山县志》卷之一《物产·果之属》也记载有"橘""柚"条目。而据清康熙《衢州府志》（如图 1-1 所示）"物产"中记载："果类，橘，有朱橘，有绿橘，有狮橘，有豆橘，有漆碟红，有金扁，有抚州（明时惟西安县西航埠二十里栽之，今遍地皆栽）。"抚州即胡柚。自明初起至今，如此推算胡柚有 600 多年栽培历史。

图 1-1　清康熙五十年修《衢州府志》

一、胡柚原产地起源调查

胡柚是常山县特有的地方柑橘品种，对它的起源有过多次调查。由于常山胡柚品种起源时间久远，后来的调查多是靠回忆，并没有文字记录作为依据。

常山胡柚在新中国成立前后相当长一个时期内，种植面积少，发展范围窄，未曾引起各界人士的重视。1961年，浙江农业大学沈德绪等在调查了常山柑橘品种资源后，整理了《浙江衢县、常山县的柑桔资源》一文，文中提出该品种"生长强健，抗性强，大小年不显著，栽培管理容易，开始结果早，甚丰产，且耐贮藏运输，实生繁殖后代变异不大，群众评价很高，颇有发展前途"。但由于当时客观环境的限制，发展十分缓慢。1963年，浙江省柑橘研究所编的《浙江果树资源——柑橘》一书，对它的评价是"品质下，可作砧木栽培"。因此，长期以来胡柚被称作"野货"，市场上也较少有人问津。只因它丰产，年年结果，才得以保留下来，但仅在房前屋后零星种植。

1967年1月，常山县最低温度达到-9.2℃，以衢橘为主的常山县柑橘遭到严重冻害，大批橘树冻死，柑橘产量急剧下降。到1970年，常山县柑橘产量仅为185吨，为冻前常年产量的二十分之一。胡柚的冻害相对较轻，仍保持着应有的产量。其他柑橘的减少，使原先不起眼的"野货"——胡柚频频出现在市场和家庭中。人们在食用过程中发现，经过贮藏的胡柚，特别是到春节以后，风味特好，汁多味浓，有超过衢橘、赛过椪柑的感觉。胡柚的抗冻性、耐贮性和贮藏后品质更好的特点，引起了科技人员的注意，他们开始对胡柚资源的开发价值重新进行评估和研究。

根据现有资料，青石镇低铺村和澄潭村是最早栽培胡柚的两个村。1961年，浙江农业大学和浙江省农业科学院在调查衢县、常山县柑橘资源时，发现招贤公社低铺村（现青石镇低铺村）生产大队长黄冬古家屋边有一株树龄60年左右的胡柚（该种株已于20世纪70年代死亡）。

1983年，常山县农业局在调查胡柚资源时发现，在青石镇澄潭村村民徐立成家有一株树龄已75年的胡柚，仍生长良好，年年结果，单株产量达1260斤。该村胡柚均由其繁殖发展而成。该株所在自然村村名为胡家，当

地农民称之为胡柚。

浙江农业大学和浙江省农科院于 1961 年发现的青石镇低铺村胡柚与常山县农业局于 1983 年发现的青石镇澄潭村胡柚，两者树龄相差 7 年左右。而且，这两个村仍保留有大量树龄 50 年以上的实生胡柚。由此可见，青石镇低铺村和澄潭村是最早栽培胡柚的两个村。

贝增明、叶杏元在其 2003 年出版的《常山胡柚特性与栽培技术》一书中也提出常山胡柚起源于常山县。常山有 1500 年的柑橘栽培历史，品种资源十分丰富，青石镇低铺村和澄潭村位于常山港两岸，是常山县历史上主要的产橘区域。当地农民种植的柑橘品种十分丰富，包括衢橘、广橙、红橙、酸橙、香橼和香抛等。这些柑橘品种相互开花授粉，天然杂交诞生了胡柚这个特别的柑橘品种，并按当地生产习惯，通过实生播种繁殖发展。可以说胡柚是在大量的实生群体中出现并经漫长的不自觉选择和培育逐渐形成的颇有栽培价值的柑橘天然杂交品种。

二、胡柚亲本来源

常山胡柚目前被列为杂交柑橘的一种，长期以来就其亲本是什么有不少推测和研究。吴耕民在《浙江柑橘栽培史考》中提出"恐系柚和甜橙的自然杂交种"。沈德绪在《浙江衢县、常山县的柑桔资源》以及浙江省柑橘研究所在《浙江果树资源——柑橘》中均认为"可能为柚和甜橙的杂交种"。20 世纪 90 年代初，南京植物研究所蔡剑华等收集了柚、胡柚、甜橙（广橙）、椪柑和衢橘等常山主要柑橘品种，进行了过氧化物同工酶酶谱研究，结果表明胡柚可能为柚和甜橙的自然杂交种。陈力耕等认为胡柚可能是香抛与衢橘或椪柑先行杂交而得的母树，再与甜橙杂交而得。浙江大学徐昌杰等通过 DNA 分析得出了其可能是柚和酸橙的杂交种的结果。2015 年，浙江省食品药品检验研究院赵维良等研究发现衢枳壳基源植物的形态、PCR 扩增结果和 ITS1 测序结果均与酸橙和柚非常相似，而且其化学成分和抗寒基因特性与酸橙十分相近，得出胡柚的基源植物系酸橙栽培变种；2020 年

12 月，华中农业大学国家柑橘育种中心徐强等将常山胡柚与湖南、江西和重庆酸橙进行全基因组测序以及数据库 DNA 比对，相似度高达 88.1%，确定常山胡柚就是酸橙的栽培变种。

关于常山胡柚的拉丁学名。1991 年，张韵冰在《植物研究》杂志上发表题为《中国柑桔属植物一新种》的文章，并将常山胡柚命名为 Citrus changshan-huyou，此后发表的大多数文章均以此为胡柚的正式拉丁名。

2004 年 10 月 25 日，中国柑橘学会、华中农业大学、浙江大学、浙江省农业厅等单位及专家学者召开常山胡柚植物学名审定会，确定常山胡柚植物学名为 Citrus Paradisi cv. Changshanhuyou（如图 1-2 所示）。

图 1-2　常山胡柚植物学名称审定会

常山胡柚又称常山柚橙，便是胡柚亲本现代研究结果的体现。2021 年，新修编的《浙江植物志新编》将常山胡柚注明为又名常山柚橙，并纳入酸橙（Citrus aurantium L.）项下，拉丁名为 Citrus aurantium L. 'Changshan-huyou'。2021 年，黄璐琦院士主编的《新编中国药材学》，也将枳壳分类为臭橙、酸橙、衢枳壳，其中衢枳壳药材来源就是常山胡柚。现代研究认为，胡柚为酸橙的栽培变种，故可称其为常山柚橙。根据现代 DNA 全基因测序结果，酸橙和该栽培变种均含有少量柚的 DNA 基因，故常山柚橙作为其植物基原的名称是合适的。

作为酸橙的栽培变种，按栽培植物命名规范，该栽培变种拉丁学名应为Citrus aurantium 'Changshan-huyou'，该命名格式与中国药典酸橙的其他栽培变种相对应，有关的著作和文献也采用该拉丁学名。综上所述，确定该栽培变种的名称为：常山柚橙，Citrus aurantium 'Changshan-huyou'。

三、关于常山胡柚书名记

据《常山县志》2005年版记载，常山县内以盛产"常山胡柚"闻名于世。20世纪70年代前，胡柚栽培地的农民统称胡柚为"Wú Zhōu"（常山方言），也有"壶柚"之说，怎么书名是个"谜"。

1981年11月，常山县溪口公社（现青石镇）底铺、澄潭等地最早零星种植的直（实）生"Wú Zhōu"喜获丰收。为做好宣传，当时常山县委报道组针对常山港两岸的溪口、阁底、招贤等公社的"胡"姓较多，又是栽培"Wú Zhōu"较集中之地，就将"Wú"字谐音为"胡"，而"Zhōu"字谐音为"州"，定名为"胡州"。《浙江日报》于1981年11月8日刊登《溪口公社胡州丰收》的报道，至此有了"胡州"的初名。

时隔不久，经专家科学论证，老百姓俗称的胡州、抚州，由于在青石镇澄潭村胡家自然村始种，果实又像小柚子，类似柚类柑橘晚熟品种，遂将"州"字改称"柚"字。2000年后，按照原产地域产品保护要求，冠以"常山"而规范命名为"常山胡柚"。原产地域产品保护规定只有在常山县域范围内种植生产的胡柚才能冠以"常山胡柚"，以此区分县外种植，此名称既是品种名，又是区域品牌名。

四、其他有关调查

常山县澄潭镇徐家有一株有百年历史的"长寿"胡柚（当地人称其为抚州）。据他们家族讲，这里的胡柚来自水南、低铺，是他们黄姓祖母从低铺嫁到澄潭带来的果树。研究人员到低铺调查后发现，当地人也称胡柚为抚州，而黄姓是从江西抚州迁移来的。

为了弄清楚胡柚的发源地，常山县地方志编辑部于 2007 年 5 月 14—16 日专程到江西抚州作调查。抚州市地方志办公室从明弘治十五年（1502）《抚州府志》"物产"中查到"柚，似橙而大于橘，美观不堪食"，据此告知编辑部，此种似橙柚产地在南丰县。四位编辑带着几箱常山胡柚赶到南丰县地方志办公室，对方见后说："当地有类似胡柚的树，果实与你的胡柚差不多，种在房前屋后的零星地里。栽培历史非常悠久，但果实不好吃，偏酸苦。在当地这种果实有两种用途：一是当药，煎汤治咳嗽润肺；二是切成片，配辣椒炒熟当早餐。"

实际上，常山胡柚已经过多次选育改良，原来的胡柚也是偏酸苦的。四位编辑曾到南丰县太源乡去查看，看到的树就是胡柚树。

南丰县唐朝时属抚州，常山、江山等地从江西南丰迁移来的人很多，而黄姓是南丰的大姓，迁至浙江的人更多。在常山县说南丰话的有 526 个自然村，占全县自然村总数的 34.56%。以上可归结为下列几点。

一是从《衢州府志》《常山县志》上查到本地的橘有叫"抚州"的，这绝不是一种巧合。江西《抚州府志》提到的"似橙而大于橘，美观不堪食"可能是胡柚，古代南丰人迁移到常山栽培正符合水南低铺黄姓的说法。

二是从现实看，江西抚州南丰有类似胡柚的树，其偏酸苦，可治咳嗽润肺，正符合胡柚的特性。至今常山民间仍有以胡柚煎冰糖等治疗咳嗽的偏方。

三是常山胡柚于 1981 年书名"胡州"，常山方言"Wú Zhōu"与"胡州""抚州"谐音。

第二节　胡柚发展历程

常山胡柚的发展历史大致经历了五个阶段。

一、实生繁殖阶段（为 1980 年之前，时间长达数百年）

由于胡柚是一个自然杂交种，长期以来采用实生繁殖，后代品质差异很大。在新中国成立前后相当长一个时期内，其种植面积少，发展范围窄，未曾引起各界人士的重视。这个阶段以实生树种植为主，即种子播种的有性繁殖方式。由于该品种抗逆性强，十分耐寒，不易冻死，果实苦、酸，但有一定的止咳、治感冒的药用功效，而被自然保留下来，时间跨度可达数百年。据 1982 年常山县林业局《柑橘基本情况普查资料》记载：1981年，全县柑橘主要栽培品种为温州蜜柑、椪柑、巨橘、胡柚、广橙、本地早、福橘品种。其中胡柚 15438 株，94.6% 集中在招贤区（招贤、阁底、五里、青石）一带。1984 年，常山县经济特产柑橘区划组调查，全县胡柚23096 株（折合面积 660 亩），其中招贤区 18579 株（折合面积 532 亩），城关区 2107 株（折合面积 60 亩），白石区 1919 株（折合面积 55 亩），芳村区 111 株（折合面积 2 亩），国营农林场所 380 株（折合面积 11 亩）。

1961 年，浙江农业大学园艺系、浙江农科院园艺所编《衢县、常山柑橘资源调查》（初稿）指出，常山县底铺村有一株 60 多年的胡柚实生树。该调查还指出："胡柚抗性强，无大小年，种植 5—6 年即可结果，单株最高可达 800 多斤，耐贮藏运输。目前虽仅招贤公社底铺大队有 60 多株作零星栽培，但当地群众评价很高，极宜日后发展之品种之一者，增进品质，有发展前途。"1963 年 12 月，浙江省柑橘研究所编《浙江果树资源——柑橘》，内载衢州柑橘栽培历史，提及胡柚、红橙、抛柑、广橙、毛柑、黄橙、椪柑、黄金边、衢橘（朱红）、早福橘、迟福橘、漆碟红等衢常橘区特有或主产的品种性状。

常山县农业局通过柑橘资源调查，发现不少优质、高产的优株。如青石乡澄潭村有一株胡柚（实生），1981 年单株产量达 1260 斤。

1981 年 11 月 8 日，《浙江日报》报道溪口公社独有传统产品胡州丰收，这是目前找到的胡柚在官方媒体上的首次报道。

二、品种优选阶段（1981—1986 年）

此阶段为产业开发前期准备阶段，在对胡柚资源充分调查的基础上，开展良种选育、建立组织、统一发展规划、制定政策措施、种苗繁育、试点发展等工作。

资源调查。1961 年，浙江农业大学沈德绪等在常山调查柑橘资源时，虽也认为胡柚"群众评价高，颇有发展前途"，但由于当时的客观环境限制，对胡柚的开发利用进展十分缓慢。1967 年 1 月，常山县境内柑橘遭到严重冻害，大批橘树冻死，而胡柚受冻较轻，保持着应有的产量，使原先不起眼的"野货"——胡柚频频出现在市场和家庭中。胡柚也因其抗冻性、耐贮性及贮藏后品质变好的特点，引起科研人员的注意。1981 年，常山县农业局特产股在进行柑橘选种时，开始把常山胡柚作为选种对象；11 月，首次对各地选送的胡柚样品进行果实品质鉴定，从此开始了常山胡柚的良种选育工作。

良种选育。1982 年，农业部门对胡柚进行系统的调查研究，1983 年，金华地区科委下达了"常山胡柚资源的开发利用调查研究"课题，由常山县农业局承担、金华地区科技情报所参加（由该所范慰忠同志参加）。1983 年 11 月 5 日，常山县委办公室、县政府办公室下发《关于大力发展柑桔胡

柚生产的几点意见》（如图 1-3 所示）。1984 年，常山县农业局确定由特产股缪天纲、贝增明、叶杏元三位同志负责该项目并邀请南京植物研究所协作（由该所蔡建华同志参加），开始了常山胡柚开发利用的前期工作。1984年秋，常山县农业局初步选出实生胡柚优良单株 4 个。1988 年，项目组从79 个预选单株中确定 23 个单株参加初选，1989 年 3 月，由衢州市部分柑橘专家组成了胡柚评定小组，进行品尝评议，根据两年的品质鉴定资料和专家品尝意见，确定了 82-4、88-1 等 12 个单株为初选入选单株，参加复选和无性系后代鉴定。

中共常山县委办公室文件

常委办（83）40 号

★

中共常山县委办公室　县人民政府办公室
关于大力发展柑桔胡柚生产的几点意见

各区镇、乡社、县农委、计委、农业局、林业局、县委驻阁底、青石工作队：

根据我县农村的实际，县委、县政府多次号召，要大力发展柑桔、胡柚生产。据了解，最近不少地方正在积极着手抓住"十月小阳春"的大好时节。掀起平整土地、种植柑桔、胡柚的群众性热潮。进度最快的钳口乡已订购远柑四万株。种胡柚九千株。但是就全县来看，势头还不大。发展进度也不平衡。有的地方至今没有行动。根据县委、县政府领导意见，现就今冬明春发展柑桔、胡柚生产问题，提出以下几点意见：

一、各级领导要提高对发展柑桔、胡柚生产重要意义的认识。我县是柑桔生产的重点产区之一，有悠久的生产历史。广大桔农有丰富的生产经验。党的三中全会以来，随着农村各项政策的落实，柑桔、胡柚生产逐步得到恢复和发展。涌现了一批专业户和重点户。但是，总产量远没有达到历史最高水平。发展柑桔、胡柚生产的潜力是很大的。我们不仅要看到，发展柑桔、胡柚生产、扩大种植

—1—

图 1-3　《关于大力发展柑桔胡柚生产的几点意见》

专家论证。1985 年 4 月，"常山胡柚资源的开发利用调查研究"课题完成。金华地区科委在杭州华家池浙江农业大学干训楼召开"常山胡柚品质评议会"，邀请浙江省人民政府办公厅、浙江省科委三处、浙江省农业厅、浙江省科技情报研究所、浙江农业大学、浙江省农业科学院、浙江省

柑橘研究所、亚热带作物研究所、江苏省植物研究所有关专家、学者对常山胡柚品质进行评议，对常山胡柚的开发利用前景进行评价。参加会议的我国园艺界前辈浙江农业大学吴耕民、熊同和教授等认为常山胡柚丰产性、生长势、抗寒性、耐贮性都较强，对调节柑橘品种结构和市场供应期具有重要意义，在北缘产区有发展前景。吴耕民教授还题名常山胡柚为"常山金柚"。

全国评比。1986年1月，常山县农业局选送的常山胡柚在浙江省农业厅举办的浙江省柑橘品种评比会上获杂柑类第一名和第三名；随后，在农牧渔业部于南昌市举办的全国柑橘晚熟品种评比会上，常山胡柚以其独特的风味、优良的品质受到与会专家的好评，荣获农牧渔业部颁发的优质农产品证书（如图1-4所示）。1986年11月，吴耕民教授为常山胡柚题诗曰："强健丰产摇钱树，善耐久贮黄金果；小雪采收三月沽，汁多味美夸奇果。"常山胡柚得到了浙江省内外著名专家、学者的认可和高度评价，我国多位园艺界权威专家称常山胡柚为"中国第一杂柑"，为其发展奠定了技术理论基础。

图1-4　农牧渔业部优质农产品证书

规划发展。1985 年，常山县第五次党代会将常山胡柚列为常山县三大拳头产品之一。1985 年 6 月 2 日，常山县农业局、常山县科委依据专家论证意见和常山县第五次党代会的决定，联合向常山县政府上报关于常山胡柚开发计划的报告，提出把胡柚资源优势变为商品优势，成为常山县拳头产品，明确开发任务，计划到 1990 年，发展胡柚商品基地 8000 亩。1986 年，常山县政府向浙江省政府提出《关于开发常山胡柚的报告》《关于发展常山胡柚实施意见的报告》，明确"七五"期间（1986—1990 年）建立商品基地 3 万亩的发展规划，提出加强胡柚生产的领导以及开发胡柚资源、建设胡柚商品基地的扶持政策等具体措施，得到了浙江省委、省政府的支持。

组织建设。1986 年 6 月，常山县政府成立了常山县胡柚开发领导小组（如图 1-5 所示），由常山县委副书记叶树新同志任组长，副县长蒋炎晖、农业局局长叶良华同志任副组长，其他有关部门领导为成员，领导、组织、协调和统一规划胡柚开发工作。

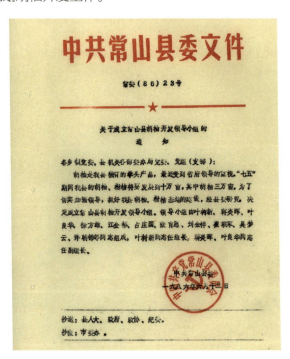

图 1-5　《关于成立常山县胡柚开发领导小组的通知》

　　政策措施。1986 年，常山县政府出台开发基地扶持政策，即每开发 1 亩基地，补助资金 70—300 元，自行调苗，达不到质量要求的不能享受优惠政策。同时鼓励县级部门去开发，全县共投入开发资金 1.3 亿元。1986 年，常山县农业局为保证高标准地建设胡柚商品基地，达到速生、优质、高产的目的，制定了《基地建设技术意见书》；1987 年 1 月，成立胡柚基地验收小组，按《基地建设技术意见书》标准，逐块进行验收，验收合格的由验收小组开基地验收合格证，并制定基地合同书，享受扶持待遇。

　　种苗繁育。1986 年 9 月，常山县农业局将常山县良种苗木联营场更名为常山县胡柚良种繁育场。1987 年 4 月，浙江省计划经济委员会批复同意建立常山县胡柚良种繁育场。常山县胡柚良种繁育场的建立为常山县胡柚开发起到了示范作用并提供了大量优质胡柚接穗及苗木。1986 年 9 月 8 日，常山县政府下发《关于做好胡柚苗木繁育工作的通知》，确定由常山县胡柚良种繁育场、常山县良种场、常山县油茶研究所、常山县林场（简称"三场一所"）四个国营场所定点育苗，实行统一规划、统一育苗、统一调拨，保证新开发基地的苗木质量。

　　试点发展。1984 年春，第一个常山胡柚优株母本园（18 亩，5 个优良株系）在常山县林场西峰分场山背岭林区建立。1985 年，第一批嫁接胡柚商品基地（160 亩）在大桥头乡、青石镇大塘后村、同弓乡下东山村建成，吹响了胡柚开发的号角；1986 年，在同弓乡湖石头村等建立了第二批嫁接胡柚商品基地（494 亩）；1987 年，在胡柚良种场繁育场等建立了第三批嫁接胡柚商品基地（921 亩）。其中，胡柚良种场繁育场建立母本园 50 亩（4 个优良株系）。

三、规模化增长阶段（1987—2000 年）

　　从 1987 年开始，常山胡柚从零星分散种植进入了规模化、基地化、商品化发展阶段。

　　在浙江省原省长沈祖伦的直接支持下，浙江省有关部门积极扶持常山县胡柚开发工作。1986年9月16日，浙江省农业厅、财政厅联合下发《关于"胡柚商品生产基地建设补助资金（50万元）"的通知》；1987年，浙江省农业厅、财政厅又联合下发《关于"胡柚商品生产基地建设补助经费（50万元）"的通知》。1988年，浙江省政府下达名优水果建设资金，给常山胡柚基地建设无偿补助6万元，有偿周转资金14万元。1989年，浙江省政府再次拨专款100万元用于深入开展常山胡柚的科研和建设高标准商品基地。浙江省、衢州市有关部门也以各种方式为常山胡柚商品生产基地的建设提供资金支持。

同时，常山胡柚良种选育取得了阶段性成果，1988年选出12个初选优株，1991年通过省级鉴定，并在常山县胡柚良种繁育场、常山县良种场、常山县油茶研究所、常山县林场建立优株母本园，繁育优株苗木。三场一所定点育苗为常山胡柚商品生产基地的建设提供了优株苗木供给保证。1991年2月18日，《人民日报》刊发《当年野果，今压群芳——"常山胡柚"出山记》，标志着胡柚开发进入快速发展阶段。

1988—1992年以每年4000—6000亩，1993—1997年以每年1万亩以上的速度建立胡柚新基地（如图1-6所示）。截至1999年，常山县已栽植胡柚8.3万亩，为1982年的162倍；总产量63905吨，为1982年的291倍。

图1-6　胡柚基地大开发

　　1996 年，常山胡柚系列标准（含 5 个子标准）通过浙江省技术监督局审定批准发布并于当年 11 月 26 日开始实施，为提高常山胡柚的品质和单产提供了规范化栽培技术和质量标准。为提高胡柚质量，1997 年，常山县启动了省级和国家级星火计划《常山胡柚标准化示范园区建设》，把胡柚产前、产中、产后整个生产过程纳入标准化管理和监测，常山县 60% 的胡柚实现了标准化生产和管理。

　　1992 年，常山县政府成立浙江省常山胡柚综合开发集团公司（后更名为浙江金神胡柚集团公司）（如图 1-7 所示）。1995 年 10 月，常山县政府成立浙江常山胡柚集团公司，1998 年改制为民营的浙江天子果业有限公司。随后，天宝、阿冬、大胡山等 10 多家以胡柚销售、加工为主的农业龙头企业相继成立。胡柚龙头企业在常山县委、县政府一系列扶持措施和优惠政策（在资金、税收、用地、用电和交通运输方面给予优惠）的推动下，创名牌，拓市场，引进国内外果实商品化处理和果品加工的先进技术和设备，开发新产品，提高附加值，拉长产业链；同时，采用"公司+基地+农户"的模式，实现常山胡柚生产、加工、销售一条龙，形成市场带龙头，龙头带基地，基地联农户的产业化发展格局。

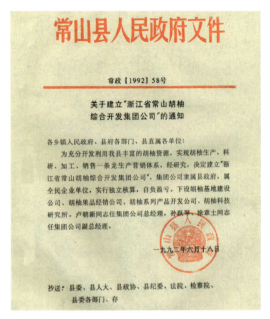

图 1-7　《关于建立"浙江省常山胡柚综合开发集团公司"的通知》

1996 年，常山县农业局从韩国引进了常山县第一台柑橘机械自动选果设备。1998 年，浙江天子果业有限公司又引进了澳大利亚生产的具有 20 世纪 90 年代国际水准的采用光电技术电脑分级的全自动采后商品化处理生产线。

1999 年，常山县开展胡柚柑橘"三疏二改"（疏除大枝、疏除过密橘树、疏果和改土、改水）技术推广活动，常山县安排 500 多名机关干部和农技人员进村入户帮助工作，改造低产劣质园 1.5 万亩。

2001 年 1 月 8 日，《浙江日报》刊发《七任书记与一只果》，传为佳话，而胡柚也成为常山县农村经济的支柱产业，农民致富的"摇钱树"。

四、产业化经营阶段（2001—2018 年）

在这期间，常山县委、县政府重点抓好常山胡柚质量提升、品牌建设与产业转型升级工作。

2004 年，常山胡柚开始在兰州、哈尔滨、西安、长春、太原、昆明、贵阳、福州、郑州、北京、上海、杭州等地召开推介会、研讨会、新闻发布会，拓展流通渠道；加大胡柚鲜果的促销力度，打响胡柚原产地域品牌，提高市场知名度；支持专业合作社、家庭农场发展，推进产业化经营；壮大农业龙头企业，开发胡柚系列深加工产品，促进胡柚企业向加工转型升级；举办胡柚文化节，创作胡柚诗歌舞蹈，诞生"胡柚娃"。常山胡柚的开发与发展经历从零星种植到规模开发，从商品化生产到产业化经营，胡柚已成为常山农村经济发展一大特色主导产业。

2001年，常山胡柚"152"优质化工程启动实施，每年建设1万亩精品果胡柚标准化示范基地，改造5000亩低产劣质胡柚园和建成200亩精品果基地，实现胡柚生产从量的扩张向质的提高转变。

2002年8月21日，时任浙江省委书记张德江前往同弓乡太公山生态胡柚精品园调研指导；2003年，在浙江省农业农村工作会议上，其称"常山胡柚是水果之王"。

2002年10月22—23日，浙江省农业厅和浙江省柑橘产业协会联合在常山召开浙江省柑橘优化改造现场会，就面对中国加入WTO的新形势，如何增强浙江省柑橘市场的综合竞争力、促进产业发展进行广泛的讨论和交流，对常山胡柚优化改造起到借鉴和促进作用。

2002年11月28日，常山胡柚应对WTO战略研讨会在北京人民大会堂浙江厅举行，时任全国人大常委会副委员长布赫和农业部、国家出入境检验检疫局、中国农产品市场协会的专家、学者，共同为常山胡柚拓展国内市场、打开国际市场献计献策。同年，常山县政府向国家质量监督检验检疫总局提出常山胡柚原产地域保护产品申请。

2003年2月14日，常山胡柚原产地域保护产品通过国家质量监督检验检疫总局批准，成为浙江省首个获此殊荣的水果。从此常山县以外的胡柚一律不得使用"常山胡柚"商标。

2005年2月25日，常山县政府办公室下发《关于建立"三联三增"产销协作机制加快胡柚优化改造的通知》。实施常山胡柚"三联三增"挂联机

制是胡柚"152"工程建设的进一步深化，旨在全面推进胡柚标准化生产，强化胡柚产销有效结合，提高常山县胡柚质量与效益，通过企业联基地、联农户、联市场，促进胡柚产品增值、产业增效、农民增收与产业持续健康发展。2005 年，胡柚出口 5897 吨，出口国为加拿大、俄罗斯等。

2006 年以后，常山胡柚逐步进入产业转型升级发展快速阶段，种植技术提升、产业转型发展的步子迈得越来越快。2007 年，常山县建立了 17 个胡柚出口基地（6000 亩），恒寿堂年产 3840 万瓶蜜炼柚子茶项目竣工投产。2008 年 12 月，常山县采用大棚种植胡柚试验成功。大棚技术栽培胡柚，可有效疏导气流，控制温差，避免出现落叶、落果现象，实现延后采摘，方便赶上元旦、春节等节日用作高档的礼品，有利于提高"常山胡柚"品质。2009 年起，常山县逐步推行胡柚社会化统一管理。2010 年，"国优名果——常山胡柚产业提升工程"项目通过国家验收。2011 年，常山胡柚被列入消费者最喜爱的 100 个中国农产品区域公用品牌，11 月 29 日，"常山胡柚"证明商标被国家工商行政管理总局认定为中国驰名商标。2014 年 10 月 31 日，常山县政府下发《关于印发"常山三宝"振兴发展行动计划的通知》，并召开全县振兴"常山三宝"发展现代农业大会，首次提出将常山胡柚、山茶油、猴头菇并称为"常山三宝"。

从 2014 年下半年至 2015 年 4 月上旬，常山胡柚开展线上电商销售，建立了旗舰店、专卖店，零售量超 100 万千克，平均售价每千克 4.77 元。2014 年 1 月 1 日下午，由常山县委宣传部出品，上海美术电影制片厂、上海吉盛文化传播有限公司联合摄制，周一愚导演的艺术动画电影短片《胡柚娃之胡柚诞生记》首映式暨专家研讨会在上海举行，剧组成员、电影界专家以及上海各大媒体参会。

2014 年，《胡柚娃》荣获第四届中国十大动漫形象提名奖，被列入浙江省第九批文化精品工程重点项目。这一年起，《胡柚娃》系列作品相继亮相中国国际动漫节、上海国际电影节、"一带一路"中国伊朗文化贸易周、法国戛纳电视节……2014 年 11 月底，在深圳落幕的第二届深圳青年影像节上，《胡柚娃》从来自海内外近 700 部参评作品中脱颖而出，荣获特别创意作品奖。

2015 年 1 月 9 日，在浙江舟山大宗商品交易所，常山胡柚正式挂牌上市，标志着胡柚从零售跨入了大宗商品交易的新时期。2015 年 1 月 16 日，中国·常山三宝（杭州）推介会在杭州举行。

胡柚药用方面也是捷报频传。2016 年 8 月下旬，《浙江省中药炮制规范》2015 年版正式出版，常山胡柚片以"衢枳壳"之名列入其中，标志着胡柚片有了正式的药用身份。

2017 年 10 月，《今日常山》刊发长篇工作通讯《种植标准化　加工高端化　产品多元化　销售国际化——县农业局"胡柚产业转型升级"工作纪事》，标志着常山胡柚产业转型升级的路子越走越宽。2018 年，常山县衢枳壳成功入选新"浙八味""衢六味"中药培育名单。常山县被授予"全国柑橘产业 30 强县（市）"称号（如图 1-8 所示）。

图 1-8　"全国柑橘产业 30 强县（市）"称号证书

五、全产业链高质量融合发展阶段（2019—　）

进入 2019 年，胡柚跨入全产业链高质量融合发展阶段。

2015 年，浙江常山恒寿堂柚果股份有限公司从日本引进香柚品种，并开展育苗 60 万株。2017 年，公司在白石镇流转了 2000 余亩土地，并于 2019 年开始"柚香谷"综合体项目，进行香柚万亩基地化建设，并将香柚和胡柚相结合进行深加工，提出"双柚合璧，争创百亿"目标，进一步推动产业发展（如图 1-9 所示）。

2019 年 7 月中旬，青石镇被列入国家农业产业强镇示范建设名单。2020 年，东案乡也被列入浙江省农业产业强镇建设名单。

双柚合璧·争创百亿

点柚成金
大U未来

图 1-9　双柚合璧，争创百亿

2019 年 9 月，常山县农村投资集团有限公司（以下简称常山县农投集团）成立浙江慢城农产品开发有限公司，2021 年 12 月，更名为浙江柚见科技有限公司。

2019 年，常山胡柚被农业农村部认定为农产品地理标志保护，并获得第二批中欧地理标志协定互认清单。同年，常山胡柚被农业农村部中国农业品牌目录列入最具影响力 100 个农产品区域公用品牌。

2020 年，"柚香谷"被列入浙江省第二批省级农村产业融合发展示范园创建名单，成为常山县第一个省级农村产业融合发展示范园创建点。示范园位于天马街道天安村、和平村、五联村，规划面积 8.9 平方公里，项目计划总投资 8.161 亿元；截至 2021 年底，已经建成香柚 8570.87 亩，2022 年上半年种植 1650 亩，涉及 6 个乡镇（街道）（白石、天马、紫港、辉埠、金川、何家），成为全国最大的香柚基地。常山胡柚利于肺，胡柚功能性产品特性得到充分开发，形成了以双柚汁、NFC鲜果汁、胡柚膏、胡柚茶、胡柚果脯等为代表的"饮、食、健、美、药、香、料、茶"八大类80多种加工产品，其中双柚汁已成为网红爆款产品。

2020年1月1日，浙江艾佳果蔬开发有限责任公司举行胡柚三产融合项目合作签约仪式，项目总投资5.8亿元，总规划用地4300亩，进一步推进胡柚产业转型升级，促进三产融合发展。

2020年，常山县委、县政府研究制定了《常山胡柚产业高质量发展三年（2020—2022）行动方案》，计划到2022年，常山胡柚（含香柚）种植总面积达到13万亩，鲜果总产量达到16万吨，衢枳壳原药材总产量达到8000吨；胡柚果品深加工占比超40%，胡柚、香柚"双柚"全产业总产值超35亿元。

2021年7月，常山县被列入全国首批72个农业科技现代化先行县创建示范县之一。2021年9月29日，常山县委办公室、政府办公室下发《关于印发〈常山县"两柚一茶"产业高质量发展（2021—2025）行动方案〉的通知》，明确将胡柚、香柚、油茶三大品种合称"两柚一茶"，作为全县聚力培育的地方特色产业、县域支柱产业来抓，计划到2025年，基本建立高标准的种植体系，高效率的加工体系，高附加值的产品体系，高水平的营销体系，高融合的产业体系。"两柚一茶"总产量达到20万吨，全产业链总产值突破100亿元。2021年12月，常山县建立浙江大学（常山）现代农业发展研究中心，"两柚一茶"为主要建设内容。2021年12月29日，浙江省农业农村厅、浙江省发展和改革委员会发文，把支持常山县跨越式高质量发展的若干意见，培育做强"两柚一茶"产业，作为省委、省政府支持山区26县发展"一县一策"重要内容。"两柚一茶"农产品加工与高端装备零部件被列为常山县发展建设共同富裕示范区县域经济两大重点培育的支柱产业。

2020年11月11日，时任浙江省副省长陈奕君在《建议合力推动"衢枳壳"纳入〈中国药典〉》一文上作出批示。2021年11月21日，常山县政

府和浙江省食品药品检验研究院组织召开了常山柚橙（常山胡柚）收载入《中国药典》项目鉴定会。2021年3月31日，浙江省食品药品检验研究院行文并上报相关资料给国家药典委员会。2022年7月19日，浙江省副省长王文序批示浙江省食品药品监督管理局，要求加快办理推动常山柚橙申请列入《中国药典》2020年版增补本工作。2022年8月12日，国家药典委员会主持召开常山柚橙收载入《中国药典》专家评审会，会上原则通过常山柚橙列入《中国药典》。2022年9月17日，《常山柚橙作为枳壳药用的考证与研究》调查报告、专家鉴定意见等补充资料已经全部整理完成，并以常政〔2022〕24号文件行文递交给浙江省食品药品检验研究院，上报给国家药典委员会。

2021年7月13日，时任浙江省委书记袁家军来到常山"柚香谷"香柚产业园天安香柚基地调研考察。7月29日，时任浙江省委副书记、省长郑栅洁到常山胡柚省级农业科技示范园调研考察，考察了常山胡柚种苗繁育中心、艾佳胡柚基地等。10月17日，浙江省委副书记、代省长王浩来到常山"柚香谷"香柚产业园调研考察。

2021年12月22日，在"全力打造四省边际共同富裕示范区"主题新闻发布会常山专场发布会上，常山发布了"一切为了U"城市品牌。这个"U"代表"胡柚、香柚、茶油"，这是常山的特色农产品，也代表"旅游""你"。"一切为了U"是常山在赶考共同富裕道路上，最新确定的城市品牌。

2022年8月30日上午，中共浙江省委举行"中国这十年·浙江"主题新闻发布会。浙江省委副书记、省长王浩在回答浙江卫视记者时指出：常山县的胡柚，是国家地理标志产品，我们将全力支持他们打造胡柚全产业链，使胡柚成为当地农民增收致富的"金果子"，确保在共富路上一个也不掉队。9月16日上午，浙江省农业高质量发展大会召开。会上，衢州市人大常委会副主任、常山县委书记潘晓辉代表常山以《全链发力打造胡柚产业推动农业一二三产融合发展》为题作交流发言，围绕胡柚的老树新生、全果利用、跨界融合，介绍了常山县在胡柚产业发展上做出的探索实践和形成的经验做法。

2022 年 12 月 18 日，"中国·常山 U 系列新品发布会"在杭州博览中心召开，会上发布了 16 款"两柚一茶"系列新品（如图 1-10 所示），"柚香谷"牌双柚汁入选浙江省第一批"263 共富农产品"，实现单品销售额 4 亿元。这一年，常山胡柚农产品公用品牌价值达到 15.57 亿元。

图 1-10　中国·常山 U 系列新品发布会

第三节　地质背景

　　常山县地质背景优势及优越的生态基础条件对于常山胡柚的植物学性状、品种特性起着至关重要的作用。

　　常山县的黄泥塘村庄有中国第一枚"金钉子"剖面（如图 1-11 所示），其全名是"奥陶系达瑞威尔阶全球层型剖面点"。它是一段由灰岩和页岩组成的连续地层，含有丰富的化石序列（如图 1-12 所示）。据 2005 年 12 月浙江省地质矿产研究所专家对常山胡柚立地地质背景的研究，常山胡柚产地主要集中于寒武系、奥陶系的钙质泥岩、页岩，侏罗系的火山碎屑沉积岩及第四系松散堆积体分布地区。常山胡柚种植区岩石体，主要有古生代海相沉积钙质岩（泥岩、页岩）、中生代酸性岩及第四系松散堆积体三种（如图 1-13 所示）。地形地貌状况和地下水文地质特征对胡柚生长影响很大。因此，根据成土母岩、地形地貌和水文特征可划分胡柚最适宜种植区、适宜种植区、次适宜种植区、不适宜种植区等。

一、古生代海相沉积钙质岩背景区

　　主要处于海拔 400 米以下的中低山丘陵地带，山上部为片石砂土、山岙或缓坡处为红泥或砾石黄红泥土，主要分布在常山港南北两岸及丘陵坡地。奥陶纪地层中的钙质泥岩元素有效态分析表明，其中磷、钙含量高，反映岩石中钙及有机质含量高。

　　这一背景区位于常山中部，分布广，处于中低山区及丘陵地形，在缓

图 1-11 中国第一枚"金钉子"

图 1-12 寒武－奥陶系界线剖面碑

图 1-13 《名优特产为何优 地质专家释奥秘》

坡地带。土层原加以人工耕作，已种植较大面积胡柚，是常山胡柚的主产区，生产的胡柚品质好。

二、中生代酸性岩背景区

主要分布于常山的西部同弓、湖东（金川）、球川（龙绕）、紫港（狮子口）、东案（金源）以及常山港两侧洼地之上。由中生代酸性岩形成的土

壤酸性强，pH值在4.0左右，但土壤矿物质营养丰富，钙、磷、钾含量高，而地区之间也有相当的差别。这一背景区的土壤适宜种植胡柚，是常山胡柚基地开发的优良地区。

三、第四系松散堆积体背景区

主要处于常山港两侧的低洼地上，零星分布于招贤、东案、青石（阁底）、金川（湖东）、紫港（狮子口）等地，风化度和红壤化作用较弱，形成的红土壤为淡黄橙色，土体深厚，可达1米。据土样测定，砂和黏土比为1.03：1，砾石含量25.09%，pH值为4.8，有机质含量1.58%，全氮含量0.081%，全磷含量0.046%，全钾含量0.92%；另外，在常山港河流两侧第四系的近代洪积冲积物，经长期耕作形成培泥砂土和泥砂土的潮土，其营养元素有效态含量都比较高。第四系堆积地质体具有钙质岩和酸性岩类的混合优势，是造成胡柚品质较佳的奥秘，该类型土壤的胡柚产量和品质明显优于其他类型土壤。胡柚的最早发源地也是在这一背景区。

第二章

品种特性
与药用功效

一只果，一座城

第一节　品种优势

2021年，根据华中农业大学国家柑橘育种中心的DNA全基因测序结果，胡柚与酸橙的相似度高达88.1%，确定常山胡柚是酸橙的变种；同时该品种含有少量柚的DNA基因，是酸橙的栽培变种，故称为"常山柚橙"。2022年，针对常山胡柚开展不同树龄，不同繁殖方式（实生树、嫁接树）DNA全基因组测序，相似度达到99.85%，确定该品种稳定性好。

在常山县长期的种植历史中，胡柚表现出丰产、抗冻、适应性强和特耐贮藏的生产特性，利于推广；胡柚果实色、香、味兼备，内含营养物质丰富，具有独特的生理活性和风味，有较高的药用价值，深受消费者喜爱。

一、品种独特

常山胡柚又名常山柚橙，是常山县特有的地方柑橘品种，系酸橙栽培变种，同时又含有柚的基因成分，最初产于常山县青石镇澄潭村胡家自然村，据清康熙《衢州府志》记载，在明时就有栽种，距今已有600余年历史。其果实似"柚"非"柚"，似"橙"非"橙"，似"橘"非"橘"，后因果实似"小柚子"，又在胡家村始种，故称"胡柚"，具有易丰产、抗冻性强、适应性强等特点。浙江省委原书记张德江同志将其誉为"水果之王"。我国多位园艺界权威专家称常山胡柚为"中国第一杂柑"。

二、风味独特

胡柚果型大小适中，外形美观，色泽金黄或橙黄，平均单果重 300 克，柚香袭人，具有一定的观赏价值。果肉脆嫩多汁，酸甜适中，甘中微苦，鲜爽清香，回味持久，别具风味，果实基本无籽。常山胡柚"微苦味，世界风"，有别于其他水果，非常符合国际流行口味，可与西柚相媲美。

三、贮藏独特

胡柚特耐贮存，从当年的 11 月可自然存放到第二年的 6 月底，有 8 个月贮藏时间，是柑橘类水果中贮存期最长的品种之一。胡柚属于后熟品种，一般前期较酸，放至春节前后吃较好，特别是 3 月后，气温回升，是品质最佳期，其酸度下降，糖分转化，最受消费者喜欢。

四、功效独特

常山胡柚性甘、平，味略苦、微寒，属中医学上的凉性果品，食用后不会上火，是老少皆宜的功能性水果。胡柚鲜果主要功能性成分包括多酚类物质（类黄酮物质和酚酸）、果胶类物质、类柠檬苦素等，并含有氨基酸类、维生素类、无机元素类等营养物质，具有较高的药用价值。"常山胡柚利于肺"，试验表明，胡柚对斑马鱼肺炎有明显的治疗作用。浙江大学研究证实，胡柚提取物能增强 2 型糖尿病患者的耐糖作用，有一定的降糖稳糖、降血脂、抗癌、抗衰老和增强人体免疫力等功效，是糖尿病患者可以食用的为数不多的水果之一。民间一直有将胡柚鲜果煎炖冰糖服用治疗感冒咳嗽的传统做法。当地民谣有"常食胡柚，健康无忧""吃了胡柚一担，省去药费一半"之说。胡柚青果为衢枳壳中药材，为新"浙八味""衢六味"，具有理气宽中、行滞消胀功能。在民间一直有把胡柚青果片作为中药使用的传统习俗，多用于理气、治疗呼吸道疾病等。

第二节 有效成分

一、营养成分

据测定分析，常山胡柚中含有维生素、类胡萝卜素、18 种氨基酸、糖、酸、多种矿物质微量元素、总黄酮（柚皮苷等）、柠檬苦素、胡柚果胶、膳食纤维、诺米林、胡柚精油等营养成分（如图 2-1 所示）。

图 2-1　胡柚营养成分

浙江林学院仲山民、田荆祥在《经济林研究》1995 年第 2 期《常山胡柚果实营养成分分析》中提到：常山胡柚果实中含有 18 种氨基酸，其中人体必需的 8 种氨基酸（异亮氨酸、亮氨酸、赖氨酸、蛋氨酸、苯丙氨酸、苏氨酸、色氨酸和缬氨酸）以及婴幼儿必需的组氨酸全部含有，占总含量的 9.58%。所含糖的种类有葡萄糖、果糖和蔗糖 3 种，以蔗糖为主，其含量占总糖量的 53.87%；此外，果实中单糖的含量接近于双糖的含量；单糖中葡萄糖的含量又与果糖的含量相差不多，分别占总糖量的 20.78%、25.35%。常山胡柚果实中含有较丰富的维生素，其中，维生素C的含量高达 110 毫克/100 克，维生素B_1的含量为 1.24 毫克/100 克，要比常见水果中的含量高出 10 倍以上。

任贻军、张宏琳、李建英在《胡柚的化学成分及药理作用研究》中得出常山胡柚果实中含有 18 种氨基酸，丰富的维生素C、B_1、B_2、A，挥发油类，香豆素类，柠檬苦素类及其他三萜类化合物和黄酮类化合物等。胡柚果实内含营养物质丰富，主要营养成分为可溶性糖、可溶性酸、维生素、氨基酸、无机元素、有机元素等。

据中国科学院南京植物研究所、浙江省农业科学院、浙江林学院和浙江大学等测定分析，胡柚营养成分如下。

可溶性总糖、总酸含量。可溶性总糖 8.27%—9.24%，总酸 0.52%—1.25%。

维生素类。常山胡柚果实中含有较丰富的维生素，每百克果汁中含维生素C37.9—46.6 毫克，维生素$B_1$0.048—0.056 毫克，维生素$B_2$0.026—0.052 毫克，维生素E0.8168—1.32 毫克，类胡萝卜素 1.17—2.07 毫克。其中维生素C的含量高达 110 毫克/100 克，这比柑橘类中许多其他品种的果实含量要高数倍，比苹果、梨、香蕉、葡萄、桃等常见水果种类中的含量要高数十倍；维生素B_1的含量为 1.24 毫克/100 克，要比常见水果中的含量高出 10 倍以上；维生素B_2和维生素A的含量也比较高，分别为 0.0519 毫克/100 克、4.27 毫克/100 克。

游离氨基酸。常山胡柚果实中含有 18 种氨基酸，其中 16 种为游离氨基酸。每 100 克果汁中，16 种游离氨基酸总量可达 1020—3707 毫克，其中人体必需氨基酸含量达 128—360 毫克。

无机和有机元素成分。富含磷、钾、钙、铁和纤维素等人体需要的无机和有机元素，果实中所含的无机元素种类较多，尤其是钾、钙、硼、镁、铁、锌的含量特别突出。其中：铝 8.3 毫克/100 克，钾 2090 毫克/100 克、钠 41 毫克/100 克、钙 255 毫克/100 克、镁 6 毫克/100 克、锌 2.6 毫克/100 克、铁 11 毫克/100 克、锰 0.5 毫克/100 克、硼 1.5 毫克/100 克、钼 0.4 毫克/100 克、硅 134 毫克/100 克、磷 231 毫克/100 克、硫 190 毫克/100 克。

二、主要活性成分

常山胡柚属中医学上的凉性果品，果肉味甘、酸，性寒、无毒，能健脾、止咳、清肺、解酒；柚皮味辛、苦、性温，有化痰、理气、止痛的功效；果核味苦，性温，能治病痛，具有较高的药用、保健和美容功效。本地的民谣有"常食胡柚，健康无忧""吃了胡柚一担，省去药费一半"之说。

胡柚果实主要内含八大类功能性物质成分：黄酮类、柠檬苦素类、氨基酸类、维生素类、诺米林、挥发油（精油）、膳食纤维、果胶。

据浙江大学余丹丹等研究，常山胡柚果实油胞层、白皮层、囊衣、汁胞和籽 5 个部分中含黄酮类化合物、酚酸类、果胶类物质。胡柚各部位黄酮类化合物主要以黄烷酮类存在。胡柚油胞层、白皮层和囊衣中含有丰富的新北美圣草苷、新橙皮苷、柚皮芸香苷、圣草次苷、柚皮苷、橙皮苷、槲皮苷，尤其是白皮层中新北美圣草苷、新橙皮苷含量最高。油胞层、白皮层、囊衣果胶多糖得率较高。常山胡柚油胞层、白皮层和囊衣可作为黄酮类化合物和果胶的主要加工来源，分离纯化后的常山胡柚黄酮类化合物可进一步开发为功能产品、药物原料。

（一）果实不同部位的类黄酮物质组成

研究结果显示，柚皮苷和新橙皮苷是常山胡柚中含量最高的成分。此外，胡柚油胞层和白皮层中新北美圣草苷含量非常高，分别可达 3741.45 微克/克、6270.24 微克/克。

不同发育阶段胡柚小青果中新北美圣草苷含量为 3.32—17.65 毫克/克，均显著高于枳壳。与柚皮苷相比，新北美圣草苷对 MC3T3-E1 细胞的体外增殖和成骨分化具有更显著的作用，可能是治疗骨质疏松症的一种新的候选药物。另外，胡柚油胞层中柚皮芸香苷、圣草次苷、槲皮苷均高于柚皮苷，白皮层和囊衣中柚皮芸香苷、槲皮苷含量也高于柚皮苷。

可见胡柚果皮层、囊衣不仅是柚皮苷和新橙皮苷的重要来源，也可以作为新北美圣草苷、柚皮芸香苷、圣草次苷、槲皮苷的加工原料，尤其是胡柚中含有丰富的新北美圣草苷，具有极大的开发价值。

（二）果实不同部位的酚酸类物质

果皮中酚酸总体含量高于果肉，且油胞层中以阿魏酸和芥子酸为主，白皮层中酚酸组成相似但含量相较更低，而果肉中则以芥子酸、阿魏酸和香草酸为主。

（三）果实不同部位的果胶多糖及其性质比较

油胞层、白皮层、囊衣的果胶多糖一次提取得率显著高于籽和汁胞，最高为白皮层（27.46%），籽中果胶含量可达到 17.8%。油胞层（二次提取）、白皮层、囊衣、籽的果胶多糖中半乳糖醛酸含量最高，其次为阿拉伯糖。汁胞果胶多糖中阿拉伯糖含量高于半乳糖醛酸，且出现一次提取果胶多糖中葡萄糖含量最高，达到 32.19%。胡柚油胞层、白皮层、汁胞、囊衣中二次提取果胶多糖的分子量都小于一次提取的多糖，籽的结果却相反，结果表明，胡柚皮的油胞层和白皮层果胶多糖性质差异较大，若作为果胶加工原料，适宜将油胞层和白皮层分开后再分别提取果胶。

第三节 药用功效

一、主要功效

　　常山胡柚有点苦、有点甜、有点酸、有点鲜。果实内富含柚皮苷、新橙皮苷等黄酮类化合物、柠檬苦素类物质以及氨基酸类、维生素类、精油、膳食纤维等生理活性物质。经浙江大学、浙江中医药大学、浙江省医学科学院等研究证明，常山胡柚性甘、平，味略苦、微寒，属中医学上的凉性果品，具有两清、两降、两消、两护八大方面保健功效，在止咳化痰、清凉祛火、清肺润肺，以及降糖稳糖等方面功效更为明显（如图 2-2 所示）。

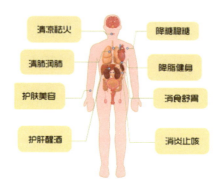

图 2-2　常山胡柚利于肺

　　清肺润肺。常山胡柚利于肺功效显著，胡柚内含柚皮苷、新橙皮苷、柠檬苦素等活性物质，具有化痰、平喘、润肺理气功效。

　　清凉祛火。胡柚微苦，属中医学上的凉性果品，经常食用，不仅不会像吃其他柑橘类容易上火，且具有清热利咽、生津止渴、宽胸润喉、祛火等功效。

降糖稳糖。浙江大学研究表明，胡柚中的柚皮苷、新橙皮苷对胰岛细胞损伤有较好愈合效果，能增加 2 型糖尿病病人的耐糖作用，有辅助降血糖作用。糖尿病患者的一大遗憾是与水果无缘，但胡柚则是其可以食用的水果之一。

降脂健身。据浙江大学和浙江中医药大学试验，胡柚内含黄酮类和柠檬苦素类物质，其活性成分通过调控与脂质分解代谢蛋白与基因，具有较强的降血脂、降低胆固醇作用。

消炎止咳。胡柚含有柚皮苷、柠檬苦素物质，具有明显的抗炎、镇咳、平喘、祛痰、解热、抑菌、抗病毒功能。常山民间历来就有以胡柚果肉加冰糖蒸后口服来治疗感冒咳嗽的习俗。胡柚对治疗儿童上呼吸道感染以及孕妇干咳多痰效果更好，浙江儿科专家以及中医药专家认为胡柚（衢枳壳）是安全的可以缓解婴幼儿咳嗽症状的水果。试验证明，常山胡柚对肺炎斑马鱼有明显的治疗作用。

消食健胃。胡柚膳食纤维能助消化，促进肠道蠕动、减少胀气、改善便秘、提高肠胃功能，经常食用鲜果或胡柚茶能增进食欲，胃口常开。胡柚中诺米林具有抑制和杀死癌细胞的能力，对胃癌有防治作用。

护肤美容。胡柚精油中的三萜类物质及柚皮苷、新橙皮苷具有杀菌消炎、收敛毛孔、清除黑色素、抗氧化、清除自由基、延缓衰老的作用，能够帮助清除体内毒素，排解脂肪累积。以精油为原料的面膜，具有清除黄褐斑、美白肌肤的作用，堪称天然美容之珍品。

护肝醒酒。黄酮类、挥发油、柠檬苦素类等生物活性成分能增加肝糖原的贮存，改善肝脏氧化应激，有一定的护肝保肝作用。饮酒过量，往往有头晕、眼花、呕吐等症状，若能进食胡柚鲜果或品饮胡柚汁等，就能解酒醒脑。

第四节　功效研究进展

20 世纪 80 年代，专家、学者开始把眼光放到常山胡柚上，研究主要集中在胡柚的品种与栽培上；90 年代初，关注贮藏期间胡柚口感等的变化规律；90 年代末，开始借助仪器研究内含成分及含量数据；20 世纪初开始，研究主要集中在常山胡柚初级加工产品，如胡柚果脯、砂囊及其品牌建设等内容，以及胡柚功效成分研究及黄酮类物质分析上；20 世纪末，随着如高效液相色谱仪、气质联用仪等各类精密仪器逐步应用到胡柚成分分析上，研究取得巨大进展，得出很多具有历史意义的数据，并从研究阶段走向产业开发阶段，各类深加工产品也源源不断地展现出来。

浙江省奉化县科委董振丕在《农业科技通讯》1987 年第 7 期刊登的《常山胡柚》中提到常山胡柚在全国晚熟柑橘品种中被评为优质产品。浙江省常山油茶研究所徐祥隆在《中国林副特产》1991 年第 1 期刊登的《常山胡柚》中介绍胡柚是浙江省常山县特有的地方良种资源，系柚子与柑橘类的自然杂交种，兼具柑橘和柚子的特点。

1994 年，常山县中医院与浙江蕈尔康制药公司以胡柚为原料开发了解酒新药"酒之侣"产品。

1998 年，常山县人民医院开发出治疗上呼吸道感染、急慢性支气管炎的"胡柚枇杷止咳露"，经试用，颇受好评，有显著的止咳、化痰作用。

2007 年 4 月，浙江大学现代中药研究所对常山胡柚止咳、祛痰及降血糖三方面的药效作用进行初步筛选，为进一步开展食品、保健品及药品开发研究打下基础。

2012 年，徐春根投资 3600 万元创建浙江柚都生物科技有限公司，开展常山胡柚提取物增强免疫力功效研究，于 2014 年开发出"胡柚宝"（胡柚黄酮素）产品。

2018 年，浙江忠诚生物科技有限公司开展常山胡柚精油抗氧化作用研究，并开发出"柚倾城"胡柚精油面膜；同年，研究出止咳化痰的胡柚膏产品，并获批为浙江省科技新产品。

2019 年，浙江大学李鲜教授开展胡柚降糖研究，结果显示胡柚提取物具有明显的降糖降脂作用。

2019 年，衢州市人民医院开展常山胡柚（衢枳壳）降糖作用研究，得出常山胡柚对 2 型糖尿病小白鼠具有降糖作用。

2019 年，浙江省医学科学院与常山县胡柚研究院联合申报浙江省科技厅重点研发项目——衢枳壳儿科抗呼吸道感染临床前研究项目获得立项。浙江省医学科学院新药安全评价研究中心宣尧仙课题组成员收集民间使用衢枳壳治疗呼吸道感染性疾病疗法 2441 份。其中对咳嗽咳痰有效率为 94.1%，咽炎有效率为 96.4%。

2020 年，常山胡柚研究院与浙江忠诚生物科技有限公司联合开展常山胡柚抗炎作用研究。试验证明常山胡柚对肺炎斑马鱼有明显的治疗作用。

2020 年 3 月，阿里巴巴马云基金会将常山胡柚作为防疫物资捐献给武汉第一线医务工作者（如图 2-3 所示）。

图 2-3　阿里巴巴公益基金会捐赠

2020—2021 年，胡庆余堂、江中制药相继开发出"庆余常山胡柚膏""江中胡柚膏"产品。浙江艾佳食品有限公司生产的 NFC 胡柚复合果汁入选浙江省十大药膳（饮品类）。

2022 年 12 月 28 日，浙江省名中医、浙江省中医院儿科主任中医王晓鸣推荐常山胡柚治疗感冒，感冒时可以将胡柚和 3—5 段葱白一起煮，也可以放一点冰糖或白糖，煮好后连汤一起喝，具有化痰止咳和非常好的抗炎、抗菌、抗病作用。

第五节　胡柚民间方药

　　李时珍《本草纲目》载：橘味酸，性温，无毒，主治下气，快膈、止渴、解腥、辟臭，皮尤佳。陈皮辛能散，苦能燥能泻，温能保能和，同补药则补，泻药则泻，升药则升，降药则降，为脾胃气分之药。胡柚叶、胡柚核、胡柚络等都是常用的中药。

　　陈皮即柑橘皮（胡柚皮），据说能"疗呕秽、反胃嘈杂、吐清水、痰痞咳疟，入食料可解鱼腥毒"。胡柚食或捣汁，每服 200 克，有清热生津、理气和胃的作用，可治疗肺胃有热，烦渴不止，胸膈痞满，呕逆少食等病症。胡柚捣汁加冰糖调匀，或胡柚加蜜，煎为脯或膏状（如图 2-4 所示），可润肺化痰止咳，治疗肺热痰咳、胸中气闷等症。胡柚饼可化痰止咳。柑橘（胡柚）皮气味芳香，性味辛苦而温，入药以年久者疗效佳，故名陈皮。其理气、调中、燥湿、化痰作用极佳，是治疗胸腹胀满，不思饮食，呕吐哕逆，咳嗽痰多的良药，还能解蟹毒。胡柚皮用开水泡代茶饮（如图 2-5 所示），可理气消胀、生津润喉。胡柚皮水煎服可治疗痰膈气胀。现代医学研究表明，胡柚皮还有扩张血管、增强心脏收缩力，抗炎、抗溃疡、利胆等作用。吃胡柚时，收集果皮，就是自备良药。胡柚核性味苦平无毒，是理气止痛的良药，可理气散热，散结止痛，可治疗疝气、睾丸肿痛、乳腺囊肿、腰酸疼痛等疾病。

图 2-4　胡柚膏

图 2-5　胡柚青果茶饮

一、民间小偏方

胡柚冰糖饮

配方用法：取胡柚一只，自顶部切开，去部分内瓤，置 30 克冰糖其内，加水 100 毫升，隔水蒸炖。

胡柚润肺汤

配方用法：胡柚、桑叶、杏仁、沙参、浙贝、豆豉、梨皮，一日一剂，二次煎服。

胡柚化痰降气汤

配方用法：胡柚、半夏、茯苓、陈皮、苏子、白芥子、莱菔子。一日一剂，二次煎服。

胡柚皮肾炎汤

配方用法：胡柚皮、车前子、白茅根、白扁豆、甘草。若咳嗽须加桑白皮、瓜蒌、枇杷叶；若尿蛋白明显须加淮山药、茯苓；若脸色苍白须加黄芪，党参。一日二次煎服。

二、饮食方

胡柚茶饮

柑橘茶：衢枳壳（常山胡柚青果制成）3 克、桔梗 3 克、生甘草 2 克、干姜 3 枚。

功效：宣肺行气、益气和中、温肺暖胃、强胸阳健脾胃、提高免疫力。

胡柚薄荷茶

鲜胡柚 50 克、薄荷 5 克、蜂蜜 30 克。

功效：除风利咽、润肺解毒。

鲜食胡柚

每天生吃胡柚青果 1—2 个。

功效：降低毛细血管脆性，防止微血管出血，杀菌抗病毒，增加食欲，促进肠胃蠕动。

冲泡胡柚片

每天冲泡或用养生壶煮 1—2 片胡柚片。

功效：抗炎杀菌、止咳理气。

三、单验方

验方一：单味常山胡柚治疗咳嗽咳痰。

验方二：单味常山胡柚皮熏洗外敷治疗足跟病。

验方三：单味常山胡柚果肉治疗醉酒。

验方四：单味常山胡柚果肉治疗宿食消化不良。

验方五：单味常山胡柚果肉治疗便秘。

验方六：单味常山胡柚皮煎洗治疗香港脚。

验方七：常山胡柚治疗糖尿病。

验方八：常山胡柚皮煎洗治疗痔疮。

四、配伍

配伍一：与木香、枳实配伍治疗脾胃滞。

配伍二：与仓术、厚朴配伍治疗寒湿阻中。

配伍三：与半夏、茯苓配伍治疗湿痰咳嗽。

配伍四：与干姜、细辛、五味子配伍治疗寒痰咳嗽。

五、协定处方

处方一：常山胡柚皮、枇杷叶、桔梗、饴糖治疗上呼吸道感染以及急、慢性支气管炎等疾病引起的咳嗽咳痰。

处方二：常山胡柚、白前、百部、紫菀、桔梗、桑叶、杏仁、荆芥、浙贝母、橘红、生甘草、薄荷治疗上呼吸道感染。

处方三：常山胡柚、麻黄、杏仁、大力子、枳壳、法半夏、茯苓、全瓜蒌、桔梗、生甘草、桑白皮治疗支气管炎。

第三章

生产与管理

一只果，一座城

第一节　面积与产量

一、面积及产量变化

据 1982 年常山县林业局柑橘资源调查，胡柚面积只有 514 亩，产量 220 吨，从 1985 年后开始快速发展，截至 2021 年，胡柚种植面积 104400 亩，年总产量 125600 吨。详见表 3-1、表 3-2。

表 3-1　1949—1978 年常山县柑橘历年面积、产量、收购量、对外出口量统计

年份	面积 / 亩	产量 / 担	收购量 / 担	对外出口量 / 担
1949	5000	60000	52600	
1950	4800	76000	68400	
1951	4800	80000	72000	
1952	4805	110000	100105	
1953	5323	98100	92188	
1954	5523	110000	74494	
1955	5480	45261	43619	
1956	5270	100000	82800	19186
1957	5300.	55000	45511	14992
1958	5100	115000	91769	24431
1959	5000	80000	62837	11400
1960	4910	90000	80143	23205
1961	4342	19862	16508	4006

续表

年份	面积／亩	产量／担	收购量／担	对外出口量／担
1962	4090	34373	28923	9195
1963	3591	25825	24236	6445
1964	3548	37209	35860	4790
1965	4094	63344	60532	7123
1966	4271	51000	41772	6875
1967	4000	8177	6402	235
1968	3850	5339	5209	1341
1969	3405	18338	17458	3128
1970	3517	10162	9822	1326
1971	3604	3703	3424	455
1972	5539	7541	6643	1260
1973	6208	13143	12231	2470
1974	6488	19000	15855	2514
1975	6995	11630	10596	2416
1976	6944	14000	7816	611
1977	6742	10000	6912	1646
1978	9596	10000	3708	1056

表 3-2　1979—2021 年胡柚（柑橘）面积、产量统计

年份	面积／万亩		产量／吨	
	柑橘面积	其中胡柚面积	柑橘产量	其中胡柚产量
1979	1.8900	0.0400		150
1980	1.9500	0.0410		180
1981	2.0371	0.0441		220
1982	2.0600	0.0514		220
1983	2.1008	0.0660		300
1984	1.7508	0.0660		330
1985		0.2010		293

续表

年份	面积 / 万亩		产量 / 吨	
	柑橘面积	其中胡柚面积	柑橘产量	其中胡柚产量
1986		0.2514		593
1987		0.3311		1103
1988	5.49	0.6600	6391	452
1989	6.49	1.2700	22652	1757
1990	7.53	1.6500	35026	3403
1991	8.33	2.2500	49048	5724
1992	8.91	2.6400	12721	6077
1993	10.44	3.8500	50500	11699
1994	11.19	5.3100	72201	23905
1995	13.19	6.1400	94335	28140
1996	14.42	7.2400	109968	32594
1997	15.19	8.1200	131560	54757
1998	14.86	8.2200	104491	46644
1999	14.00	8.3000	132116	63905
2000	13.12	7.6600	27999	17290
2001	13.31	8.4500	93544	67790
2002	11.91	8.5900	110961	75955
2003	13.40	8.8800	145297	103305
2004	13.61	9.2100	185932	138353
2005	13.89	9.0000	106195	80198
2006	13.81	9.1000	132244	102009
2007	13.42	9.4400	151984	114878
2008	14.03	10.0700	175179	136763
2009	13.22	9.93	151254	122374
2010	12.85	10.30	94000	70200
2011	12.75	10.30	133000	106450
2012	13.50	10.30	147000	118000

续表

年份	面积 / 万亩		产量 / 吨	
	柑橘面积	其中胡柚面积	柑橘产量	其中胡柚产量
2013	12.32	10.50	152000	128000
2014	12.18	10.25	162760	136000
2015	12.17	10.26	149399	124780
2016	12.10	10.19	90640	75000
2017	12.22	10.20	144429	110216
2018	12.34	10.25	145916	113274
2019	12.44	10.33	143428	116649
2020	12.67	10.43	152910	132000
2021	12.67	10.44	142560	125600

以上数据根据历年统计年鉴、农业数据调查等综合统计得出，供参考。

二、种植区域分布

（一）县域内分布

目前，常山县 14 个乡镇（街道）的 180 个村（社区）都种植胡柚，种植村数约占总村（社区）数的 93%。70% 左右的胡柚种植在丘陵山地上，20%—25% 分布在沿江、沿溪的冲积平地上，5% 左右为房前屋后零星种植。在海拔 487 米的新昌乡泰安村和海拔 540 米的芳村镇新桥坞石坑村也有胡柚种植，且均能正常结果。2021 年，栽培面积超万亩的乡镇 4 个，分别为青石镇、招贤镇、东案乡、大桥头乡；3000—10000 亩的乡镇（街道）8 个（见表 3-3）。产量超万吨的乡镇 2 个（青石镇、招贤镇）。

表 3-3　2021 年常山县各乡镇（街道）胡柚种植情况

序号	乡镇（街道）	面积 / 亩
1	天马街道	3267
2	紫港街道	4415
3	金川街道	1584

续表

序号	乡镇（街道）	面积／亩
4	白石镇	3545
5	招贤镇	18276
6	青石镇	20486
7	球川镇	4280
8	辉埠镇	5170
9	芳村镇	4417
10	何家乡	1860
11	同弓乡	6467
12	大桥头乡	12154
13	新昌乡	5160
14	东案乡	13385
合计		104466

注：以上数据仅供参考。

（二）全国种植情况

近年来，浙江省内兄弟市县及其他省（区、市）也都纷纷引种胡柚。浙江省的金华、丽水、台州、宁波等市也都有相当大的胡柚栽培规模。据2021年调查，其中衢州市柯城区 0.58 万亩，产量 0.35 万吨；衢江区 0.3 万亩，产量 0.45 万吨；龙游县 0.74 万亩，产量 1.4 万吨；江山市 0.12 万亩，产量 0.15 万吨。浙江省的象山县、丽水市于 20 世纪 90 年代大量引种种植胡柚。目前台州市三门县健跳镇种植 0.2 万亩，产量 0.5 万吨；金华的兰溪市马涧镇 0.1 万亩，产量 0.2 万吨。

此外，胡柚在江西、湖南、湖北、江苏、福建等省也有分布，其中湖北省鄂州市梁子湖区沼山镇 1993 年从常山县引种，目前种植面积达 1.5 万亩，年产量 2.5 万吨，是除常山县之外胡柚种植面积最大的地区。江西省吉安市新干县种植 0.1 万亩，产量 0.2 万吨。常山胡柚正在柑橘北缘地带作为一个抗冻品种引起重视并得以逐步推广。

三、生产大户

胡柚的生产大户是指拥有 50 亩以上面积的主体。常山胡柚兴起于招贤片老橘区，而招贤片人多地少，种植分散。所以胡柚生产大户在 1990 年规模开发后才出现。截至 2022 年，常山县 50 亩以上规模种植基地 109 个，面积 2 万亩。其中单个连片种植面积最大的为白石镇十八里村周首君，种植 458 亩；单个主体拥有胡柚面积较多的是汪明土，共有 4 个基地，面积 650 多亩；彭国方，共有 2 个基地，800 多亩。具体情况见表 3-4、表 3-5。

表 3-4　2022 年常山胡柚 50 亩以上规模生产大户情况

序号	乡镇（街道）	生产大户名称	地址	面积/亩
1	天马街道	浙江柚见科技有限公司	和平村	80
2		常山县贤林家庭农场	五联村私塘边	55
3		常山县俊优胡柚专业合作社	西峰村山背岭	65
4		常山县山丽人家庭农场	五联村	63
5		常山县俊峰家庭农场	钳口村	53
6	紫港街道	常山县雪海果业专业合作社	孔家弄村	128
7		常山丰富家庭农场	富足山	58
8		常山县仓坞家庭农场	孔家弄村	52
9		常山县兴年畈家庭农场	孔家弄村	128
10		常山县民创农业发展有限公司	狮东村	65
11		常山县鸿湖胡柚专业合作社	富足山村	158
12	金川街道	常山塞外家庭农场	十五里村	52
13		常山县谢雨根果蔬专业合作社	五里亭	80
14		常山县大胡山果蔬有限公司	四都村	88
15		常山县竹园里家庭农场	十五里村四都	65
16		常山彬珏家庭农场	金川街道十五里村四都	138
17		常山县李小明家庭农场	新都村	124

续表

序号	乡镇（街道）	生产大户名称	地址	面积／亩
18	金川街道	浙江艾佳果蔬开发有限责任公司（在建）	十里山村	1000
19	辉埠镇	常山县许乃武家庭农场	大埂、山背、鸭坞	128
20		常山彬珏家庭农场	久泰弄	52
21		常山县红华家庭农场	久泰弄	55
22		常山县浩浩家庭农场	久泰弄	56
23		常山县尹金有家庭农场	久泰弄、大梗、平林坑	88
24		常山县瑞宏家庭农场	石姆岭	58
25		常山县那块地家庭农场／浙江毓秀旅游开发有限公司	桐村村十八坞	158
26		浙江常山县祥森农业开发有限公司	辉埠村延寿寺	160
27		常山县众柚胡柚专业合作社	辉埠村石坛坞、牛栏坞	235
28		常山柚谷农业开发有限公司	彭村村	320
29		常山县紫阳家庭农场	大埂村	367
30		常山县满花家庭农场	路里坑村	70
31		常山县聂根龙家庭农场	大埂村	54
32		浙江再回首农业开发有限公司	苦狮线交常芳线入口处	60
33	何家乡	常山县云雾果蔬专业合作社	江湾村	108
34		常山县滨伟家庭农场	钱塘村虎头山	78
35		常山县明鹰果业专业合作社	黄岗村	152
36		常山县明湘家庭农场	双安村	105
37		常山县慧萍家庭农场	何家村	60
38		常山县厚农家庭农场	长风村湖口弄	83
39		常山县鹏恒家庭农场	黄岗村高坞	80
40		常山县白塘家庭农场	江源村	158

续表

序号	乡镇（街道）	生产大户名称	地址	面积／亩
41	招贤镇	常山县招贤镇古县村股份经济合作社	古县村	380
42		常山县国俊家庭农场	招贤村	168
43		常山县乡间家庭农场	古县村	153
44		常山县利卿果业专业合作社	山底村白石塘水库底	260
45		常山县杭春家庭农场	象湖村凉亭五里墩	55
46		常山国青家庭农场	象湖村凉亭夹山	109
47	青石镇	常山县飞碓村共富果园（联合）	飞碓	1580
48		常山县鸿春果业专业合作社	桥亭村、里山溪、西坑坞	157
49		常山县竹坞家庭农场	虹桥村	101
50		常山大本营家庭农场	阁底村占家冒	52
51		常山县农香果业专业合作社	澄潭村	130
52		常山县飞翔家庭农场	溪口村	65
53		浙茂农业开发有限公司（联合）	大塘后村	1200
54		常山县青贤果业专业合作社	大塘后村	58
55		常山柚王中药材有限公司	江家畈	480
56	东案乡	常山县伟军家庭农场	田蓬村	180
57		常山县鑫农果蔬专业合作社	弄坞村	160
58		常山县大宝山柑橘专业合作社	白马村	400
59		常山县新越油茶专业合作社	前库村	62
60		常山县连福胡柚专业合作社	白马村	280
61	大桥头乡	常山县大桥头乡新村村股份经济合作社	新村	150
62		常山县与兵家庭农场	友好村	320
63		常山县百汇家庭农场	浮河村大塘	52
64		常山赤山塘家庭农场	蒙淤村	180

续表

序号	乡镇（街道）	生产大户名称	地址	面积／亩
65	芳村镇	常山县爱凤植保专业合作社	古溪、金川自然村	310
66		常山县永梅家庭农场	大坪	55
67		常山美星家庭农场	泮坑村西坞岭	68
68	芳村镇	常山县芳村镇上猷阁村股份经济委员会	上猷阁固溪前岭头	389
69		常山县芳村镇石塘村股份经济合作社	石塘村	280
70	新昌乡	常山县杏莉家庭农场	黄塘村	160
71	白石镇	常山县众柚胡柚专业合作社	草坪村	68
72		常山县鸿湖胡柚专业合作社	风家山	51
73		常山县忠宣家庭农场	苏家科	128
74		常山县绿熙家庭农场	白石村	162
75		常山县和谐家庭农场	白石村	60
76		常山县谢名显家庭农场	曹会关樟坞、菜坞	51
77		常山县祝君家庭农场	十八里村	458
78	球川镇	常山县乐丰水果专业合作社	馒头山村	580
79		常山县浙茂农业开发有限公司	浙江省第三监狱	389
80		常山县仙诸家庭农场	红旗岗村、球川村	180
81		常山县雪海果业专业合作社	黄泥畈村	108
82		常山县众柚胡柚专业合作社	馒头山村	60
83		常山明鹰果业专业合作社	九都村、龙绕	180
84		常山县至味家庭农场	馒头山村	150
85		常山县新宇家庭农场	吴家村	105
86		常山县攀月家庭农场	沙安村、后弄村、黄泥畈村、球川村	726
87		常山县其虎家庭农场	常周村东源畈	119
88		常山县程其福家庭农场	常周村聂家排上	51
89		常山县维良家庭农场	马家岭	65
90		常山县浩洋家庭农场	王家村葫芦溪	180

序号	乡镇（街道）	生产大户名称	地址	面积/亩
91	球川镇	常山县振友家庭农场	上安村	150
92		常山县老三家庭农场	上安村弄米上场	80
93		常山丰硕农业开发有限公司	球川村	53
94	球川镇	常山县斌峰家庭农场	吴家村	100
95	同弓乡	常山县欣然家庭农场	中和	480
96		常山县海洋家庭农场	中和	380
97		常山县乐彬家庭农场	中和	120
98		浙江艾佳果蔬开发有限责任公司	金川源	480
99		常山县尼可家庭农场	中和村	150
100		常山胡柚种苗繁育中心	金川源	160
101		常山县青林家庭农场	中和村、关庄桥、东山畈	345
102		常山县翠香家庭农场	关庄桥、山边村	60
103		常山县发英家庭农场	柴家畈	71
104		常山县谯草堂家庭农场	中和村	85
105		常山县绿健农业开发有限公司	同心村棚里	320
106		常山县金桥生态农业有限公司	湖石头村	80
107		常山县正宇家庭农场	中和村里三农	110
108		常山县兵哥家庭农场	金川源村畜牧场后山	80
109		常山县同弓乡胡村村股份经济合作社	胡村	121
合计				20116

注：以上数据仅供参考。

表3-5　2016—2022年常山香柚种植面积

序号	乡镇（街道）	面积/亩
1	天马街道	1978
2	紫港街道	414

续表

序号	乡镇（街道）	面积 / 亩
3	金川街道	971.8
4	白石镇	2986.2
5	招贤镇	0
6	青石镇	260
7	球川镇	700
8	辉埠镇	2800
9	芳村镇	0
10	何家乡	0
11	同弓乡	0
12	大桥头乡	0
13	新昌乡	0
14	东案乡	1890
总计		12000

注：以上数据仅供参考。

第二节　品种与选育

一、良种选育

　　1982 年，由常山县农业部门开始进行胡柚的良种选育。据调查，当时常山县共有胡柚 15438 株，其中成龄结果树 3832 株，绝大多数为实生树。科技人员采用了实生选种的程序和方法进行胡柚良种选育，即在实生结果树群体中经过预选、初选和复选，选出优良单株母树，建立高接鉴定圃和选种圃，进行遗传性测定。繁育无性系苗木，提供生产鉴定和建立母本园，最终通过品种审定（如图 3-1 所示）。

图 3-1　育苗大棚

1982 年至 1987 年，为常山胡柚选育的预选阶段，在群众主动报优的基础上，科技人员调查近千个胡柚单株，进行果实品质测定，逐年淘劣选优。1986 年，科技人员用统一标准对以往所选育出的单株资料进行整理和比较，确定了 79 个单株为预选入选单株，参加初选。

1988 年，从 79 个预选单株中确定 23 个单株参加初选；1989 年 3 月，由衢州市部分柑橘专家组成了胡柚评定小组，进行品尝评议，根据两年的品质鉴定资料和专家品尝意见，确定了 82–4、88–1 等 12 个单株为初选入选单株，参加复选和无性系后代鉴定。1990 年至 1991 年，为胡柚选育的复选阶段，参加复选的 12 个单株，再经过两年的果实品质、贮藏性、丰产性和抗性测定。1991 年，由浙江省科委组织邀请专家进行鉴定，82–3、82–4、86–2、88–1 四个单株通过鉴定并确定进行子代鉴定、生产性试验和区域性试验。

2002 年，82–3 等四个优良株系通过浙江省林木良种审定委员会审定。

二、定点繁育优株

在规模开发以前，90% 以上的胡柚采用实生繁殖。由于胡柚是一个天然杂交种，实生后代变异较大，品质差异大，因此 20 世纪 80 年代规模开发后，一律采用无性繁殖。以枳壳为砧木的嫁接苗，保证了果品质量的相对一致性，可以提早结果并较快地取得经济效益。

1986 年，常山县农业局将常山县良种苗木联营场更名为常山县胡柚良种繁育场，并经浙江省计划经济委员会批复同意建立。1986 年，为满足基地开发的需要，保证胡柚苗木质量和纯度，常山县政府下发《关于做好胡柚苗木繁育工作的通知》，确定常山县胡柚良种繁育场与常山县林场、常山县良种场、常山县油茶研究所为胡柚优株的定点繁育单位，实行"三定一统"，繁育优株苗木，即定向、定点、定量育苗、统一调拨。"三场一所"共建立优株苗圃 10 公顷。1988 年，第一批优株苗木出圃，数量为 12.3 万株。据统计，到 2001 年，"三场一所"繁育的优株苗木 256.3 万株，供种植

5.14 万亩，其中用于建立母本园、鉴定圃、优株示范试验园的分株系苗木 15.5 万株，供种植 0.31 万亩；优良株系混合苗 250.8 万株，供种植 5.03 万亩，目前常山县的优株胡柚面积占全县总面积的 60% 左右。

三、建立优株母本园

从 1984 年春第一个常山胡柚优株母本园（5 个优良株系）在常山林场西峰分场山背岭林区建立，到 1994 年"三场一所"的确定，共建立株系母本园 70 公顷。从株系母本园剪取接穗保证了嫁接苗的品种纯正，而良种繁育基地的专业管理提高了苗木的质量。

四、开展"二次选育"

2001 年，常山胡柚开始"二次选育"工作。为了继续开展胡柚提纯复壮工作，进一步发掘、保存和利用胡柚的品种资源优势，实现胡柚品种的多样性，同年，由常山县人大提议，常山县政府办公室下发开展胡柚"二次选育"的通知，县农业局与县科技局、县油科所、各乡镇柑橘辅导员组成课题组。

从 2001 年 9 月开始选育到 2002 年底，课题组共明确 10 个单株为预选的优株，其中皮肉微红型 2 株，细皮大果型 1 株，蜜橘型 1 株，汁用型 1 株，高糖型 3 株，早熟型 2 株。常山县农业局在油科所基地内建立了 10 亩高接园，繁育目标单株苗木 1000 多株。

五、建立种质资源圃

2004 年，常山县农业局在同弓乡太公山建立"二次选育"优株 50 亩子代鉴定圃，并建立育苗大棚进行苗木繁育。

六、建设常山胡柚种苗繁育中心

2018 年，常山县农业局投资 400 多万元对太公山胡柚种苗资源圃进行

改造提升，扩建面积至 160 亩，并建立温室大棚 1600 平方米，普通大棚 6400 平方米；2019 年，进行升级改造，建立一个集资源保护、技术试验、苗木繁育、科普于一体的智能化数字化育苗中心，改造胡柚实验大楼 400 平方米，年繁育 01-7 新品种苗木 5 万—10 万株，以满足供应全县基地种植发展需要（如图 3-2 所示）。2021 年 3 月 14 日，央视《新闻联播》头条点赞常山县以数字赋能"三农"发展，其中画面为常山胡柚种苗繁育中心。同年 7 月 29 日，时任浙江省委副书记、省长郑栅洁到常山胡柚种苗繁育中心调研。

图 3-2　常山胡柚种苗繁育中心

七、主要优良株系简介

（一）浙江省林木良种审定委员会审定的四个优良株系情况

良种名称：常胡 1 号。选种编号：82-3。良种审定编号：浙 S-SC-CG-028-2002。

特性：树体强健，嫁接苗定植后第 5 年投产，第 6—7 年进入盛果期，亩产可达 2000—2500 千克。果实圆球形，色泽金黄，大小均匀适中，平均单果重 259.07 克，可溶性固形物含量 11.5%以上，总糖含量 9.55%，风味甜，肉质脆嫩，果实贮藏性好。花期 4 月下旬至 5 月上旬，果实成熟期 11 月上中旬。抗寒性强，适应性广，在绝对最低温度不低于-9℃的地区均可推广。

良种名称：常胡 2 号。选种编号：82-4。良种审定编号：浙 S-SC-CG-029-2002。

特性：树体强健，嫁接苗定植后第 5 年投产，第 6—7 年进入盛果期，亩产可达 2000—2500 千克。果实圆球形，色泽金黄，果实只有退化的种子，平均单果重 225.27 克，可溶性固形物含量 12.14%以上，总糖含量 9.42%—12.07%，肉质脆嫩，甜酸适口，果实贮藏性好。花期 4 月下旬至 5 月上旬，果实成熟期 11 月上中旬。抗寒性强，适应性广，在绝对最低温度不低于-9℃的地区均可推广。

良种名称：常胡 3 号。选种编号：86-2。良种审定编号：浙 S-SC-CG-030-2002。

特性：树体强健，嫁接苗定植后第 5 年投产，第 6—7 年进入盛果期，亩产可达 2000—2500 千克。果实圆球形，色泽金黄，大小均匀适中，少籽或无籽，平均单果重 231.97 克，可溶性固形物含量 11.5%以上，总糖含量 9.99%，可食率 70.22%，甜酸适口，汁多，耐贮性好。花期 4 月下旬至 5 月上旬，果实成熟期 11 月上中旬。抗寒性强，适应性广，在绝对最低温度不低于-9℃的地区均可推广。

良种名称：常胡 4 号。选种编号：88-1。良种审定编号：浙 S-SC-CG-031-2002。

特性：树体强健，嫁接苗定植后第 5 年投产，第 6—7 年进入盛果期，亩产可达 2000—2500 千克。果实高圆球形，色泽金黄，少籽或无籽，平均单果重 218.63 克，可溶性固形物含量 13%以上，总糖含量 10%，糖酸比为 11.08：1，可食率 63.76%，风味浓甜，汁多，易贮藏，一般可贮存至次年 4—5 月。花期 4 月下旬至 5 月上旬，果实成熟期 11 月上中旬。抗寒性强，

适应性广，在绝对最低温度不低于-9℃的地区均可推广。

（二）新选育品种

脆红胡柚。为培育果实色泽鲜艳，风味浓、更有香气的胡柚新品种，从 1987 年开始，研究人员在浙江省常山县天马镇农户橘园内，以胡柚为母本，用温州蜜柑、红皮酸橙、普通椪柑等多种花粉分别进行杂交获得种子；1988 年，将杂交种子进行播种。1997 年，研究人员在红皮酸橙花粉杂交的群体中发现一个品质优良的红皮红肉型植株，其果面光滑，呈浓橙色，果肉呈橙色。1997 年至 2001 年，经过连续 5 年观察，其表现稳定。2002 年至 2010 年，研究人员分别在衢州市常山县、柯城区和台州市黄岩区进行多点试验（包括品种比较试验和区域栽培试验），该品种表现出较强的遗传稳定性和一致性。2011 年，该品种取得农业部植物新品种权认定并定名为"脆红"。育种专利人为杨兴良、吴文明、柯甫志等。与对照品种常山胡柚相比，脆红胡柚表现为果面着色深，呈浓橙色，果面更为光滑，白皮层颜色粉红，果肉呈橙色。果实扁圆形，大小整齐，在无授粉条件下果实无种子，单果质量 0.21—0.29 千克；混栽情况下每个果实有种子 10 余粒，单果质量 0.3—0.4 千克，果形指数 0.83—0.91，横径 6.5—9.5 厘米。果皮呈浓橙色，表面光滑，油胞较密，果顶平截，无印圈，果皮厚 0.33—0.38 千克，剥皮稍难。果肉质地脆嫩爽口，香气浓，可食率高，为 81.6%。可溶性固形物含量 12.0%，总糖含量 7.56%，总酸含量 1.35%，维生素C 为 0.456 毫克/克。

01-7 号品种。常山胡柚新品种 01-7 系由 2008 年浙江省科技厅立项的"胡柚新品种选育研究"项目选育的常山胡柚新品种单株。该选育新品种果肉、果皮色泽鲜艳，呈橙红色，果实均匀扁平、皮细，果形指数 0.88，果实风味鲜美、多汁，平均可溶性固形物含量 11.4%，且品质稳定，商品性能好，丰产早产，5 年树株产可达到 35 千克。该选育成果于 2011 年通过了省级技术鉴定并获得了浙江省科学技术成果登记，2012 年获得了衢州市科技进步二等奖。该品种已在常山县作为主推品种进行全面推广，并在球川镇馒头山村建立了 200 亩新品种示范基地，从 2016 年至 2021 年发展面积

1万多亩。2021年，浙江大学、常山县胡柚研究院联合开展品种审定工作，在常山县球川镇、龙游县横山镇、兰溪市诸葛镇开展多点试验。

蜜橘型02-5单株。2002年，常山县农业局技术员郑君等人在原宋畈乡彭川村一农户家门口发现蜜橘型02-5单株。母树为胡柚嫁接在蜜橘上，冻害发生后复发出的枝条形成的半侧树冠，疑为胡柚与蜜橘的嵌合体。物候期同普通胡柚。果实扁圆形，02-5单株平均单果重225.2克。该单株果实的果皮是普通胡柚皮，但果肉似温州蜜橘，肉红色，汁多，软而嫩，唯瓤衣厚且与果肉分离较难，胚绝大部分为白胚，单胚占三分之二，02-5单株偶见绿胚。果实成熟期早，在9月采摘时即有相当高的糖度。目前，蜜橘型02-5单株作为种质资源保存。

八、胡柚实生树

胡柚实生树是通过种子播种(有性)繁殖长成的树（如图3-3所示）。20世纪70年代以前，农民基本采取此种方式种植胡柚；目前，则主要采用嫁接（无性）繁殖技术。胡柚实生树是胡柚优选的重要基础，原有优株及具有特殊性状的单株可从胡柚实生树群中优选而来。目前，青石镇是保存实生树最多的区域，澄潭村、大塘后村存有1000多株50年以上树龄的实生大树，树龄高达120年的胡柚祖宗树就位于该核心区域。

图 3-3　胡柚实生树

　　胡柚实生树具有很高的观赏价值和经济价值。一是可做绿化树种。胡柚实生树树形优美、树体高大，成年后一般树高为 5—6 米，树冠为 2—3 米。目前，胡柚实生树主要用于公园、住宅小区、工厂绿化树种。常山县柚农专门从小培养实生树作为绿化树使用，以独干为最佳，干径在 30 厘米以上的胡柚实生树市场价格可达数万元。二是可赏花。胡柚实生树的花期为 4—5 月，花多且带清香，如连片种植，则香气飘满全城。三是可观果。胡柚实生树结果多，满树果实金黄，美观漂亮。果实多汁鲜嫩，既可采摘，又可食用。青果还可入药，有止咳化痰的效果。而且胡柚的挂果时间长，从当年 5 月一直可挂果至次年的 3—4 月。

栽培与管理

　　自 1986 年开始，常山胡柚的开发与发展逐步走上规模化、基地化建设和标准化栽培管理，为形成农村经济发展主导产业和推进农业产业化进程打下了良好基础。常山县各级党政组织积极采取"政府主导、宣传发动、政策促动、开发基地"的举措，及时制定出台对开发基地实行统一标准、统一规划、统一扶持的政策，以建设上规模的胡柚商品基地。在基地种植质量上实行"四个一"的栽培技术要求，即开挖一条标准壕沟、亩施 1 万市斤有机肥、种植一株优质品系苗、施足一担定植土。

　　种植：胡柚原多零星种植，分散在房前屋后、庭园隙地及部分菜园上，从 1986 年后，常山县兴起了发展胡柚的热潮，县政府及时出台政策，对开发基地实行统一标准，统一规划，以建立成片商品基地，在种植中推广梯地撩壕法，主要做法为开挖宽 3—4 米的等高水平梯地；距梯地外沿三分之一处挖深 0.8 米、宽 1 米的种植壕沟；分层填放有机肥料，每亩粗肥不少于 200 担；猪牛栏肥、堆肥和饼肥不少于 5000 千克。同时加施石灰 100—150 千克/666 平方米，以降低土壤酸度，泥土回填后应使壕沟高出原土面 20—30cm。种植时间为每年开春以后，采用良种壮苗种植，山地亩栽 50 株左右，行株距 4 米 × 3.5 米。平地或土壤肥沃的园地亩栽 42 株，行株距 4 米 × 4 米，为适应机械化操作，也可采用宽窄行栽培，行株距 2.5—3 米 × 5 米。

　　肥水管理：胡柚施肥在 20 世纪 60 年代前以农家肥为主，60 年代开始

施用氨水和过磷酸钙等磷肥，仍以农家肥为主。80年代由于化肥种类的发展及其速效特点，开始大量使用，到90年代更是以施用化肥为主，忽视农家肥，有机肥数量不断减少，在用肥品种上偏施氮肥，造成果实品质下降。90年代中期推广复合肥和胡柚专用有机复混肥，如百禾福、神农、常丰等。在推广"三疏二改"技术中提出了改偏施化肥为增施有机肥，并总结出了胡柚周年施肥的技术要领，即早施、施足芽前肥，适时施用稳果、壮果肥，及时施用采果肥，根据树势不时进行根外追肥和矫正缺硼、缺镁等缺素症状。在氮磷钾配比和施肥量上，通过试验和调查，提出氮磷钾比为10∶6∶8，生产100千克胡柚果实年施氮磷钾3千克，其中有机肥占30%以上。2013年开始推广使用优质饼肥，以优质菜籽饼为最佳，能够提高糖度，增加口感风味。2019年开始，常山县胡柚研究院、浙江省柑橘所、衢州市柑橘所与跃进化肥联合研制并推广有机无机复混胡柚专用肥。肥料配方主要含氮、磷、钾、镁，比例为18∶12.5∶20∶2，有机质含量为10%，腐殖酸5%，菜籽饼、钙适量。

套种： 在胡柚刚种植或未封行前，当地橘农有套种绿肥的习惯，绿肥种类有蚕豆、豌豆、毛豆、六月豆、马料豆等，在所套种的绿肥开花结果后，随橘园深翻一起埋入土中，作为预防。

整形修剪： 胡柚树一般采取自然开心形树形，即培养1个主干，3—4个主枝，每主枝分生2—3个副主枝，副主枝上配置合适的侧枝群和侧枝。树高控制在3米以内，冠幅稍小于行距。幼龄树整形修剪方法。一般在种植的第一年在距地面0.4—0.6米处短截定干，促发新梢。第二年选择3—4个方位合理的健壮枝梢作为主枝培养。之后对主枝上长出的新梢，选留一个强壮的新梢作为主枝延长枝；在每个主枝上选择2—3个健壮枝梢作为副主枝培养，删除密生枝、细弱枝、徒长枝，培养结果枝组，这样循环往复，直到长至预定树冠目标。成龄树整形修剪方法。胡柚树体高大，以春梢结果为主，以前柚农不知如何修剪，只剔除下垂枝、小枝，造成结果面不断上移，内膛空虚，20世纪90年代开始推广"大枝修剪"技术。修剪时间以每年的 2—3 月为最佳。一是开"天窗"。每年锯除 2—3 个树冠中间郁闭的直立大枝，提高树冠内膛的光照条件。二是缩冠幅。回缩树冠外围枝梢和过高的枝梢，保持行距间树冠与树冠之间有 0.5 米以上的空隙。剪除树冠顶部过高的枝梢，保持树冠高度在 3 米以内。三是剪除重叠枝、交叉枝、徒长枝和病虫枝等。

第四节　病虫害防治

常山县胡柚上的病虫害种类繁多，危害严重，新中国成立前由于没有组织专门的人员对病虫进行研究，也缺乏相应的防治药剂，病虫害被橘农视为天灾，甚至只能简单地砍树进行防治。新中国成立后，通过普查记载病虫害种类，研究其发生规律，并针对性地用化学药剂防治，病虫害得到了有效的控制。

对病虫害的防治共经历了四个阶段：第一阶段为20世纪50年代，以人工灭杀为主；第二阶段为20世纪60年代，由人工防治转为药械防治，前期以自行煎（配）制的松碱合剂、石硫合剂、波尔多液为主，后期逐步使用敌百虫等化学药剂；第三阶段为20世纪70—90年代，大量推广使用各种化学药剂；第四阶段为20世纪90年代末以来，对病虫害进行综合防治，禁止或限制使用一部分高毒、高残留农药，推广橘园"IPM"防治技术（橘园病虫害综合防治技术）及绿色防控等生物防治（如图3-4所示）。

常山胡柚上发生的病虫害有：病理性病害，如溃疡病、黄斑病、黑点病、树脂病等。生理性病害，如油斑病、日灼病、各类缺素病等。虫害，如红蜘蛛、锈壁虱、花蕾蛆、潜叶甲、潜叶蛾、卷叶蛾、尺蠖、蓟马、蚜虫、长白蚧、失尖蚧、红蜡蚧、褐圆蚧、黑刺粉虱、天牛等。

图 3-4　7C 无人机喷洒药剂

溃疡病：溃疡病系细菌性病害，为国内外植物检疫对象，危害胡柚叶片、嫩梢（尤其是春梢）与果实，以苗木、幼龄树、初结果树危害特别严重，成年树发病逐渐减轻。气温 25—30℃、多雨气候等条件，利于溃疡病病菌传染，4—6 月是危害的高峰期。防治上，一是要进行植株检疫；二是要在新梢期或落花后及时喷洒 70% 碱式硫酸铜 1000 倍液或 70% 多宁 700 倍液。1990—2000 年，溃疡病危害较重，近 10 年来，该病危害较轻。

黄斑病：黄斑病系真菌性病害，主要传染胡柚春梢叶片和果实，4 月下旬—7 月为病菌传染期，5—6 月为侵染高峰期。黄斑病在叶片上的病症有脂点黄斑型和褐色小园星型两种。1995 年以前，此病在常山县的危害不严重；1995 年来，一度呈大面积暴发。防治重点是要加强培育管理，增强树势，并相应采取药剂防治。药剂可选用 50% 代森锰锌 500 倍液或 10% 苯醚甲环唑 3000 倍液。

黑点病：2011 年以来，黑点病成为胡柚的主要病害之一，主要危害果实、叶片，造成商品性下降，是真菌类病害，其病原菌生长适温在 25℃左右，春季当气温回升到 20℃以上时，在温暖高湿的条件下，黑点病病菌在枯枝病叶产生大量菌丝、孢子，通过风雨传播到新叶、幼果上。在常山县一般 5 月上旬为侵染初期，6 月上旬为侵染高峰期。春叶与幼果受侵染后，感染初期并无症状表现，在感染后期 8 月后才表现病症，有 2—4 个月的潜

伏期。黑点病要坚持全区域防治、综合防治、预防为主的基本原则，从树体改造、土壤改良、病源清园控制以及药剂等方面加强防治。在4月上旬春梢萌发初期，用77%氢氧化铜600倍液，进行喷雾防治；5月中旬，用80%代森锰锌200—600倍液，10%苯醚甲环唑2000—2500倍液。而后间隔20天，根据降雨情况及病虫发生严重程度，连续防治2—3次。

树脂病：树脂病是一种弱寄生性的真菌性病害，因发病部位不同而有多种称呼，如流胶病、蒂腐病、砂皮病，主要发生在树势衰弱的胡柚树及受冻后的胡柚树上。树干、叶片及果实上均可发生。气温20℃左右、多雨气候条件，有利于病菌传染，在常山县5—6月为此病发病传染高峰期。防治上要加强栽培管理，增强树势，及时防治，药剂可选用75%百菌清500—800倍液，80%大生500—800倍液，70%代森锰锌500—600倍液。

油斑病：油斑病是指发生在成熟或接近成熟果实上的一种生理性病害，发病后病斑为黄褐色，果实成熟期雨水过多，昼夜温差大，或采收时雨水未干，产生机械碰伤则易发生。1995年以前，此病发生较少，之后逐渐有所发生，橘农曾一度误以为是保鲜剂烧伤，目前尚没有一种针对性的药剂，只能在生产和采收中认真加以防治。

日灼病：日灼病是由高温强日照天气引起的一种生理性病害，在胡柚上危害幼果和春梢嫩叶。受日灼病危害的嫩叶和幼果，部分组织坏死成褐斑，严重时，引起落叶落果。目前尚没有一种针对性的药剂，如能在高温强日照天气出现前，用石灰水喷洒树冠，可以起到减轻发病的作用。

红蜘蛛：红蜘蛛是发生在胡柚上最主要虫害之一，一般可发生16代。红蜘蛛危害胡柚叶片和果实，造成叶片、果实灰白，红蜘蛛一年中有两个危害高峰期。4—5月为第一个高峰期，9—10月为第二个高峰期。在防治上，冬季、春季清园可用30%松脂酸钠300倍液全园喷施，5—9月喷20%乙螨唑2000倍液或24%螺螨酯4000倍液。

危害胡柚的蚧类主要有长白蚧、红蜡蚧、矢尖蚧、褐圆蚧、糠片蚧等10多种，但以矢尖蚧、长白蚧、褐圆蚧、红蜡蚧危害最多最广。现主要介绍三种蚧类的防治方法。

矢尖蚧：在常山县一般一年发生 3 代。雌虫蚧壳细长，紫褐色；雄虫蚧壳白色。矢尖蚧在叶、枝、果上寄生，第一代若虫于 5 月中下旬出现，第二代若虫在 7 月中下旬出现，第三代若虫于 9 月下旬出现。防治上重点在第一代、第三代若虫盛发期，药剂可选用萌芽前或冬春季清园 30% 松脂酸钠 300 倍液全园喷施；5—9 月使用 22.4% 螺虫乙酯 3000—4000 倍液喷雾或 99% 矿物油 200—300 倍液，或噻嗪酮 1000 倍液；冬季清园采用 99% 矿物油 200 倍液。

红蜡蚧：红蜡蚧又名红橘虫，雌成虫椭圆形，背面有较厚的暗红色蜡壳覆盖。以若虫和雌成虫群聚在嫩枝、叶片、果梗等处为害，并可诱发煤污病。红蜡蚧一年只发生 1 代，在防治上，要准确掌握若虫的孵化盛期和末期，进行化学防治，药剂同上。

褐圆蚧：褐圆蚧在常山县的发生有逐年加重的趋势，一般一年发生 4 代，叶片、果实均受其害。雌成虫介壳圆形，雄虫介壳椭圆形，田间世代重叠。第一代发生在 5 月中下旬，第二代发生在 6 月下旬。防治主治第一、二代若虫盛发期，药剂可参考矢尖蚧的防治。

黑刺粉虱：黑刺粉虱也是发生在胡柚上一个重要的虫害之一。常看见的是蛹，呈椭圆形，漆黑色有光泽，主要以幼虫群集在叶背及果面吸食汁液，造成落叶及果实着色不匀，影响外观品质。一年发生 4 代，防治上主要抓住第一、二代幼虫盛发期，其药剂选择参照矢尖蚧。

锈壁虱：主要危害果实、叶片。特别是果实遭受危害后，果面呈铁锈色，降低果实商品性。一年发生 18—24 代，7—9 月高温干旱季节，容易引起锈壁虱爆发。锈壁虱比较容易防治，但因繁殖迅速，往往短期内易猖獗成灾，一旦疏忽，后患无穷。因此，发现柚园内有 1—2 个"痢橘果"出现，就要立即防治。药剂可选用 5—9 月份喷 20% 乙螨唑 2000 倍液或 24% 螺螨酯 4000 倍液；萌芽前或冬季清园可采用 30% 松脂酸钠 300 倍液全园喷施，或 1.8% 阿维菌素 4000—5000 倍液，或 5% 噻螨酮 1500—2000 倍液。

潜叶蛾：又名画图虫，一年发生 9—10 代，主要危害晚夏梢和秋梢，以幼虫危害胡柚新梢嫩叶，7—9 月为危害盛期。要防治好潜叶蛾，一是要做好胡柚控梢抹芽工作；二是 7—8 月，夏、秋梢抽发时及时选用 20% 啶虫脒 12000—16000 倍液，或 25% 除虫脲 2000—4000 倍液或 1.8% 阿维菌素 2000—4000 倍液喷施。

潜叶甲：柑橘潜叶甲一般邻近山区危害较重，成虫于叶背面咬食叶肉成孔洞；幼虫危害症状似潜叶蛾。潜叶甲一般危害春叶，一年只发生 1 代，4 月中下旬为幼虫危害盛期。5—6 月成虫咬食叶片，防治在 3 月底—4 月上旬，幼虫孵化高峰期用 25% 哒螨辛硫磷 1000—1500 倍液。

尺蠖：幼虫身体细长，行动时一屈一伸像个拱桥，休息时身体能斜向伸直如枝状。尺蠖完全变态发育，成虫翅大，体细长有短毛，触角丝状或羽状，称为"尺蛾"。每年发生 1 代，以蛹在树下土中 8—10 厘米处越冬。翌年 3 月下旬—4 月上旬羽化，主要危害胡柚果实表皮，危害盛期在 5 月。5 月下旬—6 月上旬幼虫先后老熟，入土化蛹越夏越冬。

蓟马：危害柑橘果实、新叶和新芽。以成虫和蛹的虫态越冬；每年发生 7—8 代。防治方法。在成虫或幼虫的寄生率在 9 月之前达到 10% 或者寄生率在 9 月之后达到 15% 时，选用有机磷、除虫菊酯类等药剂进行防治。

天牛：每年发生 1 代。幼虫在树干基部或主根木质部内越冬，在第二年春季化蛹。成虫多在 4 月下旬—5 月上旬出现，5—6 月为羽化盛期。成虫白天咬食嫩叶、嫩梢、幼芽和树皮；幼虫孵化后在枝、干内蛀食，经过两三个月蛀入木质部，向下蛀到树干、根部，洞口有很多木屑状虫粪。防治方法。一是发现树枝干上的蛀孔，可先用细钢丝钩钩杀，然后塞入药棉，再用泥土封堵。二是 5 月上中旬天牛成虫出洞前，用涂白剂加 20% 吡虫啉 10 倍液，涂抹主干、主枝和根颈部。三是在 5—6 月羽化盛期时，用 40% 噻虫啉 3000 倍液，对主干主枝进行喷药防治。

常山胡柚绿色生产管理技术规程见表 3-6。

表3-6 常山胡柚绿色生产管理技术规程

月份		二月	三月	四月	五月	六月	七月	八月	九月	十月	十一月	十二月	一月
生育期		休眠期	萌芽期	现蕾期	开花期	果实发育与生理落果期			果实膨大期		采收期		休眠期
总体目标		以常山胡柚绿色食品生产技术规程为技术规范，实现果高控制在3米以下，实现果园亩产3-4吨，优质果率90%以上							以增施有机肥，应用绿色防控，品质优质化等为指导，全年喷药6次，土壤施肥2-3次，				
技术措施	树体管理	2月中旬-3月上旬 整形修剪，以自然开心形整形为主，培养3-4个主枝，疏去直立大枝、病虫枝、过密枝，适当疏删小枝。使冠幅达到上下错落有致的立体结构 4月中旬-5月上旬 抹芽理梢。在春梢尚未老熟前，疏除内膛多余的过密枝，对保留用的短截 7月份 胡柚疏蕾、疏果、畸形果、小果；第二次按留果标准（50-60个/株）疏去特大果、粗皮果等多余的果实。在夏梢萌芽时基本抹除，适当留一部分作为辅养梢 9月中旬-10月上旬 控制秋梢，尽量控制秋梢。注意采收前不能完全老熟的秋梢全部抹除 11月中旬-11月下旬 做好采摘工作，开展主干涂白；遇连续晴天，提倡完熟采收，轻剪轻放，果蒂部位剪平 12月上旬-1月上旬 做好树体防冻，在寒潮来临前7-10天灌水，树冠喷施磷酸二氢钾1-2次；有条件的用草帘或遮阳网覆盖树冠											
	土肥水管理	2月下旬-3月中旬 施春肥，株施饼肥4千克+胡柚专用肥（有机无机复混肥）2-3千克。全园撒施石灰100-150千克/亩，并进行深翻（每两年一次） 6月上旬-6月中旬 施壮果肥，做好全园的开沟排水，开沟施高钾、碱性壮果肥，叶面喷施含钙、锌等元素的叶面肥，全园机械割草，保持良好的生态环境 7月中旬-8月下旬 喷施含钾、钙、硼、锌等元素的叶面肥做好抗旱，锌等元素的叶面肥。清除杂草进行树盘覆草 9月中旬-10月上旬 地面铺生卫强薄膜，控制水分，提高着色效率。做好采前准备，清除果园杂草 11月下旬-12月上旬 胡柚采收后施肥，株施胡柚专用肥1-2千克+有机肥若干 12月下旬-1月上旬 树盘覆盖，清沟培土防冻											
	病虫害防治	2月下旬-3月上中旬 20%松脂酸钠100-200倍液全园喷施春季清园，悬挂黄色、蓝色诱虫板，打开杀虫灯 4月上旬 主治潜叶甲、黑点病等：1.8%阿维菌素乳油2000-4000倍液+80%代森锰锌可湿粉500-800倍液混合喷施 5月上旬 主治红蜘蛛、蚧壳虫、黑点病等：1.8%阿维菌素乳油2000-4000倍液+0.3%苯醚甲环唑1000-2000倍液+11%乙螨唑悬浮剂4000-6000倍液+25%噻嗪酮可湿性粉剂750-1000倍液混合喷施 6月上旬中旬 主治红蜘蛛、潜叶蛾、黑点病，天牛等：5%高效氯氰菊酯1000倍+80%代森锰锌可湿粉500-800倍+24%螺虫乙酯4000倍混合喷施。用3%噻虫啉10倍液打入虫孔并用泥湿封堵 7月上中旬 主治锈壁虱、黑点病等：1.8%阿维菌素乳油2000-4000倍液+0.3%苯醚甲环唑1000-2000倍液+24%螺虫乙酯4000倍液混合喷施 9月中下旬 主治红蜘蛛、黑点病等：24%螺螨脂悬浮剂1500-2000倍液+1.8%阿维菌素乳油1500-2000倍液+80%代森锰锌可湿粉500-800倍液混合喷施											

077

第五节　基地建设

1985 年，常山县拉开规模开发胡柚基地的序幕，先由县农业部门与有关乡镇选点，确定在大桥头乡大桥村、青石镇大塘坞村、同弓乡下东山村建立常山县第一批栽培嫁接苗木的胡柚商品基地，通过试点，以点带面，起到推动规模开发的示范和带头作用。而后又在同弓乡湖石头村、白石镇十八里村等地开发更大规模基地。至 2022 年，常山县 14 个乡镇（街道）的 190 个行政村（社区）中有 180 个行政村（社区）均有开发胡柚基地。

一、建园要求

由于常山县新开发的胡柚基地多数建在丘陵山地、黄土坡上，因此需要对建园的园地提出选择要求。

土壤条件。胡柚对土壤要求不严，低山丘陵地区的红黄壤、紫砂土，沿江、溪的冲积淤地以及经过围垦的海涂地都可种植，但以土质疏松，排水良好，富含有机质，有一定的保水能力，土层厚度在 1 米以上的微酸性土壤为好，对红黄壤要注重施有机肥和深翻熟化进行改良。

地质条件。坡度以 5 度到 10 度的缓坡、斜坡为好。10 度以上坡地应建高标准梯地，防止水土流失，坡度超 25 度则不宜建园。胡柚适合栽培在海拔 300 米以下地区，因海拔每上升 100 米气温下降 0.4—0.6℃，海拔越高，热量条件越不足，生产的果实品质差，偏酸。同时，高海拔地区冬季极端气温偏低，果树容易遭受冻害。

灌溉条件。由于常山县雨量分布不均，夏秋容易发生干旱，因此园地应选择建立在附近有充足水源的地区，如有大中型水库及大池塘、大山塘等处或能抽水灌溉的地方。

气候条件。应充分利用小气候条件，如选择在东南坡或南坡建园，选择在西北方有风障的地方和存在逆温现象的山坡中段建园，避开冬季风口地段和冷空气沉积的低洼地。

二、基地开发

在做好园地选择和制定好小区划分、道路、水利设施、辅助建筑等规划后，为确保高标准地建设胡柚商品基地，达到速生、优质、高产的目的，常山县政府对常山胡柚基地开发的形式作了更为科学的具体政策规定，并全权委托县农业局、县农办、县财政局等部门对新建的胡柚基地进行统一规划、统一开发、统一供苗和统一组织验收，以确保高标准建成胡柚基地。

2005 年，在常山县开发的胡柚基地中，县农业部门与国营场、站、所开发建立的胡柚基地有 13 处，总面积达 238 公顷，其标准质量好于村级开发的胡柚基地，而乡镇办场开发的基地又比大户开发基地好。县农业部门国营单位和部分乡镇为当地胡柚开发起到了优质高产示范的作用。

三、标准化示范园区建设

常山胡柚基地的迅速发展，为推进特色主导产业的产业化奠定了基础。各级党委、政府对示范园区建设的重视，促进了胡柚产业化的形成和发展（如图 3-5 所示）。常山胡柚规模开发初期，常山县以推广常规栽培管理技术为主，以丰产高产为主要目标，夯实了推进示范园区建设的基础。1987年，常山县科委组织编写常山胡柚栽培技术小册子，通过县、乡镇举办各种培训班，分发技术资料等形式向农民传授知识，让农民尽快掌握栽培技术。20 世纪 90 年代中期，国内买方市场形成，许多农副产品开始出现"卖难"的新情况，常山胡柚也不例外，因此，常山县开始致力于优化改造栽

培环境、提高果品质量。1997年，省级、国家级星火计划常山胡柚标准化示范园区建设项目启动，常山县政府专门成立常山胡柚标准化示范园区建设项目领导小组，在制定和出台《浙江省地方标准——常山胡柚系列标准》的基础上，常山县质量技术监督局、常山县农业局制定四个相应配套标准，即《常山胡柚模式栽培技术规范》《常山胡柚标准化示范园区建设规定》《常山胡柚标准化示范园区标准体系表》《常山胡柚标准化示范园区周年管理》。通过系列标准化生产实施，把胡柚基地的产前、产中、产后的各个生产环节纳入标准化管理。2000年3月，农业部下发了《中华人民共和国农业行业标准——常山胡柚》，同年11月，在杭州通过了农业部专家审定。这些标准的制定和实施，为常山胡柚整个标准化技术推广与示范园区建设提供了可靠的技术依据。

图3-5　常山胡柚标准化示范园区碑

2001年，常山县建立县级标准化示范基地36个，计353.33公顷；乡镇级、村级125个，计1006.67公顷；总推广面积为3420公顷，占全县胡柚基地面积的60%以上。同年，经申报和实地检测，天马镇胡柚千亩示范场与东案乡办胡柚场获浙江省质量技术监督局无公害食品标志的使用权。2002年，常山胡柚产销协会所属的2033.33公顷胡柚基地经浙江省质量技术监督局对产地的灌溉水、土壤和果实样品进行检测，达到无公害食品标准。2004

年，常山县大坞开发场安装上果园喷灌设施，并硬化道路 2 千米，成为常山县第一个路、水、电、房设施配套齐全的示范园区。

四、"三联三增"机制

2005 年，常山县开始全面实施常山胡柚"三联三增"机制，即企业联基地、联农户、联市场，达到柚园增产、产业增效、农民增收的目的，推进标准化生产，全面提升胡柚的质量与效益。同年，全县 47 家从事胡柚销售、加工的企业与 7426 户农户 2.6 万亩胡柚基地建立了协作关系。

五、精品果园建设

2006 年以后，常山胡柚产业逐步进入品质提升发展阶段，示范园区与基地建设按照标准化要求步入"快车道"。

2013 年，常山县又建立起胡柚出口基地 17 个；2015 年 11 月，常山县胡柚研究院对常山县"2014—2016 年特别扶持之胡柚产业复兴项目"进行阶段性验收。该项目自 2014 年开始分批实施，常山县胡柚精准基地总实施面积为 980 亩，胡柚精品园总实施面积 4558 亩。2015 年 10 月中旬，太公山胡柚基地被评为浙江省首批"浙江省果蔬采摘基地"，该基地占地面积 500 多亩，停车位 20 个，可容纳采摘人员 1000 多人（如图 3-6 所示）。

图 3-6　胡柚采摘场景

2017 年以来，常山县聚焦原料供给能力不足与深加工能力上升，鲜果市场订单增多与优质果总量不多"两大矛盾"，着力推进胡柚种植扩面提质。常山县委、县政府出台《关于加快乡村振兴产业高质量发展的若干政策意见（试行）实施细则》，加大标准果园及标准化生产技术的推广应用，依托绿水青山转化金山银山行动，实施"百千万"基地建设工程，推进新品种推广更新。常山县累计建成标准化基地 3 万亩；建成太公山、江家畈国家标准果园 2 个，省级胡柚产业示范区 1 个，优质精品果园 20 个；共推广种植常山胡柚 01-7 新品种 1 万余亩。常山胡柚平均单产从 1 吨/亩提高至1.3 吨/亩。

六、休闲观光基地

2019 年，常山县启动实施"胡柚国家农业强镇建设项目"，地处"东接新衢州"战略重要节点的青石镇，以建设常山胡柚产业园为主体，将"种柚"变成集"赏柚、品柚、鉴柚"于一体的全产业链形态，打造融合田园综合体和商业服务发展区等功能的新型胡柚小镇，小镇内建有胡柚祖宗树公园、胡柚展示室、十里柚香街、赏石博览馆等。艾佳太公山胡柚基地成为浙江省采摘旅游基地。"柚香谷"香柚产业园被评定为"衢州市美丽新田园"，列入国家 AAA 级旅游景区。

七、数字化基地

2019 年，常山县全面推进基地生产管理机械化、数字化、智能化，建成 1 个产业数字大脑，1 个 160 亩智能化种苗繁育基地，1 个果实采后数字化分选中心，25 个数字化生产基地（视频即时监控、气象、农业墒情采集、水肥一体化等），实现整个生产过程"机器换人"，通过数字模型的精准控制，优果率可提高到 90% 以上，综合产值保守测算可提高 35% 以上（如图3-7 所示）。通过标准基地培育、智能加工生产等举措，为常山胡柚产业发展装上"新引擎"，安上"金翅膀"。

图 3-7　常山胡柚数字化展示基地

2021 年，常山县开始实施"2021 年省级乡村振兴胡柚集成创新示范项目"，总投资 1.1883 亿元，对 17 个联片基地（5000 亩）进行基础、生产设施、水利灌溉、宜机化、数字化等改造提升。

八、共富果园

2021 年，常山县青石镇飞碓村作为首个"共富果园"建设试点村，通过村级成立强村公司，中国银行结对助力，构建"中国银行+村集体（红星旅游开发有限公司）+农户"密切联结机制，集中流转农户分散经营的胡柚林地 317 亩，以统一技术标准、统一生产管理、统一采收仓储、统一品牌销售"四统一闭环"管理，实现精品果率、产量双提升（如图 3-8 所示）。同时，通过农户土地流转、劳务工资收入的一次分配，生产利润再分配收入的二次分配，低边农户共富慰问红包发放的三次分配，辐射带动 161户农户平均每亩增收 3600 元以上，村集体当年度通过农产品销售利润分红，经营性收入也顺利突破 50 万元。2022 年，在总结飞碓村创建经验的基础上，常山县创新开展"公司+两山合作社+村集体+农户"共建共享，以"六化"建设标准，促进"共富果园"扩面提升，创建 30 个"共富果园"

及"两柚一茶"等其他农林特品种计 1.5 万亩。其中飞礁村获得"银果园"称号。

图 3-8　共富果园

第六节　采摘与贮藏保鲜

常山胡柚属晚熟柑橘品种，贮藏和上市的果实都要求在树冠外围果达到九成转色时采摘。在常山县域内气候条件下，要按规范的采收程序，适时采摘，科学贮藏与保鲜，以获得更佳的商品价值。适时采摘胡柚果实是体现成熟度的尺码。据多年对胡柚生长规律的观察，在常山县域内，胡柚采摘时间宜在"立冬"后，11月8日为宜。适当延后采摘，可提高胡柚品质。2007年，常山县农业局在太公山胡柚基地搭建1000平方米钢架薄膜大棚，开展胡柚延后栽培技术研究。研究发现可将胡柚延迟到2月份采摘，延后采摘的胡柚易剥皮、酸度低、口感新鲜，但挂果期间易冻果。

与其他柑橘品种相比，胡柚具有较好的贮藏性能，但贮藏期间易发生果实枯水现象，因此需做好胡柚的贮藏与保鲜工作。常山胡柚发展到一定规模后，由于胡柚产量猛增，果实贮藏期损失（包括干、烂耗和枯水）数量增多，严重影响经济效益，引起相关部门的重视。1993年，常山县以举办培训班的形式推广"胡柚果实采后综合保鲜技术"并取得成效后，1994年开始在全县大规模应用，以后每年90%以上的果实都进行保鲜处理。通过综合保鲜技术处理后，干、烂耗率降低到10%以下，枯水果率降低到7%，效果明显。

20世纪90年代初，保鲜剂以多菌灵、托布津及"2，4 - D酸"为主，中期开始推广戴挫霉、绿色南方、百克得、扑霉灵等。胡柚果实在贮藏期易发生病害如青腐病、绿霉病、蒂腐病（又称褐色、黑色蒂腐病）、炭疽

病、枯水等，通过综合保鲜技术处理可得到有效控制。胡柚采摘后有个由酸变甜的转化过程，一般要到当年 12 月及春节前后果实品味才更佳，再加上其有耐贮藏的特点，故胡柚贮藏更为讲究。胡柚果实入库前，一般经防腐保鲜将其堆放在通风而无日光直射之处，或以橘筐盛放，以"品"字形堆放在通风处，作预贮处理，此过程称为"发汗"。预贮时间长短视采前天气而定，少雨年份 3—5 天，多雨年份 5—7 天，待果实失水 1%—3% 后，柚皮变得有弹性，以人工分级后用聚乙烯薄膜单果包好入库贮藏。胡柚入库前要先对库房进行消毒处理，用 50% 多菌灵 500 倍液或 70% 甲基托布津 800 倍液或 1%—2% 福尔马林喷洒消毒，亦可以每立方库容用硫黄粉 10 克加次氯酸钾 1 克熏蒸消毒，在入库前 24 小时敞开门窗，注入新鲜空气。

胡柚贮藏方式分箱贮和堆贮两种。贮藏设备置办方面，农户多数采用农舍贮藏，但农舍式贮藏无通风、保湿设施，贮藏期果实干耗率、烂耗率高，而且不具备保温条件，贮存时间有限。1987 年，常山县农业局投资 50 万元，在天马镇外港建立改进型地面通风库 2 幢，总面积 950 平方米，贮量为 25 万千克。1990 年以来，常山县胡柚良种繁育场、常山县农业服务站建简易通风库各一座，解决胡柚的贮藏问题。

2001 年 12 月，浙江天子果业有限公司投资 800 万元，从荷兰引进贮藏量达 2000 吨的水果贮藏保鲜气调库，并建立 10 万立方米冷库，为浙江省鲜果贮藏设备最好的农业企业之一。

2019 年 12 月，浙江艾佳果蔬开发有限责任公司 6.8 万立方米的冷库投入使用。冷库温度常年保持在 –20℃，最多可存储胡柚 1 万多吨，保障企业在一年四季都有稳定的生产原料。

2022 年，农投集团下属的浙江柚见科技有限公司建立 2.5 万立方米的冷库。东案乡、青石镇、白石镇等乡镇创建全国农产品冷链示范县。全县建设标准化仓储面积 10.91 万平方米，按每平方米可储存 0.4 吨胡柚量计算，可储存 4.364 万吨，占胡柚产量的 42.2%；冷库面积 176320 立方米，按每立方米可储存 0.4 吨胡柚量计算，可储存 7.05 万吨，占胡柚产量的 68.1%（如图 3-9 所示）。

图 3-9　常山县冷链服务中心

第七节 商品化处理

胡柚鲜果的果皮紧致，耐贮耐压，是一种适合商品化处理的水果品种。

1995 年以前，胡柚鲜果上市后一般不分级、不打蜡、不分优劣，以统货销售居多，商品性差。1995 年以后，由于市场对果品质量、包装要求越来越高，柚农及加工企业开始注重果品处理，推广机械分级、打蜡、包装等技术。1996 年，常山县农业局从韩国引进第一台柑橘自动选果机械设备，1998 年，浙江天子果业有限公司引进澳大利亚生产的具有 20 世纪 90 年代国际水准的全自动采后商品化处理生产线，在胡柚商品化处理技术上达到国内领先水平。目前胡柚商品化处理技术已从清洁、分级、保鲜、打蜡发展到网袋精包装等多种工序，选果设备也根据需要得到不断改进与完善（如图 3-10、图 3-11 所示）。2018 年 11 月，浙江艾佳果蔬开发有限责任公司购入国内最先进的近红外无损伤糖酸分选生产线 1 条。

图 3-10　常山胡柚选果中心

图 3-11　近红外无损伤糖酸度自动化分选

　　截至目前，常山县拥有现代化无损伤糖度分级选果线 1 条，普通选果线 92 条。

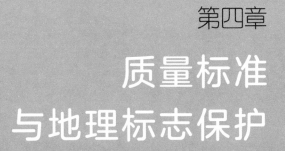

第四章

质量标准
与地理标志保护

一只果，一座城

第一节　质量标准

一、常山县地方标准——常山胡柚系列标准

1991 年 6 月，常山县标准计量局与常山县农业局特产站、常山县科委、常山微生物总厂协同编制胡柚系列标准，1992 年 12 月 9 日通过鉴定。该系列标准含 11 个个性标准，内操作规程 5 个：胡柚园地营建、胡柚苗木培育、胡柚栽培、胡柚主要病虫害防治、常山胡柚贮藏保鲜；产品标准 6 个：常山胡柚、胡柚苗木、胡柚砂囊罐头、胡柚果脯、胡柚粒粒饮料、胡柚果茶。

1992 年 10—12 月，常山县科技开发中心、浙江省金神胡柚集团、常山县林场等单位，试行常山胡柚标准，其他 4 个加工产品标准，由常山微生物总厂、常山县漂洋食品饮料总公司、常山县绿神食品制造总厂于 1993 年 1 月、5 月分别发布实施。

2020 年 11 月 11 日，常山县市场监督管理局批准发布了 DB330822T 011-2020《常山胡柚高品质栽培农业气象服务规范》县级地方标准，由常山县气象局组织起草，11 月 20 日起实施。

二、衢州市地方标准

2022 年 8 月 8 日，衢州市市场监督管理局发布《中药材衢枳壳生产技术规程》。

2022 年 9 月 22 日，衢州市市场监督管理局发布《常山胡柚绿色生产技术规程》。该标准由常山县农业特色产业发展中心、浙江省农业科学院、衢州市农业特色产业发展中心负责起草。该标准适用常山胡柚绿色生产。

三、浙江省地方标准——常山胡柚

1995年，常山县质量技术监督局、常山县农业局编制浙江省地方标准——常山胡柚，将原含11个个性标准的常山县地方标准《常山胡柚系列标准》缩编为包含苗木、栽培技术、病虫害防治、贮藏保鲜和商品果在内的5个标准。1996年通过审定，由浙江省质量技术监督局公布。2001年后对该标准进行修改，更名为浙江省地方标准《无公害胡柚》。标准起草单位：常山县质量技术监督局、常山县农业局。

四、国家标准——原产地域产品常山胡柚

2002年，常山县质量技术监督局、常山县农业局根据原产地域产品保护申报的要求，编制国家标准《原产地域产品常山胡柚》。2003年6月27日，中国标准化协会在杭州组织召开了常山胡柚原产地域产品国家标准（送审稿）审定会议，并获得全票通过。2003年10月22日，以中华人民共和国国家标准GB19332—2003《原产地域产品常山胡柚》在全国发布，此标准为全文强制性标准，于2004年1月1日实施。标准起草单位：中国标准化协会、常山县质量技术监督局、常山县农业局。标准主要起草人：贝增明、叶杏元、徐闽红、樊存龙、杨兴良、苏辉芳。

五、国家标准——地理标志产品常山胡柚GB/T19332—2008

2008年，原产地域产品保护统一改为国家地理标志产品，新制定的国家标准——地理标志产品常山胡柚GB/T19332—2008，替代GB19332—2003《原产地域产品常山胡柚》。

六、行业标准

2000 年 3 月，农业部下达 NY/T587—2002《中华人民共和国农业行业标准——常山胡柚》，同年 11 月在杭州通过农业部专家审定。

七、团体标准

2021 年 12 月 13 日，浙江省绿色农产品协会发布《绿色食品常山胡柚生产技术规程》。该标准由常山县农业特色产业发展中心、浙江省农业科学院、常山县胡柚产销行业协会、浙江省农产品质量安全学会负责起草。该标准适用 A 级绿色食品常山胡柚生产。

2022 年 11 月 25 日，浙江省农产品质量安全学会发布《常山胡柚等级规格》团体标准。该标准由常山县农业特色产业发展中心、浙江省农科院农产品质量安全与营养研究所负责起草。

八、企业（产品）标准

加工产品的质量标准由各企业自行编制，经常山县市场监督管理局（常山县质量技术监督局）核准。

地理标志产品保护

随着常山胡柚声誉和经济效益的提高，常山县周边一些市、县也开始种植胡柚，有的地方甚至发生假冒常山胡柚的现象，使得常山胡柚品牌面临严重挑战，胡柚产业发展受到影响，制约了常山农业经济发展。如何从法律层面来确定常山胡柚的生产权，更好地保证常山胡柚产品的传统特色和品质声誉，成为亟待解决的问题。从 2002 年开始，常山县向浙江省质量技术监督局申请要求对常山胡柚实行原产地域产品保护，经过一系列的准备和审核，2003 年国家质量监督检验检疫总局宣布对常山胡柚实施原产地域产品保护。

一、原产地域产品保护申报过程

2001 年 11 月，由常山县质量技术监督局向常山县政府提出了《关于申报常山胡柚原产地域产品保护工作的说明及其实施意见》的可行性分析报告。2002 年 6 月 14 日，常山县政府以《常山县人民政府关于要求对常山胡柚实施原产地域产品保护的请示》向浙江省质量技术监督局上报，要求对常山胡柚实施原产地域产品保护，此举标志着申报工作正式启动。同一天，《常山县人民政府关于要求成立"常山胡柚原产地域产品保护申报委员会"的请示》《常山县人民政府关于常山胡柚原产地域产品保护产区划定的意见》上报浙江省质量技术监督局，要求成立申报工作机构和保护地域范围的请示。2002 年 7 月 16 日，浙江省质量技术监督局发出《关于同意成立常山胡柚原产域产品保护申报小组的批复》，同意成立保护申报小组。

常山县委、县政府组织有关人员对常山胡柚国家标准的起草进行调研。2003年10月22日，中华人民共和国国家标准GB19332—2003《原产地域产品常山胡柚》在全国发布，此标准为全文强制性标准，于2004年1月1日实施。

2002年9月17日，国家质量监督检验检疫总局公告2002年第93号文件，对外公告三个月，在公告期间无任何异议。2003年2月14日，国家质量监督检验检疫总局发布2003年第12号公告，批准对常山胡柚实施原产地域产品保护，保护范围为常山县现辖行政区域（如图4-1所示）。常山胡柚成为浙江省首个实施原产地域产品保护的水果品种，也是衢州市首个实行原产地保护的农产品。

图4-1　常山胡柚原产地域保护牌

二、胡柚原产地域保护的实施

按《原产地域产品保护规定》的有关规定，2003年8月1日，常山县委、县政府成立了常山胡柚原产地域产品保护管理委员会，发布了《常山胡柚原产地域产品保护管理办法》，制定了《常山胡柚原产地保护专用标志使用规定》。

2003 年 11 月 4 日，常山胡柚实施原产地域产品保护新闻发布会在杭州召开（如图 4-2 所示），同时宣布经过常山县胡柚原产地域产品保护管理委员会的初审，浙江省质量技术监督局审核，国家质量监督检验检疫总局批准，浙江天子果业有限公司、浙江天宝食品有限公司等 5 家企业成为第一批获批使用常山胡柚原产地域产品专用标志的企业。

图 4-2　2003 年 11 月，常山胡柚实施原产地域产品保护新闻发布会

三、地理标志产品

2008 年，由国家工商行政管理总局商标局发布，原产地域产品保护统一改为中国地理标志产品使用，由国家知识产权局负责地理标志注册审批管理。

四、农产品地理标志

2019 年，常山胡柚获得由农业农村部对外公告农产品地理标志使用注册登记（如图 4-3 所示）。

图 4-3　常山胡柚地理标志登记证书

五、常山胡柚入选第二批中欧互保地理标志协定保护名录

2021 年 3 月 1 日，《中欧地理标志协定》正式生效，我国首批 100 地理标志产品获得欧盟保护。此外，协定还纳入了我国第二批 175 个地理标志产品。该协定的生效将使各自地理标志产品在对方市场获得高水平保护。常山胡柚入选第二批中欧互保地理标志协定保护名录，为常山胡柚走出国门进入欧盟市场奠定基础。

六、常山胡柚国家地理标志产品保护示范区

2022 年 10 月，常山胡柚国家地理标志产品保护示范区获批筹建，为衢州市首个、浙江省第三个。

第五章

科技创新

一只果，一座城

第一节　科技项目

自 1982 年起，常山县科研人员就着手对常山胡柚资源、良种选育、生理特性等开展形式多样的科研活动，在胡柚开发上为政府部门决策提供技术理论依据，为以后胡柚开发发展打下坚实基础。

1982 年，金华地区科委下达"常山胡柚资源开发利用调查研究"课题，由常山县农业局承担（由特产股缪天纲、贝增明、叶杏元三位同志负责该项目）、金华地区科技情报所参加（由该所范慰忠同志参加），并邀请南京植物研究所协作（由该所蔡建华同志参加）。整整用了三年时间，完成了"常山胡柚资源开发利用调查"课题任务，摸清了常山县域内胡柚资源情况，对胡柚的几个主要经济性状进行测定和作出评价，初步选出一批优良单株，并提出开发利用意见。1985 年，常山胡柚品尝会在浙江农业大学举行，初选出的优株果实令全国园艺界权威人士吴耕民、熊同禾等专家大为赞叹，称其可与美国西柚媲美。

1987 年和 1992 年，浙江省科委下达"常山胡柚良种选育与贮藏保鲜技术研究""胡柚新品系品种选育"课题。由常山县科委承担，常山县农业、林业部门的科研人员（贝增明、叶杏元、李襄乔、魏安靖、蒋柏宏等 13 人）参加。1991 年，由研究人员选出的 12 个优株通过省级鉴定，并进行无性繁育投入生产；随后又从这 12 个单株中复选出 4 个优株品系。该项目获 1991 年度浙江省政府科学技术进步四等奖，并于 2002 年被浙江省林木良种审定委员会审定为林木良种。

　　1991 年，常山县科技、农业和油科所的科研人员与浙江农业大学园艺系的教授、专家开展"胡柚果实采后枯水机理与防治技术研究"课题研究，研究成果探索了胡柚果实枯水发生机理及采后的主要生理变化，并提出相应的"胡柚果实采后综合保鲜技术"。该项技术措施是对适时采收的果实在 24 小时内用含有杀菌剂、主要含钙成分的矿质营养液浸果，晾干后用XG 保鲜膜（一种改性聚乙烯塑料薄膜）包装，能显著减少果实的干、烂耗和枯水果发生。该课题获 1994 年度浙江省政府科学技术进步奖优秀奖。

　　1986 年和 1990 年，常山县农业部门和林业部门分别承担了由市级和部级下达的"常山胡柚良种选育和基地建设、丰产技术推广项目"，项目于 1991 年通过验收。常山县农业部门总结了在建立优株母本、繁育优株苗木和开发胡柚商品基地中的先进做法，获 1991 年度浙江省农业丰收奖四等奖和 1991 年度浙江省星火奖三等奖；常山县林业部门分析形成单产 3300 千克和开发胡柚基地 8 年收回全部投资的各项技术措施，获林业部 1996 年度科学技术进步奖三等奖。

　　1995 年，常山县发生了大面积胡柚苗木、幼树、初结果树黄斑病、溃疡病，对此常山县农业局开始了两项课题研究，即"胡柚黄斑病防治研究"和"胡柚溃疡病防治研究"。通过试验研究，常山县农业局提出了针对这两种病行之有效的科学防治方法，为胡柚的优质丰产提供了有力保证。

　　1997 年，常山胡柚标准化示范园区建设项目列入浙江省星火计划，2000 年，又列入国家星火计划。项目实施后，分别于 1999 年通过省级验收，2001 年通过国家级验收。项目由常山县科技、农业、质监部门承担，通过胡柚系列标准的制定，示范园区大力推广"三疏二改"、胡柚精品果栽培技术、无公害栽培技术，同时不断完善园区内基础设施及提高果实商品化处理技术，有效提高了常山胡柚园区化、商品化、产业化的水平。

　　2003 年，由浙江大学果树科学研究所张上隆、陈昆松，常山县农业局等实施的"常山胡柚良种选育及产业化研究"课题获浙江省科学技术进步奖三等奖。此外，常山县广大科技人员还对胡柚疏果、套袋、苗木防冻、

速生丰产、幼龄园套种牧草等进行认真的科学试验，都取得了一定的成果。

2015 年以后，常山县不断提升鲜果品质，由传统百姓自行嫁接向种苗科学繁育升级，投资 2500 万元，建成常山胡柚数字化种苗繁育中心，推广 01-7 鲜食型新品种，打造胡柚良种地标，初步完成胡柚育苗、生产的数字化模型构建，实现整个生产过程"机器换人"；累计培育、更新优质种苗 120 万株，良种覆盖率约 95%；通过数字模型的精准控制，优果率可提高至 90% 以上，综合产值保守测算可提高 35% 以上。

为推动胡柚产业高质量发展，常山县还积极推动企业与浙江省科技特派员的技术合作，完善合作机制。浙江省胡柚团队科技特派员、浙江省农科院食品所研究员陆胜民、副研究员邢建荣，浙江省科技特派员、浙江省农科院柑橘所助理研究员聂振朋等先后来到常山县开展技术指导，大力推动胡柚由"销售口味"向"销售健康"转变，由"普通水果"向"功能水果"转变，由"销售鲜果"向"精深加工"转变。

2019 年 9 月，国家自然科学基金委员会公布了 2019 年度国家自然科学基金的评审结果，衢州市衢枳壳"降糖（2 型糖尿病）药用功效研究"课题成功获得国家自然科学青年基金立项。同年 11 月中旬，由常山县胡柚研究院、浙江省医学科学院及衢州市食品药品研究院联合申报的"衢枳壳抗呼吸道感染儿科用药临床前研究"课题列入浙江省科技研发重点项目。

2020 年，常山胡柚省级科技示范园列入省级科技示范园创建。示范园核心区域总面积约 1400 亩，重点建设"一心五园"。"一心"即中国常山胡柚科技研究中心；"五园"即胡柚品种园、胡柚高新技术栽培示范园、胡柚文化旅游展示园、胡柚科技研发创新园、大学生创业园。同年 12 月 17 日，常山县委办公室、县政府办公室发布《常山胡柚产业高质量发展三年（2020—2022 年）行动方案》的通知。该方案提出，要坚持向研发端发力，提高科技贡献率。加大研发投入，县财政每年安排 1000 万元科技研发专项资金，支持与引导政、企、校、所、会"五方"同频共振，合力开展科研攻关。组建研发团队。主动"攀高枝""借外脑"，聘请北京大学、中国科学院、浙江大学等业界顶尖机构的专家，组建研发团队，加快突破科技瓶颈。

2021年7月22日，常山县与浙江大学以常山胡柚产业为中心共建的全国农业科技现代化先行县，列入农业农村部共建名单，浙江省列入2个（常山、黄岩），并建立浙江大学（常山）现代农业发展研究中心。常山县主要目标：胡柚（柑橘）良种覆盖率达到98%以上，标准化技术应用率达到90%以上，加工率达到40%以上，采后商品化处理率达到80%以上。

2021年，浙江艾佳食品有限公司、浙江大学等单位获得浙江省科技厅2022年度"尖兵""领雁"计划项目"胡柚全果高值化利用加工技术研究和应用"立项。

2022年，浙江艾佳食品有限公司、浙江大学等单位获得浙江省科技厅2023年度"尖兵""领雁"计划项目"胡柚药用资源综合利用关键技术研究与产业化示范"立项。

2022年7月，教育部、农业农村部、中国科学技术协会把浙江常山胡柚列入科技小院培育名单（如图5-1所示）。

图5-1 科技小院

2022年9月，浙江省农业农村厅公布了2021年度农业科技奖励项目，常山1人获2021年度浙江省农业技术推广贡献奖，"常山胡柚提质增效关键技术集成与示范推广"获浙江省农业丰收三等奖。

第二节 科技奖励

截至 2022 年 12 月，据不完全统计，常山县胡柚科技成果获县级以上各类奖励 57 项（见表 5-1）。

表 5-1 常山县胡柚科技成果获县级以上各类奖励

序号	项目名称	获奖单位（获奖者）	获奖类别	获奖时间
1	常山胡柚资源的开发利用调查研究	常山县农业局；叶杏元、贝增明、缪天纲	浙江省科技进步奖四等奖	1987 年
2	常山胡柚资源的开发利用调查研究	常山县农业局；叶杏元、贝增明、缪天纲	衢州市科技进步奖三等奖	1987 年
3	常山胡柚资源的开发利用调查研究	常山县农业局；叶杏元、贝增明、缪天纲	常山县科技进步奖二等奖	1987 年
4	胡柚良种选育和基地建设	常山县农业局、常山县科委、常山县林业局	浙江省星火奖三等奖	1991 年
5	覆盖芒箕骨防止胡柚苗木冻害试验	常山县胡柚良种繁育场；叶良华、姜利成、叶玉贵	常山县科技进步奖四等奖	1991 年
6	胡柚四个优株母本园建立和贮藏保鲜技术研究	常山县科委、常山县农业局、常山县油茶研究所；贝增明、叶杏元、李襄乔、魏安靖、蒋柏宏等 13 人	浙江省科技进步奖四等奖	1992 年
7	胡柚良种选育和贮藏保鲜技术研究	常山县科委、常山县农业局、常山县油茶研究所；贝增明、叶杏元、李襄乔、魏安靖、蒋柏宏等 13 人	衢州市科技进步奖三等奖	1992 年

序号	项目名称	获奖单位（获奖者）	获奖类别	获奖时间
8	胡柚良种选育和基地建设	常山县农业局、常山县科委、常山县林业局；贝增明、叶杏元、李襄乔、魏安靖、蒋柏宏等13人	浙江省星火奖三等奖	1992年
9	胡柚良种选育和基地建设项目	常山县科委、常山县农业局、常山县油茶研究所；贝增明、叶杏元、李襄乔、魏安靖、蒋柏宏等13人	浙江省农业丰收奖四等奖	1992年
10	胡柚果实采后枯水机理和防枯技术研究	浙江农业大学、常山县科委、常山县农业局、杭州新光塑料厂；张上隆、陈昆松、贝增明、叶杏元、刘春荣	浙江省科技进步奖优秀奖	1995年
11	常山胡柚丰产技术推广	常山县林业局、常山县油茶研究所、常山县林场；占庄国、吴益清、戚英鹤、程有龙、徐木水、张震海、陈国利	浙江省科技进步奖一等奖	1995年
12	常山胡柚丰产技术推广	常山县林业局、常山县油茶研究所、常山县林场；占庄国、吴益清、戚英鹤、程有龙、徐木水、张震海、陈国利	林业部科技进步奖三等奖	1997年
13	常山胡柚系列地方标准	常山县质量技术监督局、常山县农业局、常山县科委；贝增明、叶杏元、姜良福、徐闽红、李茂松	衢州市科技进步奖四等奖	1998年
14	常山胡柚系列地方标准	常山县质量技术监督局、常山县农业局、常山县科委；贝增明、叶杏元、姜良福、徐闽红、李茂松	常山县人科技进步奖四等奖	1998年
15	柑橘溃疡病综合治理试验研究	常山县植物检疫站；符华福、程学和、汪伟雄、李建华	常山县科技进步奖三等奖	2001年

续表

序号	项目名称	获奖单位（获奖者）	获奖类别	获奖时间
16	常山胡柚标准化示范园区建设	常山县农业局、常山县质量技术监督局、常山县科委；杨兴良、徐闽红、甘先亮、贝增明、叶杏元、黄法云、丁蔚夫、朱振春	衢州市科技进步奖三等奖	2001 年
17	常山胡柚标准化示范园区建设	常山县农业局、常山县质量技术监督局、常山县科委；杨兴良、徐闽红、甘先亮、贝增明、叶杏元、黄法云、丁蔚夫、朱振春	常山县科技进步奖一等奖	2001 年
18	常山胡柚良种选育及产业化研究	浙江大学果树科学研究所、常山县农业局、常山县科技局、常山县农办、衢州市柑橘科学研究所、衢州市农业局、常山县油茶科学研究所、常山县林业局；张上隆、贝增明、叶杏元、陈昆松、缪天纲、陆文龙、杨兴良、赵四清、徐昌杰、刘春荣、黄国善、余日梁、陈国利、季土明、郑君	衢州市科技进步奖一等奖	2001 年
19	浙江省柑橘高接换种技术示范与推广	浙江省农业厅、常山县农业局等	农业部全国农牧渔业丰收奖三等奖	2001 年
20	常山胡柚标准化示范园区建设	浙江省农业厅	浙江省农业丰收奖三等奖	2001 年
21	常山胡柚良种选育及产业化研究	浙江大学果树科学研究所、常山县农业局、常山县科技局、常山县农办、衢州市柑橘科学研究所、衢州市农业局、常山县油茶科学研究所、常山县林业局；张上隆、贝增明、叶杏元、陈昆松、缪天纲、陆文龙、杨兴良、赵四清、徐昌杰、刘春荣、黄国善、余日梁、陈国利、季土明、郑君	浙江省科技进步奖三等奖	2003 年

序号	项目名称	获奖单位（获奖者）	获奖类别	获奖时间
22	柑橘果实套袋技术研究与应用	刘春荣、杨兴良、吴俊、朱振春、郑君	衢州市科技进步奖三等奖	2005年
23	浙江省柑橘优化改造综合技术应用与推广	浙江省农业厅、常山县农业局等	农业部全国农牧渔业丰收奖一等奖	2006年
24	柑橘类全果饮品产业化关键技术研究与应用	浙江省农业科学院；程绍南、邢建荣、夏其乐、杨兴良、郜海盐、张俊、郑美瑜	浙江省科技进步奖三等奖	2008年
25	脆红胡柚植物新品种权证	常山县农业局；杨兴良、吴文明、徐建国、季土明、毕旭灿、柯甫志	农业部新品种权证	2011年
26	出口柑橘综合技术研究与集成应用	刘春荣、郑利珍、陈健民、吴文明、徐锦涛、吴晓勤、李余生	衢州市科技进步奖二等奖	2012年
27	"柚—菇"资源循环利用及关键技术研究	黄良水、杨兴良、徐立胜、江美芳、洪金良	衢州市科技进步奖三等	2012年
28	常山胡柚成功申报中国驰名商标工作	常山县农业局	常山县人民政府集体三等功	2012年
29	出口柑橘综合技术研究与集成应用	刘春荣、郑利珍、陈健民、吴文明、徐锦涛、吴晓勤、李余生	浙江省农业丰收奖二等奖	2013年
30	常山胡柚深度开发关键技术集成与产业化示范	熊耀康、蒋剑平、张春椿、徐春根、徐小忠、吴晓宁、许海顺、俞冰、张水利	浙江省中医药科学技术奖二等奖	2013年
31	柑橘胡柚囊胞技术开发及产业化建设项目	浙江天子股份有限公司、可口可乐饮料（上海）有限公司徐荣新、徐荣功、刘金有	常山县科技进步奖一等奖	2013年
32	胡柚宝糖片	徐小忠、汪丽霞、黄磊、蒋剑平、童金	常山县科技进步奖二等奖	2013年
33	胡柚优良株系与优质丰产栽培技术推广示范	俞日梁、陈新建、赵四清、杜红亮、陈国利	常山县人科技进步奖三等奖	2013年
34	常山胡柚深度开发关键技术集成与产业化示范	熊耀康、蒋剑平、张春椿、徐春根、徐小忠、吴晓宁、许海顺、俞冰、张水利	浙江省科技进步奖二等奖	2014年

续表

序号	项目名称	获奖单位（获奖者）	获奖类别	获奖时间
35	常山胡柚功能性天然苦味物质检测及地域分布规律研究	刘晓政、施堂红、占元毅、严晓丽、戴水凤、李永仙、郑志有	常山县科技进步奖二等奖	2015 年
36	柚美人常山胡柚精油开发提取	徐小忠、汪丽霞、童金、徐砚琛	常山县科技进步奖三等奖	2015 年
37	胡柚小青果生产加工技术研究与产业化	刘春荣、王登亮、郑雪良、毕旭灿、杨波、姜翔鹤、徐锦涛、王海富、童文彬	浙江省农业丰收奖二等奖	2015 年
38	胡柚小青果生产加工技术研究与产业化	刘春荣、王登亮、郑雪良、毕旭灿、杨波、姜翔鹤、徐锦涛、王海富、童文彬	衢州市科技进步奖一等奖	2015 年
39	椪柑和胡柚果实低碳适温物流关键技术研究与示范	孙崇德、刘春荣、叶先明、王登亮、方培林、姚娇、吴雪珍	衢州市科技进步奖二等奖	2017 年
40	柑橘优质生产与贮藏物流关键技术研究及推广应用	陈昆松、孙崇德、刘春荣、张波、徐云焕、殷学仁、吴文明、徐昌杰、朱潇婷、李杰、朱长青、金国强、叶先明	浙江省科技进步奖一等奖	2018 年
41	浙江中药饮片炮制规范关键技术研究与应用	赵维良、宋剑锋、王如伟、戚雁飞、张文婷、郭增喜、胡江宁、赵四清、马临科、冯敬骞、徐礼萍、黄琴伟、何厚洪	浙江省卫生和计划生育委员会中医药科技进步奖一等奖	2018 年
42	浙江中药饮片炮制规范关键技术研究与应用	赵维良、宋剑锋、王如伟、戚雁飞、张文婷、郭增喜、胡江宁、赵四清、马临科、冯敬骞、徐礼萍、黄琴伟、何厚洪	浙江省科技进步奖二等奖	2019 年
43	柑橘新品种选育引进筛选试验与示范推广	吴雪珍、刘春荣、郑雪良、王登亮、吴群、陈骏、姜翔鹤、杨波、吴文明、毕旭灿、徐声法	浙江省农业丰收奖二等奖	2019 年

序号	项目名称	获奖单位（获奖者）	获奖类别	获奖时间
44	果树废弃物在橘园中的资源化研究与应用	刘春荣、刘丽丽、李建辉、王登亮、郑雪良、陈骏、吴雪珍、杨海英、徐霄、杨波、姜翔鹤、徐声法、胡燕芳	浙江省农业农村厅技术进步奖二等奖	2020 年
45	常山胡柚提质增效关键技术集成与示范推广	张志慧、姜翔鹤、汪丽霞、杨波、王刚、徐新、郑浩、计明月、汪明土、孙建城、毕旭灿、洪淑平、裴祖旺、赵四清、彭国方	浙江省农业农村厅技术进步奖三等奖	2022 年
46	新"浙八味"衢枳壳质量提升与功效挖掘研究及其产业化应用	蒋剑平、陈芝芸、宋剑锋、曾玲晖、杨兴良、向铮、王华刚、汪丽霞、徐礼萍、郭福敏	中华中医药学会科技进步奖三等奖	2022 年
47	常山胡柚全产业链高质量研究及产业化示范	蒋剑平、陈芝云、宋剑锋、王建平、曾玲晖、杨兴良、王华刚、陈建权	浙江省药学会科技进步奖二等奖	2022 年
48	胡柚价值开发关键技术创新与推广应用	雷美康、汪丽霞、王思为、徐小忠、张峰、方利明、彭芳、祝子铜、李玲玲、许赢升	中国商业联合会科学技术奖全国商业科技进步奖三等奖	2022 年
49	胡柚宝果糖片	徐小忠、汪丽霞、黄磊、蒋剑平、童金	浙江省科技厅科技成果登记	2013 年
50	胡柚精油微胶囊包覆	徐小忠、汪丽霞、黄磊、张明玮、童金	浙江省科技厅科技成果登记	2016 年
51	衢枳壳的合理采收及药用资源开发的关键技术研究	宋剑锋、冯敬骞、赵四清、王也、徐勇慧、徐礼萍	衢州市科技局科技成果登记	2017 年
52	衢枳壳的合理采收及药用资源开发	宋剑锋、冯敬骞、赵四清、王也、徐勇慧、徐礼萍、胡建华	浙江省科技厅科技成果登记	2018 年
53	柚梨润肺膏	徐小忠、汪丽霞、林胜利、叶峰	浙江省科技厅科技成果登记	2020 年
54	胡柚精油面膜	徐小忠、汪丽霞、林胜利、叶峰、张志慧、李健	浙江省科技厅科技成果登记	2020 年
55	抑菌型胡柚精油	汪丽霞、徐小忠、王思为、林胜利、叶峰	浙江省科技厅科技成果登记	2021 年

续表

序号	项目名称	获奖单位（获奖者）	获奖类别	获奖时间
56	润肺止咳胡柚花苞茶	汪丽霞、徐小忠、雷美康、张志慧、季卫东、林胜利	浙江省科技厅科技成果登记	2021 年
57	基于不同化学组分评价衢枳壳产地初加工方法及干燥	汪丽霞、杨兴良、戴翔、徐小忠、毕旭灿、郑浩、叶益萍、宋剑锋、杨波	浙江省科技厅科技成果登记	2022 年

第三节 科技论文

　　自胡柚开发以来，常山县专家学者、科技工作者在《中国南方果树》《园艺学报》《应用基础与工程科学学报》《植物生理学通讯》《浙江农业学报》《浙江农业大学学报》《浙江柑橘》《浙江林学院学报》《浙江林业科技》《经济林研究》《江西中医学院学报》等学术刊物上发表论文近百篇。2000年，《中国南方果树》（增刊）编辑出版了一期常山胡柚科技论文集。2002年，叶杏元、贝增明、杨兴良撰写的《胡柚栽培技术》论文荣获第四届衢州市自然科学优秀论文二等奖。

　　据统计，目前，全国100多位专家、学者在胡柚的种植、加工、科研等方面共计发表论文500余篇。具体见本书附录。

第四节 科技人员

　　常山胡柚独树一帜，是常山县农村特色主导产业之一，广大胡柚专业人才和技术人员为此做出了积极的贡献。1985 年，常山县有柑橘专业科技人员 6 人。到 2005 年，常山县从事胡柚专业的科技人员增至 23 人，其中贝增明、叶杏元等专家的研究成果荣获多项省市级奖项。从 1983 年起，常山县逐步形成一支柑橘技术辅导员队伍。同年，在柑橘（胡柚）产区乡镇配备技术辅导员 13 人，1984 年又增配 2 人；1986 年，常山县 24 个乡镇除毛良坞乡（后改为新桥乡，现改为芳村镇）外，每个乡镇有一名柑橘、胡柚技术辅导员（专职辅导员 16 人，兼职辅导员 7 人）。2005 年，柑橘胡柚辅导员（包括兼职）18 人，产区的乡镇平均每个配备 1—2 人，其中有助理农艺师以上技术职称 13 人。同年，常山县从事胡柚专业的农民技术员已达200 多人，其中农民高级技师 2 人、中级技师 23 人、初级技师 43 人、技术员 214 人。在这支专业人才和技术队伍中，一些肯吃苦、善钻研、多付出的人员，受到各级政府的鼓励和奖励。2005 年，常山县胡柚科技服务队发展到 25 支，服务队员达 258 人，并形成全托管、单项、多项等多种服务模式。据初步统计，1980 年以来，常山县一共有 70 多位从事胡柚专业的科技人员（如图 5-2、图 5-3、表 5-2 所示）。

图 5-2　常山胡柚科技研究专家贝增明（左）、叶杏元（右）

图 5-3　胡柚科技人员叶杏元（左二）、杨兴良（右一）、汪丽霞（左一）、毕旭灿（右二）

表5-2　1980年以来常山县从事胡柚专业的科技人员

编号	姓名	单位（岗位）	从事时间	职称	备注
1	缪天纲	原常山县农业局特产站	1948—1988年	高级农艺师	已故
2	叶杏元	原常山县农业局特产站	1964—2002年	高级农艺师	退休
3	蒋柏宏	原常山县农业局特产站	1983—1998年	高级农艺师	退休
4	贝增明	原常山县科委	1964—2001年	高级农艺师	退休
5	毛蓉香	原常山县农业局城关农技站	1981—1990年	农艺师	退休
6	王剑荣	原常山县农业局特产站	1984—1992年	农艺师	调金华
7	陆天图	原常山县农业局特产站	1980—1985年	农艺师	调宁波
8	戚英鹤	原常山县油茶研究所	1962—2000年	高级工程师	退休
9	陈耀畅	原常山县油茶研究所	1963—2000年	高级工程师	退休
10	李襄乔	原常山县油茶研究所	1963—1995年	高级工程师	退休
11	魏安靖	原常山县油茶研究所	1964—1995年	高级工程师	退休
12	俞日梁	原常山县油茶研究所	1983—2020年	高级工程师	退休
13	杜红良	原常山县油茶研究所	1983—1992年	高级工程师	退休
14	陈国利	原常山县油茶研究所	1992—2003年	高级工程师	退休
15	陈新建	原常山县油茶研究所	1993—2008年	高级工程师	转岗
16	姜利成	原常山县胡柚良种繁育场	1987—1994年	助理农艺师	转岗
17	郑君	原常山县农业局特产站	1992—2004年	农艺师	转岗
18	赵四清	原常山县油茶研究所、农业农村局	1987—2020年	正高级农艺师	转岗
19	杨兴良	常山县农业农村局、常山县胡柚研究院	1989年至今	农艺师	在岗
20	季土明	原常山县胡柚良种繁育场、农业局特产站	1991—2009年	农艺师	转岗
21	吴文明	原常山县农业局特产站	2000—2008年	农艺师	调柯城
22	陈成英	常山县农业特色产业中心（胡柚研究院）	1986年至今	农艺师	在岗
23	毕旭灿	常山县农业特色产业中心（胡柚研究院）	1986年至今	高级农艺师	在岗
24	李余生	原常山县农业特色产业中心（胡柚研究院）	2009—2019年	高级农艺师	转岗

续表

编号	姓名	单位（岗位）	从事时间	职称	备注
25	杨波	常山县农业特色产业中心（胡柚研究院）	2009 年至今	高级农艺师	在岗
26	汪丽霞	常山县农业特色产业中心（胡柚研究院）	2009 年至今	高级农艺师	在岗
27	王刚	常山县农业特色产业中心（胡柚研究院）	2014 年至今	农艺师	在岗
28	张志慧	原常山县农业特色产业中心（胡柚研究院）	2019—2022 年	高级农艺师	转岗
29	郑浩	原县农业特色产业中心（胡柚研究院）	2019—2022 年	农艺师	转岗
30	徐新	常山县农业特色产业中心（胡柚研究院）	2021 年至今	助理农艺师	在岗
31	刘国庆	原招贤镇柑橘辅导员	1981—1990 年	助理农艺师	转岗
32	何桃树	原何家乡柑橘辅导员	1981—1985 年	助理农艺师	转岗
33	叶木生	原辉埠镇柑橘辅导员	1981—1985 年	助理农艺师	转岗
34	樊辉林	原天马镇柑橘辅导员	1981—1985 年	助理农艺师	转岗
35	谢雨根	原狮子口乡柑橘辅导员	1986—1997 年	助理农艺师	转岗退休
36	徐亮	原龙绕乡柑橘辅导员	1986—1990 年	助理农艺师	转岗
37	黄建设	原芳村区农技站、金源乡柑橘辅导员	1984—2000 年	助理农艺师	转岗
38	徐海林	原金源乡柑橘辅导员	1986—2004 年	助理农艺师	转岗
39	严维国	原湖东乡柑橘辅导员、胡柚场	1986—1995 年	助理农艺师	转岗
40	饶祖根	原常山县民政局福利公司	1988—1995 年	助理农艺师	转岗
41	何志康	原常山县胡柚良种场	1984—1989 年	助理农艺师	转岗
42	兰玉堂	原招贤镇特产员	1982—2012 年	农艺师	退休
43	胡金土	原青石镇特产员	1981—2013 年	农艺师	退休
44	黄火贤	原东案乡特产员	1984—2014 年	农艺师	退休
45	徐松泉	原东案乡特产员	1981—2020 年	农艺师	退休
46	符道海	原大桥头乡	1985—1990 年	助理农艺师	转岗

续表

编号	姓名	单位（岗位）	从事时间	职称	备注
47	黄日江	原金神胡柚集团、青石镇特产员	1992—2015 年	农艺师	退休
48	刘联友	原芳村镇特产员	1984—2021 年	农艺师	退休
49	李水昌	招贤镇特产员	1983 年至今	农艺师	在岗
50	方全寿	白石镇特产员	1983 年至今	农艺师	在岗
51	朱雨华	紫港街道特产员	1986 年至今	农艺师	在岗
52	冯金祥	原天马镇特产员	1986—2006 年	农艺师	转岗
53	徐有滨	原天马镇特产员	1986—2006 年	农艺师	转岗
54	曾水龙	原辉埠镇柑橘辅导员	1985—1998 年	助理农艺师	转岗
55	江善贵	原东鲁乡特产员	1984—2005 年	农艺师	转岗
56	付光华	原何家乡特产员	1983—2008 年	助理农艺师	转岗
57	裴祖旺	辉埠镇特产员	1986 年至今	农艺师	在岗
58	曾鸿良	天马街道特产员	1986 年至今	农艺师	在岗
59	李慧军	原大桥头乡特产员	1995—2008 年	助理农艺师	转岗
60	姜翔鹤	同弓乡特产员	2002 年至今	推广研究员	在岗
61	王满姬	县金川街道特产员	2018 年至今	助理农艺师	在岗
62	徐冕	大桥头乡特产员	2018 年至今	助理工程师	在岗
63	姚小东	球川镇特产员	2015 年至今	助理工程师	在岗
64	樊利卿	常山县利卿果业专业合作社	1998 年至今	高级农艺师	种植
65	徐小忠	浙江忠诚生物科技有限公司	2009 年至今	高级工程师	加工
66	徐荣功	浙江天子果业股份有限公司	1996 年至今	工程师	加工
67	刘水木	浙江天子果业股份有限公司	1998 年至今	工程师	加工
68	卓建平	浙江天子果业股份有限公司	1998 年至今	工程师	加工
69	黄琼	浙江艾佳果蔬开发有限责任公司	2015 年至今	助理工程师	加工
70	唐玉	浙江艾佳果蔬开发有限责任公司	2016 年至今	助理工程师	加工
71	周勤丽	浙江常山恒寿堂柚果股份有限公司	2019 年至今	工程师	加工

注：以上数据仅供参考。

第五节　科技荣誉

1992年，叶良华（时任常山县胡柚良种繁育场场长）获"衢州市先进科技工作者"称号。

1994年4月，常山县胡柚良种繁育场荣获1994年度"浙江省模范集体"称号。

1993年，常山县农业局高级农艺师叶杏元因被评为有突出贡献的中青年知识分子而享受国务院颁发的政府特殊津贴。

1994年，常山县农业局高级农艺师叶杏元为衢州市第三批表彰的专业拔尖人才。

2001年9月，常山县科委高级农艺师贝增明因其在常山胡柚开发上的杰出贡献，获得"衢州市农业科技突出贡献奖"；常山县农业局高级农艺师叶杏元获得"衢州市农业科技先进工作奖"。

2001年，东案乡柑橘（胡柚）技术辅导员黄火贤获"浙江省先进农民技术辅导员"称号。

2010年，同弓乡特产员姜翔鹤入选全国优秀科技工作者名单。

2012年，常山县农业局杨兴良获得浙江省"全省百名农业系统先进工作者"荣誉称号。

2012年1月，常山县政府因"常山胡柚"申报中国驰名商标工作授予常山县工商行政管理局、常山县农业局集体三等功及占熙、杨兴良个人三等功。

2019 年 7 月，常山县农技专家毕旭灿等成功入选浙江省第二届农业产业技术创新与推广服务团队名单。

2019 年 1 月 30 日，缪天纲、贝增明、叶杏元、徐荣新入选常山县改革开放 40 周年突出贡献人物名单。

2021 年，浙江艾佳果蔬开发有限责任公司获全国脱贫攻坚先进集体荣誉。

2022 年，毕旭灿、赵四清、张志慧、汪丽霞入选衢州市首届农业产业技术创新与推广服务团队名单。

2022 年，常山县农业农村局汪丽霞入选浙江省推动农民农村共同富裕成绩突出个人名单。

截至 2022 年，科技人员杨兴良、徐小忠入选衢州市"115 人才"第二层次培养人才；毕旭灿、汪丽霞、杨波、张志慧入选衢州市"115 人才"第三层次培养人才；杨兴良、赵四清、徐小忠、毕旭灿、王刚、樊利卿、姜翔鹤等人员先后获得"常山县（青年）拔尖人才"荣誉称号。

第六节　科技组织

一、常山县胡柚良种繁育场

1985 年 12 月，常山县良种苗木联营场在狮子口乡南弄村建立，1986 年更名为常山县胡柚良种繁育场，为自收自支事业单位，隶属常山县农业局，总面积约 400 亩，建有胡柚优株母本园 50 亩，商品生产园 200 亩，苗木基地 20 亩，年繁育胡柚优株苗 15 万—20 万株，拥有职工 20 余人。繁育场的建立，为常山县胡柚开发起到了示范作用和提供了大量优质胡柚接穗及苗木。2001 年，经常山县政府批准同意，为支持龙头企业发展，繁育场依法转让给浙江天子股份有限公司经营，场内全部实行改制。

二、常山县油茶研究所

1956 年 8 月，常山县油茶试验场建立。1963 年 3 月，常山县油茶科学研究所建立。1964 年，浙江省科委、浙江省林业厅批准以县所为基础，建立浙江省常山油茶研究所，归省属。1984 年 6 月，浙江省常山油茶研究所划为常山县属，归常山县林业局辖。1985 年 5 月，常山县林科所并入。所址在常山县城文峰路林业大楼内，试验场在久太弄，有试验地 800 亩。1986年始，研究所增加胡柚开发研究任务，曾一度挂常山胡柚研究所的牌子，先后参加胡柚良种选育和基地建设、胡柚贮藏保鲜技术研究等项目，获省级、市级科技奖，建有胡柚优株母本园。1991 年，建柑橘通风贮藏库 300

平方米。1993 年 8 月，增挂常山林果研究所牌子。1994 年，该所有优株胡柚鉴定圃、示范圃 155 亩，其他柑橘试验、生产园 190 亩。从事柑橘开发研究的科技人员 9 人，高级技术职务 5 人、中级 4 人。2010 年后，由于其久太弄胡柚品种基地被征用，胡柚生产研究工作减少。

三、常山县胡柚研究院（常山县农业特色产业发展中心）

2014 年 5 月，根据常山胡柚产业复兴发展需要，成立常山县胡柚研究院，为独立法人事业单位，有胡柚专业技术人员 5 名，具体承担原常山县农业局特产站的常山胡柚技术推广、产业管理、科技研究等职责。2019 年，由于常山县农业农村局下属机构改制需要，成立常山县农业特色产业发展中心，同时增挂常山胡柚研究院、衢枳壳研究中心牌子，具体承担常山胡柚（衢枳壳）技术推广、产业管理、科技研究等职能。

四、常山胡柚种苗繁育中心

常山胡柚种苗繁育中心位于同弓乡金川源村，为常山县农业农村局下属科研基地，2004 年始建，目前已建成占地面积 160 亩，包括：胡柚（柑橘）种质资源保护区、优质种苗接穗圃、网室种苗繁育大棚、玻璃温室育苗展示、实验楼、仓储等六个功能区，主要承担胡柚种苗种质资源保护、新品种苗木繁育、技术实验示范三大任务，是集胡柚（柑橘）种质资源保护、新品种选育、科技试验示范、技术培训等为一体的现代化种苗繁育中心。年繁育胡柚（柑橘）优质苗 10 万—20 万株。现保存有"82-3""82-4"等 4 个传统胡柚优株，"01-7""脆红""蜜橘型"3 个新品种胡柚优株，引进保存了"爱媛 28""葡萄柚""香柚""酸橙"等其他柑橘品种 30 余个。

常山胡柚种苗繁育中心采用先进的数字化、智能化管理以及现代技术集成试验示范，被浙江省政府列入重点调研基地，成为各级政府部门、院校、专家调研考察、技术交流、产业宣传的胡柚重要研学地，每年接待考察 100 多批次。2021 年 7 月 30 日，时任浙江省委副书记、省长郑栅洁到该中心调研，给予充分肯定。

五、浙江大学（常山）现代农业发展研究中心

2022 年，为做好全国农业科技现代化先行县创建工作，浙江大学（常山）现代农业发展研究中心由浙江大学与常山县政府联合成立并实体化运行（如图 5-4 所示）。中心领导小组组长：王珂（浙江大学）、黄晓彬（常山县政府），副组长：占凌新（常山县政府）。中心主任：吴迪（浙江大学）；副主任：陈士国、曹阳（浙江大学），杨兴良、张帅（常山县农业农村局），王昆喜（常山县油茶产业发展中心）等。

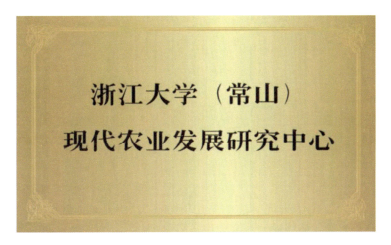

图 5-4　浙江大学（常山）现代农业发展研究中心

六、常山胡柚科技服务队

2003 年，东案乡里村村民曾连福牵头组织了 8 位乡土技术员，聘请东案乡柑橘辅导员为技术顾问，率先建立了"东案乡兰家山胡柚技术服务公司"，为周边柚农提供胡柚修剪、施肥、喷药等技术服务，媒体称其为"技术保姆"式的服务组织。2004 年，常山县胡柚科技服务队发展到了 25 支，服务队队员 260 人，服务农户达 4837 户，服务面积达 29176 亩，其中单项服务面积 15695 亩，多项服务面积 8662 亩，托管面积 4819 亩，有的服务

队的服务范围超出了自己乡镇，走出了常山，发展到邻近省市。服务形式主要有单项技术服务、多项结合服务、全托管（全程服务）三种。"技术保姆"服务组织是对技术推广模式的创新，对提高农户胡柚管理水平，提高胡柚品质有着重要意义。

第六章

深加工产品开发

一只果，一座城

产品开发历史

　　常山胡柚具有独特的生理活性和风味，是较适合精深加工与深度挖掘开发的柑橘品种之一。胡柚深加工分两种，即保持鲜果形态的包装加工和打破鲜果形状或组织，提取其营养活性物质的加工（如图 6-1 所示）。

图 6-1　常山胡柚深加工产品

　　1956 年，常山县就开始针对柑橘开发出抛片产品；1959 年，开始加工柑橘蜜饯等产品。1986—2005 年，常山胡柚主要产品有三大系列：蜜饯系列的有甜、香、辣、怪味等不同口味的果脯；罐头系列的有胡柚砂囊、囊瓣、橘片罐头等；饮品系列的有粒粒汁、胡柚鲜汁、果冻、胡柚八宝茶等。

抛片

1956 年，常山县产抛片 3832 千克；1968 年产 10 余吨。

蜜饯

1989 年，常山微生物总厂利用胡柚皮加工胡柚蜜饯。1992 年，常山县果蔬罐头厂生产胡柚果脯。1993 年 5 月，常山县飘洋食品饮料总公司生产"柚王"果脯，其色泽橙黄，形似金条，风味别具一格。果脯均采用玻璃纸单颗包装后装入小塑料袋，再用盒装的形式。一般每盒装 250 克，在北京、杭州等大中城市畅销。

罐头

1987 年，常山县城关食品厂生产的胡柚砂囊获浙江省优秀"四新"产品三等奖。1990 年，常山微生物总厂生产的胡柚砂囊罐头，在衢州市内首次采用易启封的玻璃杯包装，并于 1991 年底获中国十年改革成就展示会新优名特产品优秀奖。1994 年，常山县翠宝饮料厂在国内首次试产成功 18 升听装椪柑砂囊罐头，至次年 2 月共生产 5050 听计 91 吨，其中 50 吨出口日本。

饮料

1988 年，粒粒汁开始生产，此后，常山县相继生产了椪柑砂囊果汁、胡柚砂囊果汁。1991 年 2 月，常山县绿神食品制造总厂年产 1000 吨（400 万瓶）的胡柚粒粒汁易拉罐生产线投产。

1992—1993 年，常山县的胡柚砂囊汁、天然粒粒柚汁、胡柚粒粒汁饮料，衢县的橘王粒粒橙，开化的粒粒橙果味饮料等相继投产，以胡柚、椪柑、广橙砂囊及橘汁等为主要原料，均为易拉罐包装。

1992 年 1 月，常山县果蔬罐头厂生产胡柚果茶，推出两种配方九种包装的女士、儿童柚王饮料等系列饮料。

1993 年春，著名电影演员刘晓庆与常山县微生物总厂合资建立刘晓庆饮皇食品有限公司，生产易拉罐胡柚汁等。6 月，在杭州会见记者时，其举着胡柚易拉罐，介绍其风味、功效。电影演员姜文给画了幅"晓庆卖柚"的漫画像，印于其生产的胡柚易拉罐上（如图 6-2 所示）。

1993 年 5 月，常山县浙西食品实验厂试产出糖度为 54—65 度的常山胡柚浓缩果汁，作制造果汁或家庭饮料用。

1993 年 4 月，天然粒粒柚汁饮料（常山翠宝食品饮料厂）通过新产品鉴定。

1993 年 7 月，胡柚粒粒汁饮料（常山县绿神食品制造总厂）通过新产品鉴定。

1994 年 12 月，酒之侣（浙江覃尔康制药总厂、常山县中医院）通过新产品鉴定。

1994 年，中外合资常山金太阳食品有限公司的胡柚汁，获得全国首届林业名特优新产品博览会金奖和华东新技术新产品展交会金奖。

图 6-2　常山胡柚果汁易拉罐包装

20 世纪 90 年代中期，常山县微生物厂、翠宝、绿神、漂洋等企业先后生产加工了胡柚砂囊罐头、胡柚蜜饯、胡柚果茶、粒粒柚汁和胡柚果汁饮料等系列深加工产品（如图 6-3 所示）。1995 年，常山县加工胡柚砂囊罐头、果汁饮料等产品 1.5 万吨，产值 7500 万元。后因全国性的食品加工业不景气，胡柚深加工进入低谷。

图 6-3　胡柚深加工系列产品

20 世纪 90 年代后期至 21 世纪初，浙江天子果业有限公司、浙江天宝食品有限公司、常山县阿冬食品厂等在胡柚深加工上开始了新的征程。1998 年，浙江天子果业有限公司继续生产胡柚果脯，改进加工工艺，其果脯清香润喉、甜而不腻，成了上海超市的紧俏商品。2001 年，天子牌胡柚砂囊罐头被认定为中国国际农业博览会名牌产品。同年，浙江天子果业有限公司改造原有车间，建成出口胡柚罐头生产线和胡柚果汁生产线。是年，浙江天宝食品有限公司立项建立出口胡柚罐头生产车间，设计年产罐头 7500 吨，厂房、设备具备后未投入生产（公司于 2004 年因负债破产）。

1999 年 4 月，常山县阿冬食品厂形成胡柚皮加工蜜饯的工艺技术，生产胡柚蜜饯系列产品（于 2004 年停办），后由青石供销专业合作社接产。到 2005 年底，常山县经加工的胡柚鲜果总量约占整个胡柚鲜果产量的 10%，达 8000 吨，深加工产值 4000 万元。

2005 年 11 月，浙江省果品质量检验中心（常山）授牌仪式在常山县食用菌科技园区举行，其作为衢州市唯一的省级农产品质量检验机构正式对外提供检测服务，为常山胡柚等农业支柱产业的无公害农产品融入"长三角"以及打入国际市场提供质量"通行证"。

第二节　全果高值化加工利用

2005 年 11 月 28 日，常山县农业局通过招商引资，引进韩国国际大学食品事业集团和浙江省农业科学院食品加工研究所技术，成立了由韩国商人投资的浙江常山自然食品有限公司。该公司以常山胡柚为原料替代韩国黄金柚（香橙），研制出"蜂蜜胡柚茶"生产技术，该茶饮成为胡柚主要深加工新产品（如图 6-4 所示）。

2006 年以后，围绕胡柚系列化、药用化加工发展目标，常山县农业局特产站、生产加工主体致力科研攻关，深加工产品得以不断升级。2009 年 1 月，柚王食品有限公司经过一年的准备，成功研制出"胡柚果糕"新产品。

图 6-4　蜂蜜胡柚茶

2009 年，常山县招商引资浙江柚都生物科技有限公司，该公司于次年提取出"常山胡柚黄酮素"，并于 2012 年正式推出"胡柚宝"产品（如图 6-5 所示）。

图 6-5　胡柚宝

2012 年 11 月，美国可口可乐全球果汁中心总裁到浙江天子果业有限公司考察采购囊胞原浆事宜。浙江天子果业有限公司每年为其提供 3 万吨果汁原浆。2013 年开始，胡柚囊胞作为"美汁源"三重果汁饮料原料之一。

2013 年 8 月，恒寿堂年产 3840 万瓶蜜炼柚子茶项目在青石镇江家村开工建设，两条生产线 8 小时可生产 5 万瓶柚子茶，单班产值 150 万元，年销售额达上亿元。

2016 年，胡柚片以"衢枳壳"名义列入 2015 版《浙江省中药炮制规范》目录，标志着胡柚加工迈入了药用开发阶段。

2018 年 11 月，"胡柚精油面膜"（如图 6-6 所示）在"双十一购物狂欢"活动中卖出了 20 万片，每片定价在 15—18 元，共销售 300 余万元。

图 6-6　胡柚精油面膜

第三节　"双柚合璧"产品爆发期

2019年，常山县提出八大类深加工产品体系。为推动胡柚产业深加工发展，常山县将胡柚深加工产品初步规划细分为"饮、食、健、美、药、香、料、茶"等八大类深加工产品体系。坚持以生物医药开发为主攻方向，重点利用胡柚提取物开发系列功能性食品、休闲食品、特医食品。利用胡柚精油开发美容、护肤、健身等系列日化类产品。衢枳壳儿童抗呼吸道感染新药开发已经列入浙江省重点科技科研项目，胡柚降糖功效研究和衢枳壳护肝机制研究分别列入国家自然基金项目计划，为胡柚生物医药产业开发提供了强有力的科技支撑。

2020年，常山县提出"双柚合璧，争创百亿"的发展目标。香柚学名香橙，也称罗汉橙、香橼、日本柚子、韩国黄金柚，是原产于我国长江中上游流域的原生柑橘品种。在盛唐时期（日本奈良时代）经朝鲜半岛传入日本，经长期培育就成为如今的香柚。其果实外观接近于桔，表皮不光滑，具芳香，果肉酸涩，在古代中国，被用来制作香薰、调味品等。香柚果皮中含有61种挥发性物质，其中萜烯类33种，占香气成分的82.03%，主要挥发性物质为柠檬烯，具有特征性成分——香橙酮。香柚具有花香、果香、木香、辛香，气味浓郁、芳香怡人，具有优异的加工性能，适宜开发食品、日化等系列深加工产品。2015年，浙江柚香谷投资管理股份有限公司引进种植香柚，在7个乡镇（街道）23个村打造了高标准香柚基地12000亩，培育香柚苗80万株，建成国内最大的香柚种植基地。深加工基地位于常山

县工业园区，占地面积200亩，目前开
发了双柚汁（如图6-7所示）、柚子啤
酒、柚子海盐苏打汽水、柚子精油、柚
子香氛、净面啫喱、洗手液、柚子酱、
柚子糕点等系列产品并投入市场，网红
产品"双柚汁"2022年产值达到4亿元。
现建成3条每小时1.6万、3.6万、5.3万
瓶的自动化高速灌装流水生产线，日产
达12万箱；1座2.4万平方米的智能立
库。规划2023年新建45亿元产值的灌
装车间，2025年实现产值50亿元，2027

图6-7 双柚汁产品

年实现"双柚合璧"，产值达到100亿元。现国内"双柚汁"厂家层出不
穷，达到100多家。

2020年，胡庆余堂首次开发胡柚膏新品（如图6-8所示），在"2020
年中国常山乡村振兴大会"上上市发布。

2021年2月18日，华润江中制药开发胡柚膏系列产品（如图6-9
所示）。

图6-8 胡庆余堂胡柚膏

图6-9 江中牌常山胡柚膏

2021年8月，浙江艾佳果蔬开发有限责任公司作为胡柚全产业链生产的国家级农业产业化龙头企业，建成了年产3万吨的胡柚速冻与鲜榨果汁生产线，可全年度供应新鲜胡柚、NFC胡柚鲜果汁。

截至2022年，常山县已开发的胡柚深加工产品，包括胡柚囊胞、胡柚茶、胡柚果脯、胡柚酵素、胡柚宝（黄酮素）、精油面膜、胡柚膏、胡柚果酱、胡柚青果茶、胡柚酒、双柚汁饮品、NFC胡柚鲜果汁等80多种产品，年加工消耗胡柚鲜果4万吨。其中，浙江

图6-10　美汁源三重果粒

天子果业有限公司的胡柚囊胞成为可口可乐公司美汁源三重果粒主要原料（如图6-10所示）；柚香谷的双柚汁成为网红爆款；浙江艾佳果蔬开发有限责任公司的NFC胡柚复合果汁（如图6-11所示）入选浙江省十大药膳（饮品类），备受市场欢迎。

图6-11　NFC胡柚复合果汁

第四节　加工产品分类

胡柚深加工U系列产品开发八大体系：饮料类、食品类、保健品类、美容日化品类、药用类、芳香类、餐饮料理类、茶文创类，即饮、食、健、美、药、香、料、茶八大类。

截至2022年，胡柚香柚深加工系列产品达80多种（如图6-12所示）。

图6-12　常山胡柚产品展示区

饮：果粒橙、胡柚囊胞、果汁（双柚汁、NFC鲜果汁、胡柚山药复合果汁、胡柚卡曼橘复合汁等）、酵素、果浆、柚子苏打汽水、柚柚气泡水、胡柚酒、柚子啤酒、柚熏果酒、胡柚奶茶。

食：橘片罐头、果脯（原味、甜味、辣味、怪味）、果糕（胡柚麻饼、胡柚沙琪玛、胡柚泡芙、胡柚蛋糕、胡柚麻薯、柚子曲奇）、果酱、胡柚花蜜、果糖（含片类、软糖类、牛轧糖）、柚子冰激凌、果茸。

健：胡柚膏（江中、胡庆余堂、柚祖、元坳、艾佳、医院配方）、胡柚宝（黄酮素）、柚子参、果胶、降脂护肝片。

美：胡柚精油面膜（柚倾城）、香柚补水面膜、喷雾、洗发水、沐浴露、洗手液、洁面慕斯、胡柚爽肤水、胡柚乳液、胡柚精华液等。

药：衢枳壳、冻干片、衢枳壳配方颗粒、抗氧化胶囊、橘络、橘籽、胡柚原料提取物（二氢查耳酮、柚皮苷、新橙皮苷）。

香：香氛、精油、纯露、精油皂。

料：胡柚腌丝皮、胡柚干皮、胡柚料理（福柚羹、柚百合、柚金丝等菜肴）、香料、柚辛调味品。

茶：胡柚茶、青果茶、花苞茶、八珍果茶、橘红茶等。

第五节　加工企业简介

截至 2022 年底，常山县拥有胡柚县级以上农业龙头企业 65 家，其中国家级农业龙头企业 2 家（浙江天子股份有限公司、浙江艾佳果蔬开发有限责任公司），省级 1 家（常山天道重要饮片有限公司），主要精深加工企业 16 家，规上企业 4 家；衢枳壳原药材收购、加工及销售主体 20 余家。

一、浙江天子股份有限公司

浙江天子股份有限公司成立于 1998 年，注册资本 1000 万元，平均年纳税额约 1600 万元。公司自创立以来一直致力于全程冷链生产、加工与销售各类鲜果、果汁、果肉、玉米淀粉等纯天然食品以及生物科技产业，走出了一条第一、二、三产业深度融合的经济模式，是国家农业产业化重点龙头企业、国家高新技术企业、国家农产品加工示范企业、浙江省重点流通企业、浙江省农产品供应链试点企业（如图 6-13 所示）。公司产业园区占地约 30 万平方米，已建成投入使用建筑面积 23 万平方米，规划建设冷链设施 27 万立方米，已建成并投入使用 13.5 万立方米，年吞吐量达 25 万吨以上，年营业收入约 6 亿元，其中冷链产品营业收入约 5.3 亿元。该公司主营鲜水果产品线，延伸至全品类鲜水果，加工各种鲜水果果粒、果酱、果浆等，用于茶饮连锁企业；将剩余果皮用来生产制作各种干果，应用于烘焙类等企业。目前，该公司已形成专业的柑橘果汁囊胞全程冷链生产流水线，果汁囊胞年产量 5 万吨，成为可口可乐"美汁源"系列产品的最核心供应商。

图 6-13　浙江天子股份有限公司

2015 年，该公司投资上亿元建成国内首个单条年产 30 万吨果葡糖浆的生产线果糖项目，F55 果葡糖浆产品受到可口可乐、太古集团、娃哈哈、农夫山泉等国际国内一线饮料公司的认可。

截至 2021 年底，果皮、果核、果渣综合利用产品成为该公司发展最有竞争力的一个新的经济增长点。未来，该公司将着手从柑橘皮和渣中提取果胶、精油、黄酮类物质等高附加值产品。

二、浙江艾佳果蔬开发有限责任公司

浙江艾佳果蔬开发有限责任公司成立于 1999 年，是一家大型的第一、二、三产业融合的全产业链果蔬种植、深加工、销售企业，通过整合全国 14 个省（区、市）原产地的名特优果蔬资源，为消费者提供安全、高品质的农产品和食品（如图6-14所示）。下属浙江艾佳食品有限公司，注册"艾柚香"品牌商标。

图6-14　浙江艾佳果蔬开发有限责任公司

该公司在全国一、二线城市建立了十大产地仓储分选中心和十大销地物流配送中心，覆盖全国全通路渠道营销网络，是"国家级重点农业龙头企业""全国脱贫攻坚先进集体"。截至2022年底，企业总资产达4亿元，年销售收入8亿元。

该公司的合作商包括全球最大餐饮集团之一——百胜餐饮集团，世界500强企业的商业零售巨头——沃尔玛等商超餐饮集团。旗下子公司百果神农是2008年北京奥运会水果指定供应商，荣获2008年奥运会功勋奖、农业部"助奥行动"。

从2003年开始，该公司在甘肃庆阳、新疆喀什地区、四川安岳等全国十余个贫困区县进行定点帮扶。目前，在全国拥有近40个自有及合作果蔬种植基地，总种植面积超过4万亩。该公司采用公司+农户发展模式，在各贫困区县因地制宜发展特色农业，帮助农户致富，全面促进产业增效，做现代农业排头兵，全力助推乡村振兴。

在产学研结合、产业数字化方面，该公司与浙江大学、西南大学、中国农业科学院柑橘研究所等科研机构合作建立联合研究中心，承担浙江省"尖兵""领雁"研发攻关项目，开发出 NFC 胡柚汁、胡柚酱等新型健康无添加产品。2020 年，该公司投资 3.5 亿元，建设冷库 6.8 万立方米，此外产能 3 万吨的果蔬速冻生产线和产能 1.2 万吨的胡柚纯果汁生产线建成投产。工厂实施数字化生产，配备有先进的自动码垛、穿梭定位、数控管理先进设施设备。

在基地建设方面，依托常山胡柚原产地资源，该公司在同弓乡太公山建立了文旅融合休闲观光示范胡柚园 400 亩。基地采用绿色有机方式种植，完成有机认证。下一步，该公司计划建立千亩数字化胡柚标准化示范基地。

三、浙江柚香谷投资管理股份有限公司

浙江柚香谷投资管理股份有限公司成立于 2015 年 8 月，注册资金 5000 万元，经营范围包括投资管理服务、旅游项目投资、开发；经营旅游业务、度假村开发、农业技术开发、水果种植销售（如图 6-15 所示）。下属浙江常山恒寿堂柚果股份有限公司，成立于 2009 年，主要从事食品加工。

图 6-15　浙江柚香谷投资管理股份有限公司

2015 年，该公司引进日本香柚（香橙），至 2022 年底，已完成 85 万

株香柚的育苗、密植工作，开发建立基地面积 12000 亩，建成全国最大的香柚基地；建立 200 亩的深加工车间，拥有 3 条生产线，日产 100 万瓶双柚汁，年产能达 15 万吨。该公司建立省级农村三产融合示范园，获批为国家 AAA 级旅游景点。2023—2025 年，该公司计划启动新增 45 亿元产值、日产 30 万箱灌装车间项目，新增香柚基地 2 万亩。农业总部项目全部建成达产后，年产值可达 100 亿元，将成为百亿级产业链链主企业，有效促进双柚产业发展。

四、常山天道中药饮片有限公司

常山天道中药饮片有限公司成立于 2013 年 3 月，是浙江中医药大学中药饮片有限公司的全资子公司，是常山县唯一的中药饮片生产企业，2022 年，获批为省级农业龙头企业。公司现有员工 40 人，大中专学历以上 11 人，占员工总数的 27.5%。公司占地面积 21512.4 平方米，厂房严格按照药品生产质量管理规范的要求设计建造，总面积近 12000 平方米。其中实验室面积 500 余平方米，设理化检验室、标定室、天平室、精密仪器室、标本室及留样室等。在 2686 平方米的中药饮片生产区，分为净选、洗药、蒸煮、切药、炮炙（净制、切制、炒制、炙制、煅制、制炭、蒸制、煮制、燀制）、干燥、筛药、包装等不同操作间。

为充分发挥属地优势，该公司利用衢枳壳入药的契机，优化衢枳壳初加工能力，树立优质衢枳壳饮片形象，三年内完成建设年生产规模达 3000 吨，涵盖生产加工、现代化仓储、检测控制、质量追溯的现代化生产及过程控制系统。该系统的实施将大力提高常山胡柚规范化初深加工能力，促进胡柚产业的发展，从源头上为"浙产好药"保驾护航。

公司坚持"企业以人为本，发展以诚为根，产品以质为先"的宗旨，加大原药材的道地产区采购，坚持遵古炮制，保障中药饮片质量，以高品质和品牌建设作为可持续发展的核心，将现代科技与传统炮制工艺有机融合，生产优质的中药饮片。

五、浙江常山自然食品有限公司

浙江常山自然食品有限公司创建于 2005 年，坐落于常山县新都工业科技园区，负责人为李善浩。2008 年，该公司被评为衢州市农产品深加工农业龙头企业。公司由韩国外商投资创办，引进韩国技术配方，注册"韩晶"商标，首次用胡柚替代韩国黄金柚研发生产蜂蜜胡柚茶。主要产品有蜂蜜胡柚茶、百香果茶等系列产品。2022 年销售收入 2000 余万元。目前，新注册浙江甄柚食品有限公司，已完成 5000 平方米的现代化综合厂房，年产 6000 吨的先进生产线建设，生产"萃优源"双柚汁产品。

六、常山县饴佳食品有限公司

常山县饴佳食品有限公司始建于 1996 年，地处常山县青石镇，负责人为孔建昕，是一家专业从事常山胡柚果脯的胡柚深加工农业龙头企业，占地面积 2600 平方米，曾获得"浙江省农博会金奖""衢州市著名商标""原产地域保护授权使用""浙江省优质无公害农产品"等荣誉称号，主要经营"阿冬"胡柚果脯系列、天锦山常山胡柚系列。该公司秉持"乡土出品，自然健康"的理念，努力为消费者呈现健康的特色食品。2020 年，"阿冬"胡柚果脯制作技艺入选常山县非物质文化遗产名录。

七、常山倚山久农业科技有限公司

常山倚山久农业科技有限公司创办于 2005 年 1 月，前身为常山倚山久胡柚深加工厂，位于常山县新都工业园区，是一家主要从事胡柚干鲜果品加工的企业，负责人为廖晓俊。2009 年，该公司承担浙江省"新型胡柚休闲食品开发与产业化应用"项目，开发了低糖胡柚果脯、高黄酮含量胡柚果脯、胡柚果糕等新产品；承担浙江省"胡柚果酒发酵工艺技术研究及产品开发"项目，开发胡柚果酒系列产品，填补了市场空白。

八、浙江常山柚都生物科技有限公司

浙江常山柚都生物科技有限公司创建于 2009 年，是常山县较早进行专业加工、胡柚内含生物活性充分提取的胡柚深加工企业，坐落于新都工业科技园区，负责人为程晓鹰。该公司系市级农业龙头企业和省级科技型中小企业，主要产品有蜂蜜柚子茶、百香果茶、果酱、"柚文"双柚汁等，2021 年销售收入 1500 余万元。目前，现代化综合厂房及先进生产线正在筹建中，公司注册"呦呼"品牌，产品销往国内各大超市等。

九、浙江德茗农业开发有限公司

浙江德茗农业开发有限公司成立于 2019 年 10 月，是一家以胡柚青果茶研发、生产、销售为主，衢枳壳收购、加工、销售为辅的个人独资企业，法人代表为段辉根，注册资本 500 万元，经营场所位于球川镇芙蓉村紫荆北路 18 号。现有生产管理用房 2000 平方米，胡柚青果茶生产设备 1 套，衢枳壳生产设备 1 套。2021 年，该公司资产总额 750 万元。现有员工 56 人，其中固定员工 6 人，季节性用工 50 人。2021 年度销售胡柚青果茶 20 吨，衢枳壳 180 吨，实现销售收入 960 万元。拥有胡柚青果茶加工设备等专利证书 5 个，注册了"茗珍仙"商标。该公司为常山县农民合作经济组织联合会中药材产业分会会长单位，2021 年，被认定为县级农业龙头企业。"茗珍仙"牌胡柚青果茶荣获"常山县首届民宿伴手礼大赛一等奖""浙江网上农博会新产品金奖"。

十、常山县柚乐食品有限公司

常山县柚乐食品有限公司成立于 2011 年，是一家集胡柚、香柚、红美人、香檬种植、加工、销售于一体的现代化农产品深加工企业，位于何家乡黄冈村康家山。该公司一直以建设规模化实用观光果园，产出优质胡柚产品为初心，建有精品果园 1200 余亩，生产车间、仓储库房 4000 余平方

米，联结农户 820 余户。公司奉行诚信经营、科学创新的经营理念，自成立之时注册"常柚乐"品牌商标，生产所用设备均使用 304 食品级不锈钢材质，符合食品生产要求。先后自主研发并产出"常柚乐"牌蜂蜜柚子茶、胡柚果脯、胡柚酵素、胡柚果酒、胡柚果汁饮料等系列产品，备受消费者青睐。"常柚乐"牌系列产品先后荣获浙江省农博会金奖，国际森林产品博览会金奖、优质产品奖等荣誉，2014 年被认定为衢州市农业龙头企业。

十一、衢州市展宏生物科技有限公司

衢州市展宏生物科技有限公司成立于 2003 年，位于常山县生态工业园区，占地面积 20 多亩，负责人为程凤莲。多年来，该企业遵从种植、选购、加工按照现代科学管理的模式，建立由外聘专家带队的博士实验站，致力于研发植物有效成分的提取，主营甜菜碱、甜菜碱衍生物、中草药提取液，产品质量达到国际同类产品品质，获得航天医药生化制剂行业的认可和应用。该公司与国内多家知名企业、各大院校建立了良好合作关系，拥有与法国著名品牌联合开发的柠檬籽油系列产品；与中成药工业重点企业联合开发的九款中药汉方提取液，其拳头产品氨基酸保湿剂也深受一线品牌公司青睐。目前，该公司重点开发胡柚原料提取物（二氢查耳酮、柚皮苷、新橙皮苷）等产品，计划新建年产 1000 吨衢枳壳、100 吨芳香籽活性物提取生产线。

十二、浙江忠诚生物科技有限公司

浙江忠诚生物科技有限公司成立于 2018 年，位于常山县天马街道，负责人为叶峰，主要经营范围包括生物技术开发、技术服务、技术咨询、日化品、食品研发加工、农产品、未经加工的中药材收购和销售。该公司核心科研团队中有专业从事中药开发的博士 3 人，专业从事日化类产品开发的博士 1 人、硕士 2 人，衢州市新"115 人才"第二层次 1 人。2009 年，该公司的科研团队展开对常山胡柚成熟果、胡柚青果（衢枳壳原料）的研究，"常山胡柚利于肺"课题研究取得重要成果，获得 14 项国家发明专利，7 项实用新型专利，荣获浙江省科技进步奖二等奖 1 项、浙江省中医药科学技术奖二等奖 1 项，开发出胡柚宝（胡柚黄酮素）、胡柚膏方、精油、果饮奶茶、胡柚面膜等系列高附加值产品。

十三、常山县柚源食品有限公司

常山县柚源食品有限公司成立于 2022 年 2 月，注册资本 1000 万元，法人代表为刘晓水。公司占地面积 40 亩，现有员工 66 人，总投资 3300 万元，拥有国内行业内高标准自动化设备，设置了透明式的参观通道、无尘化的车间环境，以及产品的研发中心、化验室等。

公司专业研发、生产、销售胡柚深加工产品饮料。注册"柚一品"商标，年生产总值预计可超过 1 亿元，产品销往 10 多个省份，与中国石油天然气集团有限公司、中国烟草浙江分公司等合作销售。公司致力于国际化高标准发展路线，是个新成长型企业。

十四、浙江柚见科技有限公司

浙江柚见科技有限公司为常山县农投集团全资一级子公司，注册资本 1000 万元。主要经营"常山三宝"之常山胡柚和山茶油等 U 系列产品。前身为常山慢城农产品开发有限公司，2019 年 7 月成立，2021 年注册"柚见80+"商标，公司与华润江中制药集团有限责任公司开展合作生产销售胡柚膏加工产品。

公司厂房占地面积 21.82 亩，建筑面积 5420.47 平方米，拥有先进的四通道胡柚保鲜预分选生产线及单通道胡柚内部品质分选线，每小时分选产品可达 30 吨。公司产品在全国超市、水果市场均有销售，业务覆盖北京、上海、杭州、福州、广州、南京等城市。公司致力于打响"柚见80+"胡柚鲜果高端品牌，先后为盒马鲜生、九佰街、绿禾网、云集等主体提供产品配送服务，带动常山胡柚产业发展，助力乡村振兴。

2021 年 10 月，浙江柚见科技有限公司与东海常山木本油料运营中心有限公司合署组成常山县"两柚一茶"产业运营中心。该中心占地总面积 45.66 亩，有最先进的胡柚分选线、智能化的冷链仓库、高标准的胡柚基地和专业化的管理团队，经营范围覆盖六类（粮油、生鲜、菌菇、衍生产品、茶、提货券）306 款产品。主要职能：农特产品开发经营、农业产业配套服务、数字化基地建设运营、木本油料平台交易、农业产业项目投资、区域公用品牌建设，以及"共富"供应链建设等。

第七章

衢枳壳

一只果，一座城

第一节 概况

　　衢枳壳为芸香科植物常山胡柚的干燥未成熟果实，于7月果皮尚绿时采收，自中部横切为两半，晒干或低温干燥而得，具有消炎、止咳、化痰、理气等保健功效（如图7-1所示）。2016年，衢枳壳列入《浙江省中药炮制规范》2015年版；2018年，衢枳壳入选浙江省新"浙八味"中药材培育品种（如图7-2所示）和"衢六味"；2019年，青石镇获得浙江"衢枳壳之乡"称号。

图7-1　衢枳壳

浙江省经济和信息化委员会
浙江省卫生和计划生育委员会
浙江省中医药管理局
浙江省农业厅文件
浙江省食品药品监督管理局
浙江省林业厅
浙江省工商行政管理局

浙经信医化〔2018〕47号

关于公布新"浙八味"中药材
培育品种名单的通知

各市、县（市、区）经信委（局）、卫生计生委（局）、农业
局、林业局、市场监管局（工商局）：

为贯彻落实《浙江省人民政府关于加快推动中医药发展的实
施意见》（浙政发〔2017〕50号）、《浙江省人民政府办公厅关

— 1 —

于加快推进中药产业传承发展的指导意见》（浙政办发〔2015〕
123号）等文件要求，省经信委、省卫生计生委（省中医药管理
局）等部门组织开展新"浙八味"遴选工作，经各地推荐上报、
社会公众投票、专家评审、部门联席会议审定和网上公示等程序，
确定铁皮石斛、衢枳壳、乌药、三叶青、覆盆子、前胡、灵芝、
西红花为新"浙八味"中药材培育品种。

各地要立足道地特色药材，突出区域产业发展优势，进一步
加大政策支持力度，巩固"浙八味"传统优势，培育打造新"浙
八味"品牌，推进中药材产业化、规范化、生态化发展。

— 2 —

图7-2 衢枳壳入选"浙八味"

目前，衢枳壳已经成为衢州道地的大宗中药材，与其相关的产业也成为极具优势的中药材特色产业。据统计，衢枳壳原药材2016年产量5375吨，2017年产量5770吨，2018年产量5980吨，2019年产量6905吨，2020年产量6470吨，2021年产量6365吨，2022年产量6185吨。常山县共有衢枳壳经营主体28家，中药饮片企业1家，建有道地药园1万亩。

衢枳壳原药材销售市场目前主要为安徽亳州（50%）、四川成都、河北安国、广东佛山、江西樟树、广西玉林、陕西汉中等地的中药材市场。2021年，衢枳壳原药材（胡柚片）平均收购价格为18元/千克，衢枳壳原药材（胡柚片）平均销售价格为26元/千克，胡柚青果平均收购价格为4.2元/千克。

　　常山胡柚，又称常山柚橙，因早期衢州常山胡姓人家栽培较多，习称胡柚、常山胡柚。衢枳壳便由常山胡柚的小青果切片晒干而成。

　　浙江省食品药品检验研究院赵维良等研究发现，衢枳壳基源植物的形态、PCR扩增结果和ITS1测序结果均与柚和酸橙非常相似，而且其化学成分和抗寒基因特性与酸橙十分相近，因此得出衢枳壳的基原植物系酸橙和柚的自然杂交栽培变种。浙江大学徐昌杰通过分子标记分析，得出衢枳壳的基原植物——常山胡柚是酸橙和柚等柑橘品种的杂交后代，并明确酸橙是其主要的亲本之一。华中农业大学徐强通过常山胡柚与酸橙的DNA比对，发现二者的基因相似性高达88.1%，由此得出衢枳壳的基原植物，即常山胡柚为酸橙的变种。

第三节　性状

一、特征

衢枳壳切面外果皮呈棕褐色或褐色，中果皮呈黄白色或黄棕色，近外缘有 1—2 列点状油室，内侧有的有少量紫褐色囊瓣。质脆，气香，味苦，微酸。

二、鉴别

衢枳壳的粉末呈黄白色或棕黄色。中果皮细胞类圆形或性状不规则。壁大多呈不均匀增厚。果皮表皮细胞表面观多角形、类方形或长方形，侧面观外被角质层。气孔偶见。汁囊组织呈淡黄色或无色，细胞多皱缩，并与下层细胞交错排列。草酸钙方晶分布于果皮或汁囊细胞中，呈长方形、多面体形或双锥形，直径 3—30 微米，可见螺纹、网纹导管。油胞组织颗粒状突起，部分较光滑，突起的顶端有凹点状油室；果顶和果底有明显的花柱残迹和果梗痕，光滑而稍隆起，直径 3—5 厘米，厚 0.4—1.3 厘米。质坚硬，不易折断，柚皮苷（$C_{27}H_{32}O_{14}$）含量 ≥ 4.0%，新橙皮苷（$C_{28}H_{34}O_{15}$）含量 ≥ 3.0%，水分 ≤ 12%，总灰分 ≤ 7.0%。

三、性味与归经

苦、辛、酸，微寒，归脾、胃经。

第四节 功效主治

衢枳壳炮制可分为麸炒衢枳壳、炒衢枳壳、蜜炙衢枳壳、衢枳壳炭等，具理气宽中、行滞消胀功能，主治胸肋气滞、胀满疼痛、食积不化、痰饮内停，可用于治疗急慢性胃炎、消化性溃疡、胃下垂、脱肛、子宫脱垂等。

民间一直有把胡柚青果片作为中药使用的传统习俗，多用于治疗呼吸道疾病（如感冒后干咳）、消化系统疾病以及肝胆系统疾病。浙江省医学科学院国家新药安全评价研究中心宣尧仙课题组通过斑马鱼模型研究、体外细胞作用研究和小鼠肺脏炎症体内实验研究，发现衢枳壳提取物有明显的抗炎、降血脂、促进肠蠕动作用。

第五节　处方应用

　　衢枳壳炮制：取原药，除去杂质及霉黑者，洗净，润透，切薄片，干燥。筛去碎落的瓤核。

　　麸衢枳壳：取衢枳壳饮片，照麸炒法用蜜炙麸皮炒至表面深黄色时取出，筛去麸皮，摊凉（100千克衢枳壳，用麸皮10千克）表面深黄色，微具焦斑，略有焦香气。

　　蜜衢枳壳：取衢枳壳饮片，照蜜炙法炒至不粘手时取出，摊凉。每100千克衢枳壳，用炼蜜15千克。表面黄褐色，略具光泽，滋润，味微甘。

　　衢枳壳炭：取衢枳壳饮片，照炒炭法炒至浓烟上冒，表面焦黑色，内部棕褐色，微喷水，灭尽火星，取出，晾干。表面焦黑色，内部棕褐色、质松脆。略具焦气，味苦。

　　贮藏：置阴凉干燥处，防蛀。

第六节　栽培与加工

生长习性：常山胡柚实生树树冠较高大，呈高圆头形，主干高而明显，8—10年投产；枳砧树冠矮化，呈扁圆头形，4—5年投产，但株高不及实生树高。常山胡柚树势强健，叶肥厚，对严寒的抵抗力强；其枝条柔韧性好，故能抗冰雪压迫而不折断。实生树树冠高大，主根发达；嫁接树侧根发达。

对环境条件要求：常山胡柚喜阳光，宜栽于排水良好，富含有机质、保水能力强的土质疏松的微酸性土壤。土壤含水量保持在20%—30%时，最利于不同生育期的果树生长。种子采穗必须采自常山胡柚原产地产品保护范围内的种苗繁育基地生产的良种，选择品系纯正、产品质量稳定、没有变异的成年树作为采集接穗的母本树。

种苗培育与定植：选用枳属枳为砧木，在选定的母本树上剪取当年的粗壮春梢或成熟夏梢为接穗。采用柑橘单芽腹接的方式嫁接。春季定植，以嫁接苗进行矮化密植，山地行株距以（3.5—4.0米）×4.0米为宜，平地行株距以4.0米×（4.0—4.5米）为宜，亩植40—50株。

选地与整地：选择土层疏松、地下水位低于1米的砂壤土或坡度20度以下的红黄壤坡地，不易发生冻害的，pH值为5.5—6.5。整地于秋冬挖定植沟，山地以定植穴宽1米、深0.8米为宜，667平方米下填有机肥10吨，后覆土填实，高出地面15—20厘米。平地可挖定植穴，定植穴长宽各1米，深0.8米以上，穴内分层，施有机肥50—70千克。

整形修剪：在苗木定干基础上，第一、二年培养主枝和选留副主枝，第

三、四年继续培养主枝和副主枝的延长枝,合理布局侧枝群。每年培养 3—4 次梢,及时摘除花蕾。投产前一年,树高冠率控制在 1.0—1.2 米。保持生长结果相对平衡,绿叶层厚度 120 厘米以上,树冠覆盖率 80%—85%。修剪因树制宜,删密留疏,控制行间交叉,保持侧枝均匀,冠形凹凸,上小下大,通风透光,立体结果。

水分管理: 在花期、新梢生长期和果实膨大期要求土壤含水量保持在 20%—30%,相当于田间持水量的 60%—80%。旱季及寒潮来临前应灌水。雨季及台风季节,应注意排水。

合理施肥: 幼龄树在每年 3—8 月上旬采取薄肥勤施,8 月下旬至 10 月停止施肥,11 月上旬施越冬肥。成年树按施肥方式一年施肥 1—2 次,2 月下旬至 3 月下旬施芽前肥,6 月下旬至 7 月中下旬施壮果肥。施肥应重视有机肥的使用,注意平衡施肥,使氮、磷、钾及钙、镁、锌等微量元素供应全面,防止缺素症的发生。

病虫害防治: 采取预防为主,综合防治的原则,合理采用农业、生物、物理和化学等综合防治措施。严禁使用国家明令禁止的高毒高残留农药,集成应用"绿色防控、高效生产模式栽培、全程质量控制、农机农艺配套"等技术体系,指导科学合理使用农药,积极推广使用绿色统防统治技术和高效生态循环模式。小青果采摘期间禁止使用化学农药。

采收: 常山胡柚未成熟果实(小青果)在 6 月中旬至 7 月中旬采收,选晴天采摘,收获的果实应及时摊置阴凉处或进行初加工处理。

产地加工: 可采用晒干法或机械烘干法。晒干,即将小青果自中部横切成两半(对开),切面向上一片一片铺开摊放在草席或草地上暴晒,待晒至半干后(或晒至不粘灰土时),再翻晒果皮面,然后反复翻晒 7—10 天,晒至含水量低于 8%。晒时切忌淋雨和沾灰,最好不要晒在石板或水泥地面上,以免果皮变为褐色。机械烘干法,即采用机械烘干设备,将横切胡柚小果晾于烘干传送带上,然后送入烘干箱,将温度控制在 40—60℃,并鼓风加速风干,经 30—60 小时烘烤,含水量低于 8% 时,取出即可。烘烤时,应注意控制温度，避免温度过高，造成炭化，影响胡柚片质量。根据原药材质量标准，一等为中果皮厚 0.6—1.3 厘米，气香浓郁；二等为中果皮厚 0.4—0.6 厘米，气香淡；统货为中果皮厚 0.4—1.3 厘米，气清香（如图 7-3 所示）。

图 7-3　衢枳壳产品

第七节　入典工作

2018 年，常山县政府启动申请常山胡柚载入《中国药典》工作。2019 年，浙江省食品药品检验研究院主持研究完成国家药典委员会下达的"中药材名称、来源和药用部位的修订与规范"课题，该课题包含常山胡柚列入《中国药典》枳壳标准附注的内容，并将相关材料报送国家药典委员会。

2020 年 11 月 11 日，时任浙江省副省长陈奕君在《建议合力推动"衢枳壳"纳入〈中国药典〉》一文上作出批示，要求浙江省药监局、浙江省农业农村厅等单位高度重视、合力推进。

2021 年 11 月 21 日，浙江省食品药品检验研究院和常山县政府在杭州组织召开了常山柚橙收载入《中国药典》项目鉴定会，北京、上海、南京等 18 位专家参加评审。

2022 年，申请入典工作加快步伐，全力推进。

3 月 31 日，浙江省食品药品检验研究院将相关研究材料报送国家药典委员会。

7 月 19 日，浙江省副省长王文序批示浙江省药品监督管理局，要求加快办理推动常山胡柚申请列入《中国药典》2020 年版增补本工作。

7 月 28 日，时任国家药品监督管理局局长、农工党中央副主席焦红批示给国家药典委员会办理常山胡柚申请列入《中国药典》2020 年版增补本相关事宜。

8 月 2 日，由浙江省药品监督管理局副局长陈魁带队，常山县人大常委

会副主任何健，常山县副县长黄晓彬，常山县农业农村局杨兴良、汪丽霞，常山县市场监督管理局郑德明等人参加，赴国家药典委员会对接汇报。

8月12日，国家药典委员会主持召开常山胡柚收载入《中国药典》专家评审会，提出补充资料意见。

9月15日，常山县政府在北京组织中国中医科学院、华中农业大学、浙江中医药大学等相关权威专家，召开"常山及周边地区枳壳药用植物基原考证"专家鉴定会。专家组认为常山胡柚自清康熙《衢州府志》有明确记载以来，当地作为枳壳来源使用具有较长历史，并可排除常山胡柚以外的其他基原。常山县于1962年成立县药材公司以来，有历年枳壳药材收购量的统计数据，当年收购量已达上万斤。有鉴于此，专家组认为常山胡柚即《衢州府志》《增订伪药条辩》《中华本草》等文献记载的在衢州常山及周边地区作为枳壳药用的植物基原。

9月17日，常山县政府以《常山柚橙作为枳壳药用的考证与研究》为补充资料，行文递交给浙江省食品药品检验研究院，并上报给国家药典委员会（如图7-4所示）。

图7-4　常山县政府对接国家药典委员会

第八章

品牌与市场

一只果，一座城

第一节　品牌建设

　　常山胡柚品牌拓市是提高产业效益的内在要求，也是提高胡柚知名度，打开销路，增加果农收入的重要举措之一。

　　1995 年 11 月，常山县农业局特产站提出申请"常山胡柚"证明商标，并申报国家商标局受理。经过审核和批准，"常山胡柚"证明商标于 2000 年 10 月由常山县政府提出具体实施方案，在全县予以贯彻实施。2003 年 2 月 14 日，国家质量检验检疫总局批准对常山胡柚实施原产地域产品保护，常山胡柚成为浙江省首个实施原产地域产品保护的水果品种。

　　1995 年，浙江天子股份有限公司申请注册"天子"商标，在农产品商标注册上走在浙江省前列。2001 年，浙江省工商行政管理局认定浙江天子股份有限公司注册并使用在胡柚商品上的"天子"商标为浙江省名牌商标。2001 年 9 月，天子牌鲜果、砂囊罐头等系列加工品被浙江名牌委员会认定为浙江农业名牌产品，11 月，被认定为 2001 年中国国际农业博览会名牌产品。2004 年，天子胡柚获得"浙江省十大名橘"美誉，为浙江省名牌产品、知名商号。"天子"胡柚系列产品在国内大型超市、批发市场及广大消费者中已有较高知名度，为常山胡柚实施品牌战略作出示范。随后，常山胡柚生产加工销售企业和贩销大户不断涌现，纷纷申请注册商标，打出各自的品牌。2002 年，已经注册、正在申请注册及准备申请注册的商标数超过 40 个。在常山县摆出"品牌大战"之势，甚至到了鱼目混珠无序竞争的地步，严重影响常山胡柚的品牌效益。2005 年 10 月 9 日，常山县政府办公室下发

《关于打响常山胡柚品牌规范市场经营秩序的实施意见》，鼓励胡柚龙头企业、专业合作社统一使用"常山胡柚"证明商标，粘贴或标注常山胡柚原产地域产品保护标志，标注企业名称与企业商标。其包装主要标识为："常山胡柚"证明商标＋企业注册商标＋常山胡柚原产地域产品保护专用标志（简称"一标志、双商标"）。2005 年，"天子"胡柚获得"绿色食品"称号；"之江源"胡柚获得有机食品认证，为浙江省首个获得有机食品认证的柑橘类产品。

发展品牌农业是传统农业向现代农业转变的必由之路，是农业发展到一定阶段的必然产物。常山县委、县政府高度重视常山胡柚品牌建设，着力保障胡柚产品质量安全，增强胡柚产品市场竞争力，推进胡柚产业高质量发展。

2006 年 8 月，"常山胡柚"证明商标荣获"浙江省十大地理标志区域品牌"（如图 8-1 所示）。

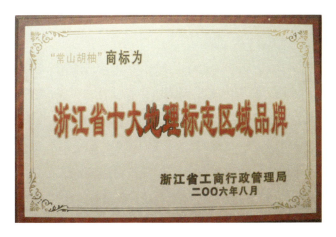

图 8-1 浙江省十大地理标志区域品牌

2008 年 12 月，"常山胡柚"证明商标荣获"浙江省著名商标""浙江省名牌产品"。次年，"常山胡柚"证明商标荣获浙江省"十大名牌柑橘"称号，"十大农产品创牌先锋"。

2011 年 11 月 29 日，"常山胡柚"被国家工商行政管理总局认定为中国驰名商标（如图 8-2 所示）。这是"常山胡柚"自 1998 年被国家工商行政管理总局核准注册为地理标志证明商标后，常山县在商标品牌领域取得的最高荣誉。

图 8-2　常山胡柚驰名商标

2012 年，"常山胡柚"被评为消费者最喜爱的 100 个中国农产品区域公用品牌。

2020 年，"常山胡柚"在获评"浙江区域公共农业品牌"的基础上，"常山胡柚"区域品牌被中国果品流通协会和浙江大学中国农村发展研究院中国农业品牌研究中心评定为品牌价值达到 10.23 亿元。

2021 年，常山县委、县政府提出"一切为了 U（ALL FOR U）"，作为城市品牌和价值理念，并邀请东京奥运会首金得主杨倩给常山代言，为共富加油（如图 8-3 所示）。其中，字母"U"包含多重含义，既代表"胡柚、香柚、茶油"，也代表"旅游"，更代表"你"。它不但与优越区位、良好生态、悠久历史、独特资源等环境基因相吻合，更蕴藏着"守信、崇业、包容、图强"的城市品格。

图8-3　2021年10月2日，东京奥运会冠军杨倩受聘担任常山城市品牌形象公益代言人

依托常山县农投集团打造的"一份常礼""柚见80+"，是符合常山胡柚特点，符合新时代市场需求的新潮流品牌（如图8-4、图8-5所示）。"80+"寓意：首先，果径80—90毫米的胡柚，品质是最好的；其次，告诉消费者刚采摘的胡柚放80天以后，通过自然转化，口感是最佳的；最后，胡柚是药食兼用的保健水果，经常吃可延年益寿，传递养生功效。打响"微苦味，世界风"广告宣传语，设计新品牌包装，推行分等分级，优质优价销售，登上央视频道权威宣传，让胡柚从按斤卖变成论个卖，一盒12个，售价138元，使常山胡柚成为"水果中的爱马仕"。

图8-4　一份常礼

图8-5　柚见80+

2022年，常山胡柚果品区域公用品牌价值达到15.77亿元；2023年，经中国品牌价值500强评审委员会评估，常山胡柚品牌价值为103.97亿元（如图8-6所示）。

图8-6　常山胡柚品牌价值（组图）

第二节　商标注册

一、证明商标

1995 年 11 月，"常山胡柚"证明商标由常山县农业局特产站申报，由国家商标局受理。1998 年，"常山胡柚"证明商标经国家商标局核准通过，予以公布。

1999 年 5 月，常山县政府下发文件提出"常山胡柚"证明商标实施意见。同年，常山县政府成立"常山胡柚"证明商标监督委员会。2000 年 10 月，常山县政府成立"常山胡柚"证明商标实施管理领导小组，提出具体实施方案。"常山胡柚"证明商标的注册在农产品商标注册上属浙江省首创，为保护常山胡柚这一商品提供了法律保障。

二、普通商标

1995 年，浙江天子股份有限公司申请注册了"天子"商标，在农产品商标注册上走在浙江省的前列。2001 年，浙江省工商行政管理局根据《浙江省商标认定和保护条例》的规定，认定浙江天子股份有限公司注册并使用在胡柚商品上的"天子"商标为浙江省名牌商标。"天子"商标注册后，其鲜果及系列加工品多次在各类博览会、评选会、展销会上获奖，取得名牌产品称号。

1998 年 11 月，"天子"牌常山胡柚荣获浙江省优质农产品金奖。

2001 年 9 月，"天子"牌鲜果及系列加工品被浙江名牌认定委员会认定为浙江农业名牌产品。

2001 年 11 月，"天子"牌常山胡柚鲜果、砂囊被认定为 2001 年中国国际农业博览会名牌产品。"天子"品牌的系列产品在国内大型超市、批发市场及广大消费者中已有较高知名度，取得了极好的品牌效益。随后，其他从事胡柚销售加工的龙头企业和专业合作社也陆续注册了各自的产品商标。常山县鲜果及系列加工品的商标已有 30 多个，著名品牌有"天子""天宝""香溢""阿冬""天乐"等。

2015 年 8 月，常山县向国家商标局注册了"胡柚娃"商标，并开发了胡柚娃玩偶、胡柚娃表情包、胡柚娃连环画等各种文创产品。

2021 年，浙江慢城农产品开发有限公司注册了"柚见 80+"品牌。

2022 年，常山县计划组建农产品市场协会申请注册"一份常"集体商标。

20 世纪 80 年代以来，常山县把持续开展常山胡柚一系列评比竞赛活动，作为提高其信誉度和知名度的重要举措之一。

1986 年 1 月，农牧渔业部在南昌市举办全国柑橘晚熟品种鲜果评比会，胡柚鲜果第一次加入参赛行列。常山县农业局选送的常山胡柚获全国柑橘类评比杂柑总分第一，被评为农牧渔业部"优质农产品"。1989 年 12 月，常山县政府选送的常山胡柚第二次获农业部"优质农产品"称号。是年，又获全国星火计划成果荣誉及适用技术展览交易会金奖。

1995—2001 年，常山胡柚获第二、三、四、五届中国农业博览会金奖和全国优质名牌产品奖。

1998 年，常山县首次开展胡柚优质基地、优质果评比竞赛活动，11 月 6 日评比结果揭晓：浙江省第三监狱常新胡柚基地等 7 处基地分别获金、银和优胜奖；常山县胡柚良种繁育场等 4 处基地和 17 户柚农果实分别获金、银和优胜奖。

1999 年 11 月 5 日，常山县第二次胡柚优质基地、优质果评比竞赛活动揭晓：县林业局四都胡柚示范基地等 8 处基地分别获金、银奖；东案乡里村村民曾连福等 23 位个人与单位分别获得胡柚优质果评比金奖、银奖和优胜奖。2002 年，国家标准化管理委员会准许常山县胡柚产销协会的常山胡柚使用"无公害农产品"标志。2004 年，"天子"牌常山胡柚获得"浙江省十大名橘""浙江名牌"等称号。2005 年 11 月，在杭州和平会展中心举行的

浙江农业博览会上，"天子"胡柚、"阿冬"胡柚果脯等10个产品获金奖。12月，"天子"牌胡柚获"绿色食品"称号，"之江源"牌常山胡柚获得有机食品认证。

2009年10月17日，由常山县委宣传部、常山县农业局、常山县广播电视总台主办的2009年瑞利杯"柚王"争霸赛在同弓乡太公山胡柚基地举行复赛。34名选手通过现场抽签答题等形式，分别开展理论、实践测试。最后由专家打分确定进入决赛的选手名单。

2010年12月22日，2010年瑞利杯"柚王"争霸赛决赛在常山县芙蓉旺水果专业合作社举行。全县14名选手进入决赛，通过理论和实践测试后，专家们对胡柚品质进行现场测评。最后，常山县大宝山柑橘专业合作社负责人彭国方摘取"柚王"的桂冠。除了金、银、铜奖外，赛事还增加了10个单项奖。

2012年，常山胡柚被评为消费者最喜爱的100个中国农产品区域公用品牌。

2017年6月，常山胡柚荣获"浙江省首届知名农产品区域公用品牌"称号。2018年1月中旬，浙江省农业厅组织开展了"2017浙江省十佳柑橘"推选活动，常山县明鹰果业专业合作社推选的常山胡柚被评为"浙江省十佳柑橘"。同年12月，浙江省优秀农产品区域公用品牌评价结果"出炉"，常山胡柚荣获"最具影响力十强品牌"；同月，常山县被授予"全国柑橘产业30强县（市）"称号。

2021年1月，常山胡柚特色农产品优势区列入2020年浙江省特色农产品优势区。2020—2021年，常山开展"柚王"争锋赛评比活动，常山县明鹰果业专业合作社获得"柚王"称号（见表8-1、表8-2）。

2022年，衢州市精品柑橘擂台赛，常山县喜获丰收，胡柚获得1金1银1铜；红美人获得1金；甜橘柚获得1铜。

2022年，浙江省精品杂柑评选，常山胡柚（柚谷公司），红美人（青林农场）分别获得浙江省精品杂柑，精品红美人奖。

表 8-1　2020 年常山胡柚"柚王"争锋赛评比结果

柚王（1 名）	
1	常山县明鹰果业专业合作社（九都胡柚基地）
精品奖（9 名）	
1	常山县大宝山柑橘专业合作社（大宝山胡柚基地）
2	常山县尹金有家庭农场（罗家弄胡柚基地）
3	常山县攀月家庭农场（大山蓬胡柚基地）
4	常山县众柚胡柚专业合作社（馒头山胡柚基地）
5	浙江艾佳果蔬开发有限责任公司（太公山胡柚基地）
6	常山县阁底小朱胡柚专业合作社（江山岭胡柚基地）
7	常山浙茂农业开发有限公司（浙茂胡柚基地）
8	常山县利卿果业专业合作社（山底羊栏坞胡柚基地）
9	常山县鑫农果蔬专业合作社（柚花岛胡柚基地）
优质奖（12 名）	
1	常山县许乃武家庭农场（杨梅山胡柚基地）
2	常山县翠香蜜家庭农场（柴家畈胡柚基地）
3	常山县郑军家庭农场（罗汉山胡柚基地）
4	常山县思扬家庭农场（馒头山胡柚基地）
5	常山县连福胡柚专业合作社（兰家山胡柚基地）
6	常山鸿湖胡柚专业合作社（凤家山胡柚基地）
7	常山县青贤果业专业合作社（三管塘胡柚基地）
8	常山云雾果蔬专业合作社（后洋弄胡柚基地）
9	常山县柚乐食品有限公司（康家山胡柚基地）
10	常山县素凤家庭农场（外港胡柚基地）
11	常山县绿健农业开发有限公司（里棚胡柚基地）
12	常山县黄伟福家庭农场（箬岭粮站胡柚基地）

表 8-2　2021 年常山胡柚"柚王"争锋赛评比结果

柚王（1 名）	
1	常山县明鹰果业专业合作社（桐门寺胡柚基地）

续表

十佳胡柚（10 名）	
1	常山县众柚胡柚专业合作社（草坪村胡柚基地）
2	常山县许乃武家庭农场（杨梅山胡柚基地）
3	常山县大宝山柑橘专业合作社（大宝山胡柚基地）
4	常山县鑫农果蔬专业合作社（柚花岛胡柚基地）
5	浙江慢城农产品开发有限公司（陈塘胡柚基地）
6	常山鸿湖胡柚专业合作社（凤家山胡柚基地）
7	常山县利卿果业专业合作社（山底羊栏坞胡柚基地）
8	常山县尹金有家庭农场（罗家弄胡柚基地）
9	常山浙茂农业开发有限公司（浙茂胡柚基地）
10	常山县青贤果业专业合作社（三管塘胡柚基地）
优质奖（12 名）	
1	常山县攀月家庭农场（大山蓬胡柚基地）
2	常山乐丰水果专业合作社（馒头山胡柚基地）
3	常山县素凤家庭农场（外港胡柚基地）
4	常山县忠宣家庭农场（苏家科胡柚基地）
5	常山县阁底小朱胡柚专业合作社（江山岭胡柚基地）
6	常山县绿健农业开发有限公司（同心村胡柚基地）
7	常山云雾果蔬专业合作社（后洋弄胡柚基地）
8	常山县连福胡柚专业合作社（兰家山胡柚基地）
9	浙江艾佳果蔬开发有限责任公司（太公山胡柚基地）
10	常山县翠香蜜家庭农场（柴家畈胡柚基地）
11	常山县柚乐食品有限公司（康家山胡柚基地）
12	常山县郑军家庭农场（罗汉山胡柚基地）

品牌荣誉榜

1986 年 1 月，常山胡柚荣获农牧渔业部"优质农产品"称号。

1987 年，由叶杏元、贝增明、缪天纲撰写的《常山胡柚资源的开发利用调查研究》获浙江省科学技术进步奖四等奖。

1989 年 11 月，常山胡柚获得全国星火计划成果荣誉及适用技术展交会金奖（如图 8-7 所示）；12 月，常山胡柚第二次荣获农业部"优质农产品"称号。

1991 年 2 月 28 日，常山胡柚经农业部审定符合《绿色食品》标准，授予"绿色食品"称号，编号为 LB-31-000198（如图 8-8 所示）。

图 8-7　常山胡柚获星火计划成果　　图 8-8　常山胡柚符合《绿色食品》标准

1992 年，"常山胡柚良种选育和贮藏保鲜技术研究"项目获 1991 年度浙江省科技进步奖四等奖。同年，"胡柚良种选育和基地建设"项目获 1991 年度浙江省星火奖三等奖和浙江省农业丰收奖四等奖。

1994 年，常山县胡柚良种繁育场荣获 1994 年度"浙江省模范集体"称号。

1995 年 11 月，常山胡柚获第二届中国农业博览会金奖（如图 8-9 所示）；同年，由浙江农业大学和常山县科委、常山县农业局协作的"胡柚果实采后枯水机理与防枯技术研究"项目获 1994 年度浙江省科技进步奖优秀奖。

图 8-9　常山胡柚获中国农业博览会金奖

1995 年，"常山胡柚丰产技术推广"项目获浙江省林业厅科技进步奖一等奖、1997 年获林业部科技进步奖三等奖。

1996 年，常山县被农业部授予"中国常山胡柚之乡"称号。

1997 年，常山胡柚荣获第三届中国农业博览会全国"优质名牌"产品奖。

1998 年 11 月，"天子"牌常山胡柚被浙江省政府授予"浙江名牌"称号，同时获得浙江省首批省级优质农产品金奖。同年，"常山胡柚"证明商标经国家商标局核准通过，成为浙江省第一个农产品证明商标。

1999 年，常山胡柚荣获第四届中国农博会金奖。

2001 年，常山胡柚获第五届中国农博会金奖和浙江省名牌产品认定委员会"浙江名牌"称号。

2002 年，常山胡柚荣获浙江省质量技术监督局首批"无公害农产品"称号。

2003 年，常山胡柚原产地域产品保护通过国家质量监督检验检疫总局的核准，常山县有 13 家企业获得了原产地域产品保护标志使用权。

2004 年，"天子"牌常山胡柚获得"浙江省十大名橘"美誉，为浙江省名牌产品、知名商号；同年 11 月，常山胡柚专业合作联合社有限公司被授予"国家星火计划农村专业技术示范协会"。

2005 年 12 月，"天子"牌胡柚获得"绿色食品"称号，"之江源"牌胡柚获得有机食品认证，为浙江省首个获得有机食品认证的柑橘类产品。

2006 年 8 月，"常山胡柚"证明商标荣获浙江省十大地理标志区域品牌；同年 12 月，"常山胡柚"证明商标荣获"浙江省著名商标""浙江省名牌产品"。

2009 年，"常山胡柚"证明商标荣获浙江省"十大名牌柑橘"称号，十大农产品创牌先锋。

2010 年 12 月，常山县胡柚产销行业协会被评为浙江省品牌富农十大示范组织。

2011 年 11 月 29 日，"常山胡柚"被国家工商行政管理总局认定为"中国驰名商标"。

2012 年，常山胡柚被评为消费者最喜爱的 100 个中国农产品区域公用品牌。

2014 年，《胡柚娃》荣获第四届中国十大动漫形象提名奖并被列入浙江省第九批文化精品工程。

2015 年 1 月，常山胡柚正式在浙江舟山大宗商品交易所挂牌上市。10 月，太公山胡柚基地入选首批"浙江省果蔬采摘基地"名单；本土原创歌曲《常山胡柚》入选 2015 "浙江好歌曲"。

2016 年 8 月，衢枳壳被列入《浙江省中药炮制规范目录》2015 年版。

2017 年 4 月，浙江省农业厅公布 2016 年复评"浙江区域名牌农产品"认定结果，"常山胡柚"成功上榜；2017 年 6 月，常山胡柚荣获浙江省首届"知名农产品区域公用品牌"称号。

2018 年 1 月，常山县明鹰果业专业合作社推选的常山胡柚被评为"2017 浙江省十佳柑橘"；同年 3 月 6 日，常山县衢枳壳成功入选新"浙八味"；同年 3 月下旬，球川镇九都村胡柚斩获浙江省"十佳柑橘"评比金奖；同年 10 月，大宝山大坞胡柚基地成功入选浙江省 100 个"最美田园"。同年 11 月 18 日，在由全国绿化委员会、国家林业和草原局、全国绿色基金会、全国供销合作社、四川省政府共同举办的第二届中国绿色产业博览会上，常山县政府被授予"优秀组织奖"，浙江艾佳果蔬开发有限责任公司的"艾佳"牌常山胡柚荣获"金孔雀奖"（一等奖）；同年 12 月，2018 年浙江省优秀农产品区域公用品牌评价结果"出炉"，常山胡柚荣获"最具影响力十强品牌"；同年 12 月 15 日，常山县被授予"全国柑橘产业 30 强县（市）"称号。

2019 年 11 月，常山胡柚荣获中国果业最受欢迎的柑橘区域公用品牌 10 强；同年，常山胡柚被农业农村部中国农业品牌目录列入最具影响力 100 个农产品区域公用品牌。

2020 年 3 月中旬，常山胡柚获评"浙江区域公共农业品牌"；同年 9 月，常山胡柚区域品牌被中国果品流通协会和浙江大学中国农村发展研究院中国农业品牌研究中心评定为品牌价值达到 10.23 亿元。

2021 年 1 月，常山胡柚特色农产品优势区列入 2020 年浙江省特色农产品优势区；同年，常山胡柚品牌价值评定达到 12.25 亿。

2022 年，"柚香谷"牌双柚汁入选浙江省第一批"263 共富农产品"，浙江艾佳食品有限公司 NFC 胡柚复合果汁入选"浙江省十大药膳（饮品类）"。"艾柚香"牌胡柚成为杭州亚运会指定供应产品。

2022 年 12 月，常山胡柚列入国家地理标志保护示范区创建，区域公用品牌价值达到 15.77 亿元，国家级地理标志农产品品牌价值达到 103.97 亿元（如图 8-10 所示）。

图 8-10　常山胡柚品牌荣誉

第五节　胡柚销售市场

一、地域

境外市场主要为东北亚和东南亚经济比较发达的国家和地区，如早期出口俄罗斯、韩国、日本、新加坡、菲律宾等国家和地区的大中城市。其销售量约占5%。

2002年，浙江天子股份有限公司出口贸易额达300万美元；2005年，胡柚出口5897吨，主要为欧盟及加拿大、俄罗斯；2007年，建立出口备案基地6000亩，主要为天子基地、太公山基地等；2008年，国家质量监督检验检疫总局公布胡柚出口基地10个，5644亩。

2015年至2021年，胡柚鲜果及加工产品主要出口东南亚、中东、非洲、欧洲等，胡柚及柑橘鲜果出口量约1600吨/年，胡柚囊胞出口量在200—250柜/年。

境内市场包括北京、上海、西安、太原、郑州、贵阳、昆明、杭州、苏州、湖州、嘉兴等大中城市。

二、销售途径

线下：批发市场、农贸集市、城镇超市、产地直销、水果摊店、各类展销会、专卖店、社区团购等。

线上：淘宝、天猫、京东、抖音、快手、微商等（如图8-11所示）。

图 8-11 "一份常礼"常山胡柚线上直播销售

三、销售品种

鲜果：礼品装、精装、普通盒装、网袋装、散装等。

深加工产品：双柚汁饮品、NFC胡柚鲜果汁、胡柚膏、精油面膜、胡柚青果茶等80多种产品，形成"饮、食、健、美、药、香、料、茶"等八大类深加工产品体系。

四、近年产季销售渠道及比例

一是贵阳、遵义、毕节、武汉等地的传统水果批发市场，统货平均批发价 5 元/千克，约占销售总量的 25%；二是以商超、土特产店、集团销售为主的中高端市场，平均销售价格 8 元/千克，约占销售总量的 15%；三是以淘宝、微商、抖音、社区电商等平台为主的线上市场，平均销售价格 6 元/千克，约占销售总量的 20%；四是以浙江艾佳果蔬开发有限责任公司等

深加工企业为主的收购方式，企业平均收购价格为 3.5 元/千克，约占销售总量的 40%。2019—2022 年，常山胡柚销售价格情况见表 8-3。

表 8-3　2019—2022 年常山胡柚销售价格

年份	产地收购价 （元/千克）	市场销售价格 （元/千克）	精品果销售价格 （元/千克）
2019	1.5—2.5	2.6—4.4	6—7
2020	1.6—3	3.6—4.8	6—7
2021	2—4	4—5.2	6—8
2022	3—4	6—7	8—10

五、销售企业情况

目前，常山县共有各类销售主体 155 家，其中传统及自产自销主体 72 家，电商销售 51 家，"双柚"产品农特产店 32 家；县外共有 65 家，其中浙江柚见科技开发有限公司经营的"一份常礼"专营店 4 家，销售的"柚见 80+"精品果售价达 168 元/盒（10 个）。

六、物流快递情况

据 2021 年调查，胡柚产季（2021 年 11 月—2022 年 5 月）销售情况为衢州市共收寄胡柚 214.1 万件，11967.7 吨，其中，常山县共收寄胡柚 172.5 万件，占比为 80.46%；总量 9115.7 吨，占比为 76.17%。

第六节　龙头企业与协会

一、龙头企业

经过多年发展，目前常山县拥有胡柚（含水果）县级以上农业龙头企业 65 家，其中国家级 2 家，省级 1 家（见表 8-4）。

表 8-4　常山县农业龙头企业情况

序号	龙头企业名称	地址	负责人	联系方式	级别（国家级、省级、市级、县级）
1	浙江天子股份有限公司	常山县工业园区	徐琦	13454039498	国家级
2	浙江艾佳果蔬开发有限责任公司	常山县工业园区	钦韩芬	13701353665	国家级
3	常山天道中药饮片有限公司	工业园区翁佳路	黄志	15157170762	省级
4	浙江柚香谷投资股份管理有限公司	常山县金川街道	宋胤之	13801807777	市级
5	浙江常山恒寿堂柚果股份有限公司	常山县金川街道新都东大道 190-2 号	宋伟	13801807777	市级
6	浙江常山自然食品有限公司	新都工业园区枫亭路 7 号	陈献英	13757046656	市级

续表

序号	龙头企业名称	地址	负责人	联系方式	级别（国家级、省级、市级、县级）
7	常山县柚乐食品有限公司	何家乡黄冈村康家山	章余军	18305032986	市级
8	常山县江益农产品开发有限公司	常山县青石镇江家村	江小云	13567059726	市级
9	浙江瑞利生物科技有限公司	常山县新都工业园区	张文君	13867010111	市级
10	常山县兰家山胡柚科技服务有限公司	常山县东案乡集镇	曾秀俊	13757047762	市级
11	浙江寨回首农业开发有限公司	常山县大桥头乡友好村	鲍玉君	13967025981	市级
12	常山县大胡山果蔬有限公司	常山县金川街道新建村	商小平	13326108222	县级
13	常山柚谷农业开发有限公司	常山县青石镇溪口村	汪明土	13867014123	县级
14	浙江德茗农业开发有限公司	常山县球川镇紫荆北路18号	段辉根	13567055938	县级
15	常山县麦卡电子商务有限公司	常山县青石镇水南村	王新	13915575022	县级
16	浙江柚见科技开发有限公司	常山县紫港街道文坊路1号	江林梅	15857043738	县级
17	浙江忠诚生物科技有限公司	新都工业园区	徐小忠	13735084276	县级
18	常山县柚王中药材有限公司	青石镇溪口	郑正贤	18967009528	县级
19	常山倚山久胡柚专业合作社	金川街道常桥村	廖晓骏	13967029298	县级
20	常山乐丰水果专业合作社	球川镇馒头山村	许剑文	13587020308	县级
21	常山浙茂农业开发有限公司	常山县青石镇溪口村	张孝成	15857026669	县级

序号	龙头企业名称	地址	负责人	联系方式	级别（国家级、省级、市级、县级）
22	常山县英子果蔬专业合作社	东案乡呈东村	王良英	13515702648	县级
23	常山怡静农产品专业合作社	新昌乡新昌村	刘新智	13857022581	县级
24	常山俊优胡柚专业合作社	青石镇澄潭村	阮有根	13867014860	县级
25	常山县天丰果业专业合作社	大桥头乡浮河村	郑东方	13567050598	县级
26	常山县鸿春果业专业合作社	青石镇澄潭村	李鸿春	13587119147	县级
27	常山齐龙果禽有限公司	辉埠镇东鲁村	陈齐君	13857020300	县级
28	常山县朝兴胡柚专业合作社	东案乡田蓬村4号	郑朝芝	13867016328	县级
29	常山县天优胡柚专业合作社	青石镇大塘后村	黄玉林	13587115352	县级
30	常山县桔辉胡柚专业合作社	青石镇大塘后村	徐士水	13867014870	县级
31	常山县天富胡柚专业合作社	大桥头乡浮河村上新屋21号	郑金成	13567053542	县级
32	常山长青胡柚专业合作社	青石镇大塘后村	方家维	13867015338	县级
33	常山县农香果业专业合作社	青石镇澄潭村	李维国	13587115435	县级
34	常山县金柚果业专业合作社	东案乡呈东村	谢伍土	13706703485	县级
35	常山县鑫农果蔬专业合作社	东案乡东案村	刘猪盆	13706703493	县级
36	常山县鸿源果业专业合作社	青石镇大塘后村	高松华	13967027435	县级
37	常山志成胡柚专业合作社	青石镇澄潭村前头垬61-9号	张志成	15924096063	县级

续表

序号	龙头企业名称	地址	负责人	联系方式	级别（国家级、省级、市级、县级）
38	常山县金土地果业专业合作社	青石镇澄潭村	徐立伟	13867014567	县级
39	常山县龙栋果品专业合作社	青石镇湖边村	胡显栋	15924091215	县级
40	常山优青胡柚专业合作社	青石镇上阁村	汪优青	13675700888	县级
41	常山县耀光果业专业合作社	招贤镇工业小园区	陈志明	13567072777	县级
42	常山县大公果蔬专业合作社	招贤镇泉目山村	江朝明	13905702238	县级
43	常山谢雨根果蔬专业合作社	金川街道常桥村	刘火凤	13587021432	县级
44	常山县水南果业专业合作社	青石镇水南村章家	章淑华	13511427386	县级
45	常山县藕塘柑橘专业合作社	招贤镇藕塘村	汪晓斌	13567079588	县级
46	常山县月国胡柚专业合作社	大桥头乡浮河村	郑月国	13656708368	县级
47	常山玉兔水果专业合作社	天马街道胜利街41-2幢中单元501	王斌妹	13905702502	县级
48	常山县芙蓉旺水果专业合作社	球川镇芙蓉村	段辉根	13567055938	县级
49	常山县卓军胡柚专业合作社	大桥头乡新村村	熊卓军	13567072985	县级
50	常山县八面山果品专业合作社	新昌乡新昌村	吴海良	13857022457	县级
51	常山县建华胡柚专业合作社	大桥头乡大桥村	陈月娥	13867017318	县级
52	常山县绿光果业专业合作社	东案乡万安村	聂水福	15857023856	县级
53	常山县大宝山胡柚专业合作社	东案乡朝阳村	彭国方	13706703298	县级

续表

序号	龙头企业名称	地址	负责人	联系方式	级别（国家级、省级、市级、县级）
54	常山县红旗岗农产品市场有限公司	球川镇红旗岗村	魏立新	15057075666	县级
55	常山县桑农蔬果专业合作社	芳村镇井河村	郑建良	13587101153	县级
56	常山县桃园果业专业合作社	同弓乡关庄桥村九仲山	仇丽英	13905702831	县级
57	浙江柚都生物科技有限公司	金川街道恒升路25号	程晓鹰	18268995585	县级
58	常山县宏泰农业开发有限公司	天马街道白马路58号	郑荣英	13967028989	县级
59	常山县雪海果业专业合作社	青石镇澄潭村	李海水	13587117338	县级
60	常山县和杰林果专业合作社	同弓乡中和村	洪旭杰	13606702711	县级
61	常山和裕农业开发有限公司	芳村镇猷阁口村	徐拥军	13656709698	县级
62	常山青湖农业发展有限公司	常山县青石镇湖头村	应金福	13857019327	县级
63	浙江常山柚花岛农业科技有限公司	常山县东案街74-2号	刘猪盆	13706703493	县级
64	常山县素风家庭农场有限公司	常山县大桥头乡莲塘村	饶家福	13454031222	县级
65	浙江毓秀旅游开发有限公司	常山县辉埠镇桐村村	徐日红	13516516661	县级

二、常山县胡柚产销行业协会发展

常山县胡柚产销行业协会前身为常山县胡柚产销协会，成立于2001年12月，现有会员80余人。

2008 年，常山县政府授权该协会承担"常山胡柚"证明商标注册与使用管理职能。2010 年，该协会被常山县民政局评为 AAAA 级单位。

第一届协会名誉会长为常山县委副书记周柳军；常山县委常委、副县长祝晓农被选为会长，黄法云、徐光裕等 5 人被选为副会长。

第二届协会名誉会长为常山县副县长王文达，会长为徐荣新，副会长为张虎山、商小平、曾连福、赵五毛、樊利卿、李清保，协会秘书长为杨兴良。

第三届协会名誉会长为常山县副县长王文达，名誉副会长为李炳根，会长为徐荣新，副会长为杨兴良、赵五毛、张虎山、段辉根、商小平、樊利卿、彭国芳，协会秘书长李余生。

第四届协会会长为徐荣新。2013 年，由于社会组织任职规定要求，常山县农业局杨兴良、李余生、毕旭灿、赵四清等不再兼任协会相关职务，由协会副会长、秘书长段辉根主持协会日常工作。

第五届协会会长为汪明土，副会长为段辉根、陈文龙、樊利卿、李海水、刘猪盆、李鸿春、陈霞娟，秘书长为曾秀俊。

2021 年，协会成立协会党支部，段辉根担任党支部书记。

第九章

宣传与推介

一只果，一座城

第一节　推介活动

常山胡柚在开发初期知名度不高，常山县外，尤其是全国大中城市的绝大多数消费者不知胡柚是何物，更不了解胡柚的药用保健功能。在胡柚商品化的 40 年间，常山县委、县政府竭尽全力，组织有关部门和经济实体采取各种方式和途径对常山胡柚进行广泛的宣传推介，取得明显的推介成效。常山胡柚从一个不知名的"山间野果"成为驰名全国的"中华名果"。

1992 年，常山县政府与中国国际航空公司联合摄制专题片《常山胡柚》，在中国国际航空公司飞往世界各地的 46 条航线上连续播放两个月，并将常山胡柚列为航班的空中配餐。1993 年 1 月 4 日至 9 日，时任常山县委书记陈艳华率常务副县长等到北京考察市场，召集有关人士座谈，了解市场和北京市民对常山胡柚的了解接纳程度，并与北京 10 多家商场建立销售关系。2002 年 8 月 13 日，时任常山县委书记黄锦朝、浙江天子果业有限公司董事长徐荣新应中央电视台 2 频道"金土地"栏目组的邀请，与农业部农村研究中心副主任就胡柚产业化问题一起接受采访。

2003 年 11 月 23 日至 25 日，时任常山县委书记黄锦朝、常山县长周柳军在浙江省人民大会堂参加由国家质量监督检验检疫总局举行的"常山胡柚原产地域保护发布会"。2004 年 11 月 16 日，常山县在甘肃省兰州市举办了常山胡柚推介会，时任常山县委书记、县人大常委会主任黄锦朝，常山县委副书记徐常青参加，浙江天子果业有限公司等 5 家企业与兰州水果市场签订 2.1 万吨销售协议。2004 年 11 月 18 日至 21 日，时任常山县县长徐焕凤参加衢州市委、市政府在上海展览馆举行的"生态衢州（上海）推介会"。2004 年 12 月 2 日，常山县在黑龙江省哈尔滨市举行常山胡柚推介会。2005 年 11 月 18 日至 22 日，时任常山县委书记金运成参加衢州市委、市政府在上海农览会举办的"生态衢州（上海）推介会"。同年 12 月 16 日至 18 日，时任常山县委书记金运成、县长徐焕凤出席在上海市体操中心举办的"常山胡柚上海推介会"。

好酒也要勤吆喝，好果更要勤推广。2006 年以后，历届常山县委、县政府坚持把"请进来、走出去"作为宣传推广常山胡柚的重要举措抓实抓细，使常山胡柚这只"中华名果"越来越被消费者认可，品牌知名度越来越高，社会影响力也越来越大。

2007 年 11 月 17 日至 19 日，"生态衢州（上海）推介会暨'浙江农民信箱'衢州椪柑（胡柚）网上交易专场"在上海举行，常山县派出代表队参展。2007 年 12 月 3 日和 11 日，时任常山县委书记金运成、县长徐焕凤分别带队前往西安、贵阳举办常山胡柚推介会。

2008 年 12 月 4 日至 8 日，常山胡柚推介会又分别在山西省太原市和云南省昆明市隆重举行。2009 年 12 月 3 日和 8 日，常山胡柚推介会分别在吉林省长春市和河南省郑州市隆重举行。时任常山县委书记童建中、县长徐焕凤和县领导余鹤梁、刘龙、黄孔森、徐羿、杨智、曾越河、郑建华等参加。

2011 年 1 月、2012 年 12 月、2014 年 3 月、2015 年 1 月，常山县分别在福州、北京、上海、杭州举行常山胡柚推介会（如图 9-1 所示）。时任常山县委、县政府领导童建中、李华、王良春、毛建国、徐建华、余鹤梁、林红汉、刘龙等分别率队参加，均取得良好成效。

图9-1　2014年3月28日，中国常山胡柚（上海）推介会

2022年12月18日，"常山县U系列新品发布活动"在杭州国际博览中心召开，现场发布了16款U系列新品。

与此同时，常山县政府不时通过组织经济实体参加国际国内农业博览会、评选会、招商会、经贸洽谈会等，建立批零结合、"线上+线下"的胡柚销售网络，推进常山胡柚销售市场由国内走向国际。有关常山胡柚推介活动的基本情况见表9-1。

表9-1　常山胡柚推介（县外）活动基本情况

序号	时间	内容
1	1992年10月12日	常山县在北京举行新闻发布会，向20多家新闻单位介绍以常山胡柚为主的名优农特产品，开拓胡柚市场
2	2004年11月16日	常山县在甘肃省兰州市举办了常山胡柚推介会，常山县委书记、县人大常委会主任黄锦朝，县委副书记徐常青参加，浙江天子果业有限公司等5家企业与兰州水果市场签订2.1万吨销售协议
3	2004年12月2日	常山县在黑龙江省哈尔滨市举行常山胡柚推介会，常山县胡柚经销企业与东北5家果品市场现场签单2.08万吨

续表

序号	时间	内容
4	2005 年 11 月 19 日	生态衢州（上海）推介会举行，上海市副市长胡延照、浙江省副省长茅临生，衢州市委书记厉志海、常山县领导金运成、徐焕凤参加
5	2007 年 2 月 12 日	常山胡柚被中央电视台推选为春节优质农产品，并在央视播出专题节目
6	2007 年 10 月中旬	北京奥组委委托北京果品有限公司到浙江天子果业有限公司进行考察，双方经过协商达成向北京奥运会供货协议
7	2007 年 11 月 17 日	生态衢州（上海）推介会暨浙江农民信箱衢州椪柑（胡柚）网上交易专场举行。浙江天子果业有限公司等共与客商签订 7000 多万元意向订单
8	2007 年 12 月 3 日	2007 中国常山胡柚（西安）推介会举行，金运成等常山县领导参加，浙江天子果业有限公司等与远东超市果业等签订 2000 多万元的购销意向
9	2007 年 12 月 11 日	2007 中国常山胡柚（贵阳）推介会在贵州省贵阳市举行，徐焕凤、徐常青等常山县领导参加
10	2008 年 12 月 4 日	2008 中国常山胡柚（太原）推介会在山西省太原市举行，常山县长徐焕凤等参加，签订销售合同 1.2 万吨
11	2008 年 12 月 8 日	2008 中国常山胡柚（昆明）推介会在云南省昆明市举行，金运成等常山县领导参加，签订销售合同 1.56 万吨
12	2009 年 12 月 3 日	2009 中国常山胡柚（长春）推介会举行，童建中等常山县领导参加，签订胡柚销售合同 1.2 万吨
13	2009 年 12 月 8 日	2009 中国常山胡柚（郑州）推介会举行，徐焕凤等常山县领导参加，签订胡柚销售合同 1.02 万吨
14	2011 年 1 月 4 日	中国常山胡柚（福州）推介会举行，童建中等常山县领导参加，共签订胡柚鲜果销售、胡柚深加工产品合同 5200 吨
15	2012 年 12 月 16 日	中国常山胡柚（北京）推介会在北京市西直门宾馆隆重举行
16	2014 年 1 月 1 日	《胡柚娃之胡柚诞生记》首映式暨专家研讨会在上海举行，剧组成员、电影界专家以及沪上各大媒体参会
17	2015 年 1 月 9 日	常山胡柚在浙江舟山大宗商品交易所正式挂牌上市
18	2015 年 1 月 16 日	2015 中国常山三宝（杭州）推介会在杭州举行，新华社浙江分社、《浙江日报》社、浙江卫视等十几家新闻媒体记者参与宣传报道

序号	时间	内容
19	2015 年 3 月 30 日	2015 中国常山胡柚（上海）推介会在上海建国宾馆举行，王良春、毛建国等常山县领导、《人民日报》社上海分社等 20 多家媒体记者参加
20	2018 年 1 月 25 日	《胡柚娃》艺术品牌提升研讨会暨《胡柚娃》动画电影制作启动、浙江电视台少儿频道播出《胡柚娃》签约仪式在杭州举行
21	2019 年 11 月 18 日	常山县在上海第十二届亚洲果蔬产业博览会上对常山胡柚进行推介，常山胡柚获得"最受消费者欢迎的柑橘 10 强品牌"称号
22	2020 年 9 月 28 日	第十六届中国国际动漫节在杭州白马湖国际动漫会展中心举行，常山"胡柚娃"作为浙江省第一个以地方特产为原型打造的动漫卡通形象参加了本次动漫节
23	2022 年 12 月 18 日	"常山县 U 系列新品发布活动"在杭州国际博览中心召开，现场发布了 16 款 U 系列新品

胡柚论坛

在"走出去"的基础上，常山县还通过举办高端论坛、交流会等方式，千方百计将专家学者"请进来"，为胡柚产业高质量发展"把脉"方向。

2002 年 11 月 28 日，"常山胡柚应对 WTO 战略研讨会"在北京人民大会堂浙江厅召开。会上，农业部种植业管理司处长王小兵等一些专家、学者纷纷为常山胡柚拓展国内市场以及常山胡柚的产业化方向献计献策。

2006 年 1 月 10 日，胡柚发展论坛会议在常山国际大酒店召开。浙江大学果树研究所所长、教授、博士生导师陈昆松，浙江省农科院食品加工所研究员程绍南，浙江省农业厅经作局科长、高级农艺师孙钧等专家、学者为常山胡柚产业发展前景开展讲座。

2013 年 4 月 19 日上午，常山县举办"常山胡柚发展高端论坛"讲座，邀请浙江中医药大学党委副书记、教授、博士生导师熊耀康和上海恒寿堂健康食品股份有限公司董事长宋伟分别发表演讲。

2016 年 1 月 7 日，"站在风口上的常山胡柚——农特产品上行研讨会暨网络销售对接专场"召开（如图 9-2 所示），来自全国各地的农产品上行销售专家、电商企业负责人齐聚一堂，共商"农产品上行"大计。

图 9-2　站在风口上的常山胡柚——农特产品上行研讨会暨网络销售对接专场

　　2018 年 11 月 18 日，常山胡柚产业发展高端论坛召开，专家就"常山胡柚加工现状与发展趋势""常山胡柚降糖功效研究""衢枳壳作用初步研究"等进行了探讨。

　　2021 年 4 月 18 日，中国（常山）胡柚产业交流会在常山县举行。活动由常山县农业农村局、《南方农村报》社共同主办，贵州西洋实业有限公司总冠名，常山县胡柚产业企业代表、胡柚生产乡镇（街道）种植户代表参会。

　　2022 年 7 月 19 日，在由浙江省卫生健康委、浙江省中医药管理局主办，常山县委、县政府承办的"U 你健康、助力共富"活动上，召开衢枳壳高峰论坛，浙江省中医药协会副会长、浙江省名中医王晓鸣，浙江省医科院首席科学家宣饶仙等专家建言献策。

　　2022 年 9 月 16 日，浙江省农业高质量发展大会召开。会上，衢州市人大常委会副主任、常山县委书记潘晓辉代表常山作题为《全链发力打造胡柚产业，推动农业一二三产融合发展》的交流发言。

第三节 媒体传播

　　无论哪种农产品，从种植、科研、品牌到拓展市场，无一例外都要靠媒体助力，常山胡柚也是如此。从 20 世纪 80 年代开始，历届常山县委、县政府都高度重视媒体宣传，通过各级媒体的持续广泛传播，使常山胡柚走出常山，走出浙江，走向世界。

　　早在 1981 年 11 月 8 日，《浙江日报》就报道过溪口公社独有传统产品胡州（胡柚）丰收（如图 9-3 所示）。20 世纪八九十年代，广播、报纸等传统媒体是宣传常山胡柚的主要手段。1991 年 2 月 18 日，《人民日报》刊登通讯《当年野果，今压群芳——"常山胡柚"出山记》，常山胡柚首次在全国知名报刊上亮相，这是宣传常山胡柚特色产业的兴起。1991 年 11 月 18 日，《光明日报》以《"知识献人民，汗水绿荒山" 叶良华辞官务农救活胡柚良种场》为题在二版头条作了报道，记述叶良

图 9-3　1981 年 11 月 8 日，《浙江日报》报道《溪口公社胡州丰收》

华辞去常山县委农工部副部长职务，承包救活面临倒闭的浙江省常山县胡柚良种繁育场的事迹。1992 年 10 月 12 日，常山县县长率队进京，在北京北龙饭店举行新闻发布会，向首都 20 多家新闻单位介绍常山胡柚为主的名优农特产品，开拓胡柚市场。

1996年1月28日，时任常山县委书记钱国女、县长卢朝新赴上海参加《解放日报》《新民晚报》与胡柚集团公司举行的上海百名痴呆老人、百名白血病儿童献爱心活动。同年，浙江电视台播出衢州电视台和常山县委、县政府联合摄制的《欢乐时光——衢州篇》，由"胡柚飘香趣味竞技""名胜介绍"两部分内容组成，对常山胡柚作进一步的推介宣传。

1996年11月8日至10日，1996年胡柚飘香经贸活动暨第十一届"三山"艺术节活动在常山县城举行。其间，吸引了《人民日报》《中国日报》《解放日报》《浙江日报》《北京日报》，以及北京电视台、上海电视台、浙江电视台等20多家新闻媒体的40多位记者来采访报道，胡柚文化得到进一步弘扬，提高了常山胡柚在全国的知名度。1998年1月12日，常山县委向浙江省扶贫办申请出具常山胡柚扶贫广告宣传证明，加大常山胡柚在中央电视台的宣传力度。翌年，中央电视台在多个频道连续5个月滚动播出宣传常山胡柚的扶贫广告。

进入21世纪，常山县委、县政府更加注重与媒体合作，扩大常山胡柚的影响力。2006年11月14日，来自上海市12家新闻媒体"走进衢州"考察采访团的成员来到同弓乡大宝山胡柚基地体验采摘。衢州市委常委、宣传部部长徐宇宁，常山县委常委、宣传部部长鲍秀英参加活动。

2012年11月20日下午，中央电视台农业军事频道《生活567》栏目"乡村中国行"走进常山，聚焦常山县胡柚、食用菌、山茶油等特色产品。

农产品借助全媒体走出去，通过社会信息化模式推广和营销，实现产品、渠道、销售多位一体，内容与传播统一化、传播与销售实时化。全媒体宣传有利于降低营销成本，提高销售效率，有效拉动农旅经济，为农产品属地及产地区域经济带来可观效益。

2015年以后，常山县在抓好电视、广播、报纸等传统媒体宣传常山胡柚的基础上，通过微信公众号、抖音等新媒体与直播带货的新方式来强化常山胡柚的宣传。

2016年2月19日，《光明日报》刊发常山胡柚文章，中国著名生态文学作家李青松前往常山采风，创作完成《常山胡柚》长篇散文。

2017年4月22日，时值胡柚花盛开之际，全国生态文学创作研讨会在常山县召开，来自中国作协、全国生态作协、报告文学协会，以及《人民日报》《光明日报》《北京日报》等单位的12位国内文学大咖在常山县采风，对常山县优越的生态环境、名优特产留下了深刻印象。

2020年3月7日，由中国新闻社浙江分社主办，常山县委、县政府协办，中新社浙江分社首场浙江省区县"超级推销员"助农战"疫"活动正式开启。

2020年12月21日，中央电视台农业农村频道专题"谁知盘中餐"报道《苦味胡柚为何惹人爱》。

2022年10月3日，大型跨国纪录片《伊路向东》以常山胡柚为主角向伊朗观众讲述"一只果"撬动第一、二、三产业融合发展的故事（如图9-4所示）。

图9-4　2022年10月6日，中伊合拍的大型跨国纪录片《伊路向东》，拍摄组拍摄常山胡柚

1955—2022年，《浙江日报》《人民日报》等媒体刊发了多篇常山胡柚相关报道，具体情况见表9-2。

表 9-2　常山胡柚相关新闻报道部分篇目（1955—2022 年）

标题	作者	媒体	刊发时间
衢县常山一带将大量种植柑橘树	梅培之		1955 年 3 月 31 日
衢县常山桔子上市	企青		1965 年 10 月 29 日
加强柑橘培育管理	泉目山大队报道组		1975 年 7 月 10 日
溪口公社胡州丰收	何吉祥		1981 年 11 月 8 日
常山县超额完成柑橘派购任务	叶良华等		1981 年 11 月 10 日
常山林场嫁接胡柚提早结果	叶良华等		1983 年 10 月 17 日
吴耕民教授建议发展常山金柚	征春		1985 年 4 月 20 日
金柚带来的笑声	方建华等		1985 年 10 月 11 日
"常山胡柚"出名记	程为民等		1990 年 10 月 31 日
名果同样要促销	徐晓恩等		1991 年 3 月 8 日
胡柚久藏仍光鲜	元俭等		1991 年 4 月 25 日
常山加强对胡柚生产的科学管理	吴成等		1992 年 1 月 12 日
常山制成胡柚茶	晓顾等	《浙江日报》	1992 年 5 月 10 日
常山建起百亩胡柚基地 50 个	周耕土等		1992 年 10 月 12 日
常山胡柚"飞上天"	徐晓恩等		1992 年 11 月 17 日
常山胡柚换"新装"	徐晓恩等		1993 年 1 月 3 日
"胡柚书记"北京行	陈燮衡		1993 年 1 月 18 日
常山胡柚俏销北京	陈燮衡		1993 年 1 月 19 日
"饮皇"出常山	徐晓恩等		1993 年 7 月 20 日
胡柚不办节日照样俏中华	徐晓恩等		1993 年 9 月 20 日
常山推行定点育苗胡柚质量不断提高	黄良木		1993 年 12 月 4 日
常山胡柚规模开发形成气势	徐晓恩		1994 年 11 月 8 日
金黄胡柚挂满山	徐晓恩		1995 年 9 月 18 日
书记柚农商大计试与"洋果比高低"	徐晓恩等		1995 年 11 月 2 日
常山胡柚身价高了	徐晓恩等		1996 年 5 月 3 日
常山胡柚"落户"诸暨	金星		1996 年 12 月 17 日

续表

标题	作者	媒体	刊发时间
柑橘远销无车皮　市委领导解难题	常信	《浙江日报》	1997 年 4 月 9 日
常山胡柚价高货犹俏	陈用雅		1998 年 1 月 6 日
"常山胡柚"首次农产品证明商标			1998 年 8 月 17 日
"胡柚老人"缪天纲	赵豪清等		1998 年 10 月 20 日
常山建成中国胡柚之乡			1998 年 11 月 4 日
常山胡柚成为致富果	赵豪清		1998 年 11 月 9 日
常山胡柚挺进大西北	赵豪清		1998 年 12 月 2 日
常山橘园新变化　农民串亲学科技	赵豪清		1999 年 2 月 24 日
抓三大龙头　促柚农增收	赵豪清		1999 年 4 月 5 日
常山胡柚何以泪洒金华?	黄伟兵等		1999 年 5 月 20 日
常山举办中国胡柚节　周国富等出席开幕式	刘元斌等		1999 年 11 月 7 日
胡柚"扮靓"记	刘元斌		1999 年 11 月 16 日
"天子"胡柚过"五关"	赵豪清等		1999 年 12 月 3 日
农家比橘会	赵豪清等		1999 年 12 月 8 日
常山橘树也"计划生育"	赵豪清等		2000 年 3 月 20 日
弟弟种橘讲"优生"双眉笑弯　哥哥种橘求"多产"泪湿衣衫	赵豪清等		2000 年 5 月 11 日
这里的柑橘为什么销得快	余风		2000 年 12 月 4 日
七任书记与一只果	严元俭等		2001 年 1 月 8 日
果园种草胡柚甜	赵豪清等		2001 年 6 月 13 日
常山选育胡柚新品种	赵豪清等		2001 年 8 月 20 日
常山胡柚之父	赵豪清等		2001 年 10 月 19 日
常山胡柚经济长盛不衰	赵豪清等		2001 年 10 月 26 日
胡柚全身都是宝	赵豪清等		2001 年 12 月 3 日
常山胡柚出口东南亚	黄良木		2002 年 1 月 7 日
常山实施"胡柚优质工程"得实惠	徐良其等		2002 年 4 月 5 日

续表

标题	作者	媒体	刊发时间
常山农民乐种精品胡柚	赵豪清等	《浙江日报》	2002 年 8 月 6 日
胡柚套袋技术缘何遭冷遇	姚沐水		2002 年 11 月 1 日
常山胡柚俏销北京	赵豪清		2002 年 11 月 25 日
常山胡柚上京城"问计"	赵豪清		2002 年 11 月 20 日
常山胡柚获原产地保护	熊爱华等		2003 年 1 月 28 日
给柑橘"拍照"	严元俭等		2003 年 12 月 3 日
常山胡柚有望成为"强势名果"	徐良其等		2006 年 9 月 15 日
胡柚保果近尾声	毛广绘等		2011 年 7 月 6 日
农民写诗画胡柚	汪峻等		2011 年 10 月 6 日
常山胡柚擂台争霸	毛广绘等		2011 年 11 月 14 日
常山胡柚的"甜蜜之路"	汪峻等		2011 年 11 月 22 日
农行助力"常山胡柚"驰名中国	汤国敏		2011 年 12 月 19 日
拜年客柚林授农艺	汪峻等		2012 年 1 月 25 日
常山胡柚身价涨百倍	颜伟杰等		2012 年 8 月 15 日
小胡柚闯出大市场	汪峻等		2013 年 6 月 4 日
常山胡柚试水大宗交易	汪峻等		2015 年 1 月 10 日
常山 振兴"三宝"助农增收	汪峻等		2015 年 1 月 17 日
常山胡柚名正言顺入中药	陆遥		2016 年 8 月 24 日
一个胡柚的农业供给侧改革	陈铖等		2017 年 3 月 30 日
常山胡柚文化节拉开帷幕	胡江平等		2017 年 11 月 10 日
常山一果一树助农增收	毛广绘等		2017 年 12 月 10 日
曾连福:"柚"见美好	刘子瑜		2018 年 2 月 4 日
"柚"见黄金果描绘新蓝图	孙俊等		2018 年 11 月 13 日
常山《胡柚娃》戛纳电视节被点赞	于山等		2019 年 4 月 14 日
常山打响"胡柚娃"文化品牌	赵璐洁等		2019 年 12 月 13 日
柚子黄,采摘忙 电力"红马甲"助农致富	刘乐等		2020 年 11 月 27 日
一个胡柚的全产业链之路	于山等		2020 年 11 月 30 日

续表

标题	作者	媒体	刊发时间
常山：一切为了 U 闯出新富路	孙俊	《浙江日报》	2022 年 5 月 18 日
当年野果，今压群芳——"常山胡柚"出山记	黄良木等	《人民日报》	1991 年 2 月 18 日
2018 常山胡柚产业发展高端论坛在浙江常山举办	徐贤良等	民生网	2018 年 11 月 12 日
常山有一群"乡土直播员"	方敏	《人民日报》（海外版）	2020 年 4 月 29 日
飘香的胡柚林	周华诚	《人民日报》	2021 年 1 月 13 日
常山胡柚的涅槃之路	蒋文龙等	《农民日报》	2021 年 4 月 8 日
常山胡柚："共富路"上的"金果子"	窦瀚洋等	《人民日报》客户端	2022 年 3 月 29 日

第十章

胡柚文化

一只果，一座城

第一节　胡柚文化节

　　1996 年 11 月 5 日，常山县委、县政府召开 1996 年胡柚飘香经贸活动暨第十一届"三山"艺术节新闻发布会，常山县委、县政府主要领导出席会议，就如何宣传常山胡柚与文化的完美结合，走胡柚文化之路回答记者的提问；11 月 8 日至 10 日，1996 年胡柚飘香经贸活动暨第十一届"三山"艺术节在常山县城举办。其间，参观名果、名品、民风展览 8000 余人次，观看大型民间艺术广场文艺表演 4 万余人次，胡柚经贸活动十分活跃，为以后专门举办胡柚节打下了良好基础。1998 年 11 月 18 日，首届胡柚节在常山县城举办，全国各地 200 余名客商会聚常山，开展胡柚促销经贸洽谈活动（如图 10-1 所示）。各级领导、各地到常山的客商、各乡镇村干部群众代表参观了常山县优质农产品展馆，参加了胡柚促销经贸洽谈活动，各乡镇的代表与全国各地的水果商签订胡柚销售部分意向合同。

图 10-1　1998 年第一届常山胡柚节开幕式

　　1999 年 10 月 21 日，第二届胡柚节在常山县白龙宾馆举办，常山县优质农产品、工艺品展览同时举办。时任浙江省委副书记周国富、时任浙江省副省长章猛进、时任浙江省政协副主席汪希萱以及中国果品协会会长刘洪禄、中国农业科学院柑橘研究所所长沈兆敏应邀出席。开幕式上，常山县政府对 1999 年度常山胡柚优质基地和优质评比获奖者进行表彰鼓励。胡柚节期间，常山县政府与各地客商进行胡柚购销洽谈活动。

　　2000 年 9 月 6 日，常山县委办公室下发《关于举办 2000 年常山胡柚购销洽谈会暨组织参加衢州"中国特产之乡农产品交易会"的通知》。10 月 29 日，2000 年中国常山胡柚购销洽谈会暨第三届胡柚节在常山县城召开，会间还举行新闻发布会，胡柚购销洽谈取得成效。节后，常山县政府即组织有关乡镇选送 20 多种农产品参加衢州市举办的"中国特产之乡农产品交

易会"。

2001 年 10 月 26 日，第四届胡柚节在新落成的常山县农产品批发交易市场举行，同时利用农贸市场的交易场所设各龙头企业、各乡镇优质农产品展厅，以常山胡柚为主的优质农产品得到更为广泛的宣传。

2006 年 8 月 18 日，在首届谷丰杯"柚都仙子"决赛上，张珊获得金奖，张燕、徐燕玲获得银奖，金璐、胡海玲、汪丽丽获得铜奖。

2006 年 9 月 8 日，浙江省 15 位著名书画家来常山县采风，他们的作品收录在《百名书画家画常山》中，并在该年的胡柚节上展出。

2008 年 5 月 30 日上午，时任常山县委书记金运成等 10 多位中央电视台年度"三农"人物和中国农业大学校长柯炳生等部分嘉宾参加"赏石品柚"活动，领略常山"柚都石城"的独特魅力。

2011 年 11 月 12 日下午，"2011 中国·常山胡柚文化节"在太公山胡柚精品园隆重开幕。该届胡柚文化节以"生态富民·胡柚飘香"为主题，涵盖了开幕式、大型歌舞晚会、百名书画名家采风活动、农产品展示展销、常山美食节、常山胡柚产业发展论坛、招商项目推介会、融资项目推介会、"游国家地质公园、体验农家乐"等 9 项活动，引起了众多媒体关注，取得了丰硕成果。

2014 年 11 月 8 日上午，"中国·常山胡柚采摘节"在球川镇芙蓉旺胡柚基地开幕。

2015 年 11 月 8 日上午，"绿色中国行——走进美丽常山暨 2015 中国·常山胡柚开采节"启动仪式隆重举行，来自五湖四海的宾朋欢聚于常山，共同赏柚、品柚、剪柚。绿色财富论坛组委会主任，国家林业局原党组副书记、副局长李育材讲话并为常山县授予"绿色中国行"旗帜；时任浙江省人大常委会副主任程渭山宣布仪式启动；时任浙江省政协副主席陈艳华，时任浙江省委宣传部常务副部长胡坚，衢州市领导居亚平及常山县领导等出席；时任常山县委书记王良春致辞。启动仪式上，领导和嘉宾为"绿色中国　公益明星　常山胡柚采摘基地"揭牌（如图 10-2 所示）。

图 10-2　绿色中国　公益明星　常山胡柚采摘基地

　　2016 年 1 月 6 日上午，"浙江首届年货节暨常山胡柚食尚周"启动仪式举行。同年 11 月 8 日上午，"中国·常山胡柚采摘节暨农产品质量安全科普直通车进柚园"活动在同弓乡大宝山胡柚基地举行。

　　2017 年 11 月 8 日上午，"中国·常山胡柚文化节"开幕式在青石镇江家畈胡柚基地举行。中国果品流通协会会长鲁芳校，农业部全国农业技术推广服务中心副主任、全国首席植保专家张跃进讲话，时任衢州市副市长吕跃龙宣布开幕，时任常山县委书记叶美峰致欢迎辞，常山县领导周向军、徐建华、林红汉、戴根林参加，共同观看胡柚祖宗树祭拜仪式视频和胡柚采摘喝彩仪式。"常山三宝"标识（LOGO）征集结果揭晓，2017 年常山胡柚"优质果园"名单公布，并举行胡柚祖宗树果实拍卖活动。同日，常山县还召开常山胡柚微商大会。

　　2018 年 11 月 8 日，"中国·常山胡柚文化节"在同弓乡太公山胡柚基地开幕。开幕式上，常山县分别与阿里巴巴"百县精品"项目、中石化、康

恩贝、农特集团进行了签约。2019—2020年，常山县没有单独举办胡柚文化节，而是在2019年12月8日、2020年11月28日分别举办了2019、2020中国·常山乡村振兴大会。会上，胡庆余堂"庆余常山胡柚膏"新品上市；《常山胡柚产业高质量发展三年（2020—2022年）行动方案》正式发布。

2021年2月2日，"一份常礼迎新春、百企直播助柚农"活动在青石镇村播基地举办。

2021年4月21日下午，2021中国·常山"赏花问柚"品鉴活动在同弓乡太公山国家标准果园举行（如图10-3所示），潘晓辉、林红汉、翁旭东等常山县领导参加活动。

图10-3　2021中国·常山"赏花问柚"品鉴活动

2021年5月4日至5日，2022年11月19日至20日，常山YOUYOU（UU）音乐节唱响金川街道徐村（如图10-4所示）。

图 10-4　YOUYOU 音乐节

　　2021 年 10 月 3 日，奥运冠军杨倩作为常山城市公益形象代言人，到太公山胡柚基地拍摄《一切为了U》城市宣传片。

第二节　胡柚传说

孝子奇遇说

　　传说很久以前，在青石镇澄潭、低铺一带，住着一户贫穷人家。这户人家老来得子，小孩出生时不哭反笑，长得宽额大耳。当地人觉得非常奇异，都说这小孩将来必定是大富大贵之人。夫妻俩也满心欢喜，给儿子取名"富有"。富有10岁时，父亲不幸去世，留下母子两人相依为命。又过了三年，母亲因为劳累过度，得了一场大病，从此长年卧病在床，身体极度虚弱，而且喉咙经常发痒，咳嗽不止。孝顺的富有看在眼里，急在心里，但平日里他们母子连饭都吃不饱，哪有钱去买药治病？苦思冥想之后，他决定砍柴换钱去买药。可是整整一个月下来，仍然没有筹够买药的钱。又一个金秋之日，富有一大早就去老远的深山砍柴，临近中午时分，天气干燥，加上内心焦虑担忧，他又渴又累，正想寻找山泉解渴时，忽然感觉前方似有金光闪烁，令人眼花缭乱。定睛一看，原来不远处有一棵野果树（如图10-5所示），

图10-5　孝子奇遇说

长满了金灿灿的果子，有拳头一般大，富有当即摘下一个吃了起来，顿觉清凉爽口，生津润喉，乏意全消。他灵机一动，马上把野果全部摘回家，每天剥一两个给母亲吃，没想到六天下来，母亲的咳嗽竟然痊愈了，身体也渐渐康复。富有喜出望外，干脆重入深山，想把那棵野果树移植到自家门口，可惜再也没有找着。于是他将野果里的籽种下，精心培育。几年后，果树苗开始开花结果，富有也娶妻生子，生活日益好转，而那棵野果树也不知什么时候被人们称作"富有树"。

仙人点化说

相传很久以前，青石镇胡家村是一个很富饶的地方，村前一片良田，村旁到处是茂密的橘园。可是这些劳动人民的血汗换来的财富，全被地主老财霸占去了。每年到了橘子采收季节，老人、小孩看到一担担鲜红的橘子都挑进老财家里，自己却不能尝上一口。有一年，农民胡进喜的父亲生病在床，很想吃几只橘子，进喜就冒险潜到橘园中，偷偷摘了两三只橘子，带回家给老父吃。老父吃后对进喜说："橘子确实很好吃，一年去偷上几只，总不是办法。何不在屋后的空地上种一两株，以后一家老小，都能吃到。"进喜十分赞同，连忙把橘子种子种下，精心管理。六年后，橘树开花结果了，进喜全家人喜在心头。不料这件事被地主老财发觉了。老财怒气冲冲，闯进进喜家大声叱责："竟敢偷我的橘子，还敢偷种橘树！"老财喝令帮凶把橘树砍掉后，扬长而去。正好八仙中的铁拐李下到人间察访，路过门口，看到此事，大为不平。他一边安慰老人，一边说："让我这个过路人给你几只橘子吃吃。"说罢，只见他手一招，从宽大的袖子里取出了许多鲜艳的橘子。可是老人不敢吃，也不敢种，怕老财再次上门行凶。铁拐李一皱眉头，又顺手变出一只香抛，和橘子放在一起，然后用铁拐一指，一道白光过去，香抛与橘子都不见了，却变成了金黄锃亮，既不像香抛，也不像橘的新橘种。大家一吃，味道比橘更鲜，更好吃。正要向仙人道谢，一眨眼，仙人不见了。进喜父亲就把这些种子种下，细心地繁育起来。几

年后，开花结果了。老财再次闯进他家来，一看，傻眼了。老财还未见过这样漂亮的橘子：个子大，外观美，确实不是他家的橘子。老财无话可说，只得灰溜溜地走了。穷人们吃到这新品种的"橘"，都非常高兴，可是大家叫不出名字，你看看我，我瞧瞧你，后来，还是一个老农民有见识。他说："这橘子出在胡家村，样子像柚子，就叫'胡柚'吧！"从此，胡柚这个名字在家家户户中传开了。

洪水送宝说

传说明清时期，常山江涨大水，有一株野果树不知从何地随水漂来，趟至水南一带，搁浅了。正好被一对在农田里劳作的年轻夫妇遇上，小两口觉得树苗翠绿翠绿的，挺好看，便把它带回家种在门口。三年后，果树开花结果，待到果实差不多成熟时，男主人摘下一个尝尝，发现口味苦，不好吃，从此再也没有人敢去吃这种果子了。这年冬天，他家来了一位非常要好的远方客人。将客人迎进门让座后，他就不无歉意地说："实在不好意思，连茶叶都没有，只有白开水一杯。"客人无意之中，看见门口的果树枝头挂满金黄色的果子，便开玩笑说，树上有这么多水果，怕是舍不得让客人吃吧！男主人红着脸解释："你有所不知，这水果很苦，不能吃的，不信你摘个尝尝。"客人二话没说，便摘下一个吃了起来，没想到果子过了冬天，味道微苦清凉，甘甜多汁，非常解渴，搞得男主人很不好意思。这件事过了没多久就传开了，左邻右舍也纷纷前来讨籽种植。由于这种水果外形与当地人用葫芦制作的水壶形状极为相似，而且该果子品性清凉，有止咳化痰等功效，与柚类相似，所以人们称之为"壶柚"，意思为"像水壶一样的柚子"。

抚州陪嫁说

传说明朝时期，江西抚州有一个女子出嫁到青石镇水南一带。老家人让她带上了两株果树苗，作为陪嫁之物，寓意着成双成对、共生共长，祝愿早日开花结果、生儿育女。结婚之日，一家人把两株果树种在门前的菜园里，精心呵护培育。没过几年，两株果树开花结果，果实虽然略有苦味，但清凉爽口、回味甘甜。随着时光流逝，她家又培植了许多小树苗。等到抚州女的长女嫁到澄潭村时，也带去了陪嫁的两株果树苗，就种在现今"胡柚祖宗树"所在地附近。后人不知此果树为何名，因其当初来自抚州，便称其为"抚州"，常山方言与"胡柚"同音。在"抚州"的扩种过程中，也逐渐形成了"嫁女嫁柚苗"的习俗，饱含着吉祥、幸福的美好祝愿。

胡家原产地名说

胡柚祖宗树，即目前树龄最大的一棵胡柚树，位于青石镇澄潭村胡家自然村。因此，人们一直传言胡家自然村就是常山胡柚的发源地。据专家考证，常山胡柚其形状似"小柚子"，又在胡家自然村种植，故人们依据方言称呼的谐音，将其命名为"胡柚"。目前，这株"胡柚祖宗树"仍然存活，至今已有百岁高龄。每年金秋时节，柚农们总会怀揣着感恩之心、喜庆之情和祈祷之愿，不约而同地前往祖宗树进行祭拜活动。

葡萄柚变异说

葡萄柚是柚与甜橙的杂交种，而胡柚中也有柚的成分，两者果实大小、外观、颜色接近，而且均有微苦味，十分类似。胡柚起源早于葡萄柚。民间传说，葡萄柚可能是胡柚的变种。1700年左右，胡柚首次由东印度公司引种到西印度群岛，19世纪引种到同为北纬28度左右、地中海式气候的美国佛罗里达州(常山县为北纬28度51分)，经过长期自然优选，人工栽培驯化，形成了很多株系，最后选优成为如今的葡萄柚，也称西柚。

第三节　音乐、舞蹈、诗词书画与喝彩

　　胡柚文化寄托了柚乡人民 600 多年的乡愁，柚花、柚果、柚歌、柚词、柚舞、柚娃等文化代代相传。动漫片《胡柚娃》讲述世纪传说，传承胡柚文化。《胡柚花》《胡柚熟了》《相聚在柚乡》《柚灯舞》《柚乡金秋》《绿满柚林》《胡柚三吟》《柚乡处处好风光》《柚女担山》等以胡柚为题材的文艺精品层出不穷（详见本书附录）。

　　在 600 多年的发展过程中，胡柚既是常山的致富果、保健果和风景果，也是常山人民精神文化生活的重要内容，以胡柚为主题，以音乐、舞蹈、诗词和书画等为载体的胡柚文化应运而生，枝繁叶茂，层出不穷。常山胡柚节庆方面主要有胡柚文化节、"柚王"擂台赛、胡柚采摘节、胡柚花节等活动。在音乐和舞蹈方面，围绕胡柚也产生了很多优秀的作品。此外，据不完全统计，现有柚诗、柚词 200 多首，常山县文联编有《常山胡柚诗词选》。2016 年 11 月，常山县拍摄《每一口都是爱》常山胡柚微电影。

一、音乐

　　常山人民在栽培、收获胡柚果实的过程中，喜悦心情溢于言表，有感而发，创作了众多以胡柚和柚乡为题材的歌曲，并在民间广泛流传。

　　"这里的胡柚酸甜入怀，这里的胡柚香飘四海……古老动人的传说，金光闪烁的柚海……哎，柚都！谁来到这里都会把她深深爱！"这是歌曲《柚都石城等你来》里深情的赞美和呼唤。

"送你一只胡柚果，小妹的心思哥清楚，胡柚果是黄金果，小妹盼哥快致富……"这是原常山县文化馆副研究馆员、常山县政协常委金钦夫先生创作《送你一只胡柚果》，其创作的《柚乡处处好风光》《小城山青青》等优秀歌曲曾在中国音乐家协会主办的《歌曲》上陆续发表。

据不完全统计，近年来，常山县文艺工作者以胡柚为主题，创作了《南腔北调夸胡柚》《胡柚赞》《请到柚乡来》等富有常山"柚都石城"文化特色的音乐作品 60 多首。

2014 年 10 月，《小苹果》改编、王怡演唱的常山方言歌曲《小胡柚》发布。2015 年 12 月，施翔作词、胡乾平作曲的《常山胡柚MV》发布。2020 年 4 月，胡乾平作曲原创MV《胡柚之恋》发布。2022 年 4 月，周珊演唱的《胡柚花开》《我和我的家乡》发布。2022 年 7 月，常山歌曲《All fou U》获得第二届浙江省旅游歌曲大赛金奖。

二、舞蹈

"说之、唱之、蹈之"，讲的是人们为表达某个事物，用说的形式不能达意时就用唱的形式，当用唱的形式还不能达意时就用舞蹈来尽情展现。胡柚的舞蹈文化植根于民间，发展于民间，深受广大群众的喜爱。

1986 年以来，常山县举办了"三山"艺术节、常山胡柚节、中国·常山胡柚文化节、"柚都仙子"评选活动、农民民间文艺汇演、社区文化艺术节等一系列文化主题活动，先后推出了《相聚在柚乡》《成长在柚乡》《柚灯舞》《胡柚花香飘四方》《柚乡金秋》《三衢歌谣》《石城柚香》《柚女担山》《胡柚熟了》等以胡柚为题材的舞蹈节目 30 余个。此外，还编排了胡柚旗袍秀《流彩柚林》。

1996 年，1996 年胡柚飘香经贸活动暨第十一届"三山"艺术节活动期间，常山县组织文艺骨干创作表演了《柚灯舞》《绿满柚林》等文艺节目，借助朴实的道具和肢体语言，推进了胡柚的宣传推介，丰富了常山胡柚文化的内容。

2005 年，第 20 届"三山"艺术节文艺晚会，开幕群舞《相聚在柚乡》

将常山人民热情好客、勤劳淳朴的形象演绎得入木三分，将三衢大地的青山绿水、和谐人文展现得淋漓尽致，受到了领导和观众的一致好评。同年，舞蹈《暮归》以常山人民辛勤劳作、喜获丰收为主题，参加了衢州市"钱江源之春"文艺汇演。

2006 年，常山县移动艺术团组织创作了女子群舞节目《柚女担山》（又名《担山》）。该节目寓意柚都女子凭着对生活的无限热情和山石般坚忍不拔的意志，用柔弱的双肩担起了山一般的责任。在浙江省"群星奖"舞蹈（舞台）大赛上，从全省 38 个参赛作品中脱颖而出，喜获浙江省文化最高奖——"群星奖"创作和表演两项金奖，实现了常山县舞蹈节目的历史性突破。2007 年，该节目应邀参加了浙江省委宣传部主办的浙江省新农村建设"大地欢歌"电视晚会演出，并被推荐参加第八届全国"群星奖"舞蹈大赛。

三、诗词

常山诗词之风，源远流长。常山系古代江南主通道，素有"八省通衢、两浙首站"之称，过往的文人墨客甚多，刘长卿、苏轼、米芾、曾几、杨万里、辛弃疾、陆游等人都在常山留下了脍炙人口的诗词华章。常山胡柚明代始有，但各种赞誉诗词也不少，特别是近代以来，随着常山胡柚知名度和美誉度的提升，胡柚诗作也得到了蓬勃发展。

咏柚

明·詹莱

青女施严威，百腓惨无色。

郁郁路旁柚，亭亭疏孤特。

修干拂诚闾，低枝亚车轼。

累累黄金实，可玩复可食。

咄咄野蓏茎，蔓延苦徽缠。

思以谢剪伐，枯瘁焉可得。

——摘自《招摇池馆集》

胡柚珍果

强健丰产摇钱树，善耐久贮黄金果。

小雪采收三月沽，汁多味美夸奇果。

——著名园艺学家、原浙江农业大学一级教授吴耕民

品柚

外裹黄金内溢香，酸甜润爽性偏凉。

山中悟道千年久，九转成丹一味长。

——王有军

柚乡吟五首

柚花

窗外枝头疑是雪，披烟沾露送香来。

非梅非絮戏蜂蝶，紫燕粘泥落砚台。

柚果

弹丸粒粒沁清香，饮露餐风珠翠光。

仙女指环蓝宝石，满天星斗撒山乡。

柚实

金球累累叶枝垂，皮腻黄金雪肉稀。

溅齿香醇欣对菊，题诗遥寄故人篱。

柚林

绿海风摇奏古琴，春秋翡翠美人心。

时来鸥鹤亲吟叟，山外浮沉酒自斟。

柚溪

一川翠影染九天，浣女时妆鱼雁欢。

扶杖傍花楼窈窕，波清苇岸隐渔船。

——常山县诗词学会名誉会长、离休干部樊玉明

四、书画

柚乡常山，是一首韵味隽永的诗，是一幅魅力无穷的画。芬芳的柚花，金黄的柚果，翠绿的柚树，绵绵的山野，无不令人神往和感怀。

近年来，常山县内外的艺术家们，怀着浓浓的乡情，怀着对新农村的热爱，纷纷拿起毛笔和画笔，以胡柚和柚乡为主题，尽情抒发内心的喜悦和感悟，创作了大量的书画精品，举办了多次书画展览活动，主要代表作有《全国书画名家作品集·柚都墨韵》《全国书画名家作品集·定阳古风》等。

五、"柚都仙子"评选

"柚都仙子"评选自 2006 年开始举办，由常山县委宣传部牵头，常山县妇联承办，设置有初赛、复赛、决赛三个环节，通过口头表达、才艺表演、知识问答、形体展示等内容，决出"柚都仙子"金奖 1 名、银奖 2 号、铜奖 3 名，单项奖仙子 6 名。受表彰的仙子被聘为常山旅游形象大使。

六、胡柚喝彩

常山喝彩歌谣是地方传统民间文学，国家级非物质文化遗产。常山胡柚丰收开采喝彩词，敲三通锣，唱喝彩词（如图 10-6 所示）。

图 10-6　胡柚丰收喝彩

一

福也——

福也——

福也——

唱：

胡柚满山坡，柚树满山坳，哟——

柚果黄澄澄，又是丰收年，喽——

喝：

胡柚满山坡，柚树满山坳

柚果上新标，胡柚口感好

胡柚一身宝，常山我骄傲

二

上天赐我九龙杖

当年路过常山港

因此年年都高产

胡柚好吃又健康

一年四季可以放

时间越长味道赞

越放越甜还不烂

今日你在太公山

客官摘个尝一尝

想吃胡柚来常山

柚农家里千万担

我又喝来又是唱

黄道吉日我在想

全靠手执九龙杖

福也——

八仙过海浪涛涛

王母娘娘云中把手招

八洞神仙都来到

要将胡柚抛一抛

福也——

一宝下地大吉大利

二宝下地二龙戏珠

三宝下地三元及第

四宝下地四季发财

五宝下地五子登科

六宝下地六郎报三关

七宝下地七姐下凡

八宝下地八洞神仙都来到

恭祝全县人民幸福万年长

三

今日来开摘

一来摘出欢天喜地

二来摘出劳动丰收

三来摘出柚农幸福

四来摘出四季发财

开采吓嘞——

开采呗哩——

福也——

2013 年，受常山县委宣传部邀请，刘峰结合家乡的自然、人文、风俗等元素，为家乡打造了一个城市宣传片，推广地域文化。刘峰对家乡的胡柚有着深厚的情感，他把胡柚做成卡通形象（如图 10-7 所示），不仅在常山范围内传播，还让它走出了国门，让常山胡柚的声名远播。"胡柚娃"是浙江首个以地方特产为原型设计的动漫卡通形象。常山县借助《胡柚娃》动画的传播，进一步推动了当地文创产业与传统农业的发展，提升了城市文化品牌的影响力，产生了巨大的经济效益和社会效应，为城市发展、乡村振兴注入了新动能。

图 10-7　胡柚娃

2019年12月13日,《浙江日报》整版刊发长篇通讯——《"黄金果"的文化奇缘——常山"胡柚娃"品牌发展纪事》,对"胡柚娃"进行了全面回顾,现全文转载如下。

"黄金果"的文化奇缘
——常山"胡柚娃"品牌发展纪事

作为主角,"胡柚娃"的创作灵感来自常山县被誉为"黄金果"的特色农产品——胡柚。"'胡柚娃'是浙江首个以地方特产为原型设计的动漫卡通形象。"常山县委宣传部相关负责人说,县里借助《胡柚娃》动画的传播,进一步推动当地文创产业与传统农业发展,提升城市文化品牌的影响力,产生巨大的经济效益和社会效应,为城市发展、乡村振兴注入新动能。

胡柚成卡通,打造城市新"IP"

常山县是胡柚的原产地,胡柚果实美观,呈梨形、圆球形或扁球形,色泽金黄,多年来一直是当地的特色农产品,种植面积与产量均居全省首位,是老少皆宜的集营养、美容、延年益寿于一体的纯天然保健食品,被列为"常山三宝"之一。"胡柚娃"正是以胡柚为原型设计的。

金黄的皮肤,胖嘟嘟的身材,头戴休闲帽,身着花衣裳,一双大圆眼……如此憨态可掬的"胡柚娃"形象诞生于2013年初,是《胡柚娃》系列动画的主角。当时,常山县委宣传部正邀请相关影视创作单位开展城市形象宣传片《行走常山》的拍摄工作,过程中众人萌生出要创造一个富有常山乡土特色韵味的动漫卡通形象的想法。

在上海创办影视公司的常山人刘峰,主动邀请曾经创作过动画片《大头儿子小头爸爸》、《中华传统美德》、新版动画电影《黑猫警长》等作品的上海美术电影制片厂的一批艺术家,其中有制片主任汤融,美术设计、导演周一愚，执行导演徐祖明，背景设计陆一辰等，来常山采风。他们一眼就相中了极富常山特色的胡柚，并利用整整 10 个月的时间，精心制作"胡柚娃"设计方案。紧接着就推出每部 35 秒的《文明出行》《爱城护绿》《清洁家园》等 6 条公益广告片，倡导文明生活方式，引导市民呵护共同的家园。

如今，在常山的公厕、公园、城市入口等公共场所，随处可见"胡柚娃"造型的宣传栏、告示牌，"胡柚娃"已融入城市的各个角落。县住建局相关负责人介绍，常山正在打造城市主题公园，"胡柚娃"将是其中一项重要内容，通过雕塑、图文、视频等方式展现"胡柚娃"的前世今生。

慢工出细活，雕琢传统新动画

"把传承中国动画学派风格与突出常山文化特色相结合，在弘扬和传播我国优秀传统文化的同时，让《胡柚娃》成为常山文化传播中一颗璀璨的明珠。"原上海美术电影制片厂党政负责人郑虎如此评价"胡柚娃"系列手绘动画片。

该片改编自浙江常山胡柚诞生的民间故事，以常山胡柚为元素，讲述了孝子胡进喜为给父亲治病，孝心感动了八仙铁拐李，遂将仙果种在了人间，造福百姓，由此引出了一个关于美丽乡村环保与爱为主题的系列故事。

该片自 2014 年启动创作，历经数年打磨，制作出《胡柚娃之诞生记》《胡柚娃之拜师学艺》《胡柚娃之保护祖宗树》《胡柚娃之仙果奇缘》《胡柚娃之保护水源》等 5 部精美的手绘动画片，每集时长 16 分钟，并于 2018 年 2 月在浙江少儿频道播出。

该片是中国动画学派国漫艺术风格的继承与创新之作，由中国动画学派的诞生地——上海美术电影制片厂制作。

"动画片的制作要经历原画设计、创作、修片、手绘、采集、上色、分镜流程处理等一系列复杂的程序。"总制片人刘峰说,《胡柚娃》中人物的每一个动作,每一个表情,都是画师一笔一画在纸上一张张画出来的。共有60余名工作人员参与整部动画片的制作,光是"胡柚娃"手绘画稿就重达300多千克。

最近,同样采用中国动画学派国漫艺术风格打造的民族动画电影《胡柚娃》也已制作完成,时长达81分钟。目前正在争取网络及院线播放权,即将与广大观众见面。

走向全世界,发展文创新产业

法国戛纳电视节是全球规模和影响力最大的国际视听产品与数字内容交易市场之一。2019年4月8日至11日,总制片人刘峰带着《胡柚娃》动画片亮相法国戛纳春季电视节(如图10-8所示),和全球100多个国家和地区的3400家企业共同参展。"短短数日,就有来自黎巴嫩、卡塔尔、白俄罗斯等多个国家的电视台和影视公司前来与我们洽谈合作。"他告诉笔者,《胡柚娃》受到海外买家热捧,这一以常山胡柚为原型的卡通形象有望登上国外荧屏。

图10-8　胡柚娃参加法国戛纳电视节

说起为何能够获得海外买家的青睐，刘峰说，《胡柚娃》采用传统手绘方式制作，融合水墨、剪纸等多种中国传统艺术风格，故事也取材于常山民间传说、民俗文化，这种展现中国传统艺术特色的动画作品尤其受到"一带一路"沿线国家片商的欢迎。一位约旦片商在了解动画片的情节和创作技法后，就表示这个故事"很中国"，并很快与制作方初步达成了购买意向。

为推进"胡柚娃"走向市场化、国际化，2018年1月，常山县还在杭州举办"胡柚娃"艺术品牌提升研讨会，邀请来自全国各地动画影视界的知名专家学者、国际友好人士从故事、艺术、产业、品牌、跨界等多个层面进行交流和探讨，为"胡柚娃"品牌的提升发展建言献策，取得很好的成效。

为提升"胡柚娃"动漫卡通形象的文化品牌价值，保证"胡柚娃"卡通形象在相关市场的传播效果，常山县于2015年8月向国家工商行政管理总局申请了"胡柚娃"商标注册，商标保护条款共涉及服装、广告、光盘（音响）等8大类80项。如今，"胡柚娃"玩偶、"胡柚娃"表情包、"胡柚娃"凉扇等各种文创产品层出不穷（如图10-9所示），花样繁多。

图 10-9　胡柚娃文创产品

《胡柚娃》荣誉榜

2013 年

● 荣获衢州市对外宣传金桂奖一等奖

● 荣获衢州市思想文化工作创新奖

● 被列入衢州市文艺精品工程扶持项目

2014 年

● 荣获第四届中国十大动漫形象提名奖

● 被列入浙江省第九批文化精品工程扶持项目

2015 年

● 荣获第二届深圳青年影像节特别创意作品奖

● 荣获衢州市第二届文艺精品"南孔奖"

2016 年

● 被列入新媒体动漫品牌项目

● 荣获中国动画美猴奖配音银奖

● 荣获中国深圳青年影像节特别创意作品奖

● 荣获衢州市对外宣传金桂奖二等奖

● 参加法国昂西国际动漫节展交流

2017 年

● 被列入浙江省第十二批文化精品工程扶持项目

● 被列入衢州市第五批文艺精品扶持项目

2019 年

● 入选第四届衢州市文艺精品"南孔奖"

● 入选浙江省第十四届精神文明建设"五个一工程"优秀作品奖
● 参加第十五届中国国际动漫节
● 参加法国戛纳电视节

2020 年

● 拍摄《胡柚娃》动漫电影，8 月 22 日在浙江省内各大影院上映。

第五节　胡柚饮食文化

　　2019 年以来，常山县委统战部、常山县工商联、常山县农业农村局、常山县文广旅体局、常山县餐饮行业协会在联手打造"中国好味、鲜辣常山"文化品牌过程中，深度挖掘常山胡柚养生饮食文化。常山县餐协名厨委员会、良友宴会中心研发出"常山胡柚文化宴"（如图 10-10 所示）。2021 年 12 月，"常山福柚羹"荣获首届"衢州市十大药膳"铜奖；2022 年"NFC 胡柚复合果汁"入选第四届"浙江省十大药膳（饮品类）"作品名单。

图 10-10　常山胡柚文化宴

一、胡柚文化宴

（一）名宴典故

常山胡柚，是"常山三宝"之一，是集营养、食疗、美容于一体的原生态绿色食品。将胡柚入菜、组成宴席，更是热情好客的常山人的创举。

在常山，胡柚不仅是一棵满载着富裕和希望的"摇钱树"，还是一只承载着动人传说的"喜顺果"。关于胡柚的起源有孝子奇遇说、抚州陪嫁说、洪水送宝说等不同的人文故事。这些故事都与善良、美好、祝福有关。青石镇澄潭村胡家自然村有一棵树龄最大的胡柚祖宗树，至今已有百岁高龄。每年金秋时节，柚农们总会怀揣着感恩之心、喜庆之情和祈祷之愿，不约而同地前往祖宗树进行祭拜活动。

胡柚已经演化成人们心目中吉祥如意、安康顺遂的象征。逢年过节，人们总会挑选几个金黄饱满的胡柚，贴上红福字，祈祷身体健康、平安多福；婚庆时刻，女方总要精心挑选一些胡柚，放入陪嫁器物中以示富有（柚），并在婚礼上吃胡柚，以示"柚（有）""圆（满）""黄（旺）""籽（子）"等婚嫁口彩；长者祝寿，摆上硕大圆满的胡柚，以示圆满和美，寓意子孙孝顺，喜气临门。

2020年以来，常山县餐协名厨委员会、良友酒家、华府酒店深入研发以胡柚为主题的鲜辣菜品，赋予了常山胡柚这只"国字号"名果新的文化内涵。品尝一桌胡柚宴，让食客事业甜蜜如柚，家庭美满如柚。

（二）名宴特征

常山胡柚有"八大功效"，常山胡柚利于肺，经过各大媒体宣传已家喻户晓。养生是胡柚文化宴的最大特征。如今，胡柚文化宴被称为常山养生名宴。

（三）名宴菜单

1.冷菜（4道）

双味胡柚酱、柚果冻、柚丝八宝菜、柚娃鲜辣酱。

2.点心（2道）

柚香醅糕、胡柚福饼。

3.主菜（10道）

福柚羹、椒盐柚皮、百合胡柚、拔丝胡柚、冰镇胡柚、柚皮羊肉、禅衣柚、奶香胡柚、柚香肉圆、柚乡鸽（如图10-11所示）。

4.饮品（3道）

双柚汁、NFC胡柚果汁、胡柚酒。

图10-11　胡柚宴主菜

二、胡柚药膳

2021年12月3日，常山福柚羹荣获首届"衢州市十大药膳"铜奖。柚乡鸽被人们广泛喜爱，是常山人的家常药膳。

1. 常山福柚羹烹饪

【配料用量】

主料：常山胡柚（未成熟果为衢枳壳原药材，列入新"浙八味""衢六味"）。

药材：枸杞、蜂蜜、胡柚果粒。

辅料：湿燕窝。

调料：山泉水。

【药膳特点】

色香味：香气清雅，口感清爽。

功能：胡柚性凉，燕窝性温，阴阳既济，具有清肺祛火、化痰止咳之功效。

适宜人群：老少皆宜。

不适宜人群：无。

2. 柚乡鸽烹饪

【配料用量】

主料：乳鸽2只。

药材：胡柚小青果（衢枳壳原药材）。

辅料：葛根、红枣。

调料：山茶油、精盐适量。

【药膳特点】

色香味：清香高雅，味道鲜美，乳鸽的浓香中略带青柚一丝丝若隐若现的清香之味。

功能：具有镇定安神、滋补强身作用。

适宜人群：老少皆宜。

不适宜人群：无。

第六节　重要农业文化遗产

2022 年 11 月，常山胡柚筑坎撩壕栽培系统获批浙江省首批重要文化遗产资源名单。

常山胡柚筑坎撩壕栽培系统历史悠久，是一种独特的山地利用型和环境友好型绿色栽培系统，具有资源集约利用、水土保持、病虫草害控制、养分循环、生物多样性保护、气候调节与适应（抗旱抗涝、抗冻抗寒）等特点，体现了中国传统农耕智慧，被当地农民普遍掌握和持续应用。常山县素有"八山半水分半田"之称，土地稀缺，人均耕地面积少，主要用于粮食种植。胡柚自古就是当地农户重要的经济作物。为增加收入，增大胡柚种植面积，经过长期探索和实践，常山先民发明了一种在荒山等贫瘠山地上栽培胡柚的有效方式——常山胡柚筑坎撩壕栽培系统，核心内容为："筑坎撩壕，围地垦田，壕内栽柚，梯度开发；储水畜草，旱涝稳产；林下养禽，柚禽共生。"三十二字口诀，可进一步精练为"筑坎撩壕、柚禽共生"八字秘诀。常山胡柚筑坎撩壕栽培系统，其核心保护要素包括胡柚物种、筑坎撩壕生产方式、农业景观、宅院村落、节庆活动、乡风民俗等多个方面。

第七节 文旅融合

1. 常山三宝文化展示中心

常山三宝文化展示中心位于常山县乡村振兴产业园内。以"传承三衢悠久农耕文化，弘扬常山优质标杆农业，凝结'三农'重要成就亮点，带动三产协同融合发展"为目标与责任，以现场推广、自选商场、沉浸餐饮、智慧餐桌为销售模式，打造具有常山地方特色、农业特点的主题式展示展销中心（如图 10-12 所示）。

图 10-12　"常山三宝"文化展示中心

展示中心于2021年5月正式对外开放，总面积3780平方米，其中三宝文化展示厅占地2470平方米，分为一个序厅和四个展厅。序厅按照地面、墙面、顶面三方空间，艺术化再现"绿色青山、常山印象"；第一单元通过讲述常山北纬30度文明、金钉子剖面、投影沙盘、江底世界、生物标本、宋诗之河等，介绍常山从4.6亿年前逐渐演变到现在"秀水明山阡陌纷呈"；第二单元通过讲述常山农业发展、名人传说、二十四节气、犁田互动、水车互动、常山喝彩文化等，呈现常山"农业智慧得天独厚"；第三单元按照胡柚、油茶、食用菌三大模块，从胡柚起源、产业发展、药食价值、胡柚剧场、榨油微缩模型、油茶发展、菌菇历史、菌菇品类、橱窗展示等内容，讲述常山"三宝之地声名远扬"；第四单元按照三产融合介绍、政策扶持、园区规划展示、大数据平台建设、数据树等内容，呈现"数字'三农'绿色未来"。

"一份常礼"农产品展厅占地面积1310平方米，以"一线四区"为打造理念。一线即非遗活态展销线，四区为三宝、山珍、水产、餐饮四大核心销售区。展销中心内设自选商场、体验餐饮，主要销售粮油类、茶类、胡柚衍生产品类、菌菇类、生鲜类、加工产品类等六大类共200多款常山农特产品。

展示中心是全国高端农业科技"展示+示范+体验+交流"的平台，展示常山从"农业智慧"走向"智慧农业"的历史转变。通过讲述常山的山水农耕、自然人文、三宝特点，全方位呈现"常山胡柚利于肺、常山茶油利于心、常山猴头菇利于胃"的理念；提高常山特色旅游、绿色优质农产品在常山的市场份额，同时也为广大消费者带来产自常山的绿色、生态、优质的产品。

2. 常山县香柚三产融合示范园

常山县香柚三产融合示范园为国家级AAA级旅游景区。香柚又名香橙，是源于中国、兴于日韩的柑橘新品种，其气味浓郁、芳香怡人，具有优异的加工性能，适宜开发食品、日化、保健品等系列深加工产品，素有"东方柠檬"之美誉，综合经济价值是柠檬的 10 倍。

香柚产业园：始建于 2016 年，由浙江柚香谷投资管理股份有限公司投资建设，涉及白石镇、天马街道等片区，总面积 20 平方千米，是一个以"双柚"为主题的大型三产融合发展产业示范园，由农业生产、智慧工厂、旅游休闲、养生养老、乡村振兴等五大平台组成，构建"一轴、一核、一园、双组团"园区空间布局。2020 年 5 月，常山县"柚香谷"农村产业融合发展示范园被列入浙江省农村产业融合发展示范园。

基地建设区块：在 5 个乡镇（街道）23 个村打造高标准香柚基地 1 万亩，培育香柚苗 60 万株，建成国内最大的香柚种植基地，其中天马街道天安村、和平村集中连片种植 3000 亩。

文旅休闲区块：在白石镇草坪村，初步建成 2000 亩基地，建成接待中心、游客中心、高档民宿、特色餐饮等，建设年接待游客能力 10 万人次以上。

深加工区块：位于常山县工业园区，占地面积 200 亩，目前已研究开发了双柚汁、柚子酒、柚子汽水等系列双柚产品，现建成 3 条每小时 1.6 万、3.6 万、5.3 万瓶的自动化高速灌装流水生产线，日产达 5 万箱。

发展规划：2025 年前完成 2 万亩香柚基地，建设初加工榨汁流水线、深加工灌装流水线 20 条以上，年加工产能达到 100 万吨，2023 年计划建设 45 亿元深加工灌装车间，2025 年实现产值 50 亿元，2027 年实现产值 100 亿元。

3. 艾佳"漫柚溪谷"农文旅观光旅游采摘基地

该项目由浙江艾佳果蔬开发有限责任公司投资建设，位于同弓乡太公山胡柚国家标准果园，是浙江省首批旅游采摘基地。项目总规划用地 4300 亩，总投资 5.5 亿元，计划建设常山胡柚三产融合示范基地，打造国家胡柚主体公园。目前，已经完成常山胡柚展示馆、果园观景平台（球形）、管理中心、观光通道等建设。

4.青石胡柚产业强镇

青石镇澄潭村胡家自然村是常山胡柚的发源地,现村内保留胡柚实生树群 42125 株,其中 100 年以上树龄的 2 株,50—100 年的 753 株,30—50 年的 2770 株,其中树龄最大的胡柚祖宗树已经有 120 年高龄,仍生长旺盛,其树干周径 1.55 米,高 7.2 米,冠幅 8 米×7 米,年可产鲜果 1200 多斤。1996 年,祖宗树入选《中国树木奇观》一书。目前以澄潭村祖宗树为核心,已经建立百年祖宗树、胡柚展示室、胡柚小广场、实生树群保护区等为主的胡柚祖宗树主题公园(如图 10-13 所示)。每年到金秋时节,当地农民就怀着崇敬的心情到胡柚祖宗树进行祈福祭祀,祈求来年丰收。

图 10-13　胡柚祖宗树主题公园

青石镇是典型的"一镇一品"示范乡镇,2020 年,被列入中央农业胡柚产业强镇建设。该镇 80%以上的农民种植胡柚,现有胡柚种植面积 2.15

万亩，产量 3 万多吨，占常山县总产量的四分之一。生产销售胡柚的合作社、家庭农场及企业 30 多家，深加工企业 5 家，全镇走上了集种植、销售、深加工和旅游为一体的发展模式。青石镇以江家畈 1 万亩胡柚精品基地、澄潭 1000 亩胡柚实生树群保护（祖宗树）主题公园、阁底十里柚香街、销售集散中心、小青果综合利用加工区、村播基地（如图 10-14 所示）等建设为重点，结合赏石博览园，打造"柚石文化观光长廊"，年总产值超过 5 亿元。

图 10-14 村播基地

5.胡柚景观大道

2015 年，常山县启动胡柚景观大道建设。胡柚景观大道建设范围从常山箬岭至梅树底（淤里桥头），全长 30.4 公里，按照"一轴、一带、四区、七节点"的规划结构，建设成以胡柚、山、水为特色的，集休闲观光、民宿漂流、生态文化、采摘游乐于一体的，突出主要节点、彰显地方特色的一条胡柚景观大道，进一步推动美丽乡村建设。第一段从常山狮子口到高速公路东案出口，全长 15.3 公里；第二段从高速公路东案出口至梅树底（淤里桥头），全长 15.1 公里（如图 10-15 所示）。

图 10-15　胡柚景观大道

6.胡柚主题酒店

　　常山华府主题酒店是金鼎级以"柚"文化为主题的特色酒店，通过对常山胡柚、地缘文化、青山绿水等元素的诠释和提炼，将其运用在酒店的硬装和软装之中，打造以"柚"为主题的特色文化。酒店拥有柚文化包厢、柚文化城市展厅（柚文化长廊、柚产品体验馆、柚文化视听馆）、室外庭园式"柚见"交流舞台等。

第十一章

政策支持

一只果，一座城

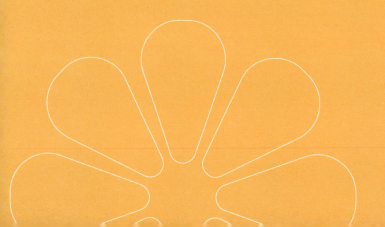

历任县委书记齐抓一只果

常山胡柚作为具有浓郁特色的地域特产，从 20 世纪 80 年代初开始至今的 40 多年来，历届常山县委、县政府都将推动胡柚发展作为重要任务，一届接着一届干，有着"历任县委书记齐抓一只果"的美誉（见表 11-1）。

表 11-1　常山县历任县委书记齐抓一只果

姓名	任职时间	主抓事项
鲍天才	1977 年 5 月至 1983 年 12 月	开展胡柚柑橘资源调查，发挥胡柚资源优势，提出大力发展柑橘胡柚生产的意见
俞济初	1983 年 12 月至 1985 年 3 月	开展胡柚品种选优，优选出 4 个优良单株，建立第一个常山胡柚优株母本园，召开胡柚品质评议会开展品质评估，把资源优势转变为商品优势，为大开发做好准备
程平平	1985 年 3 月至 1991 年 6 月	开展胡柚全国评比，使胡柚跻身全国优质农产品行列。创建胡柚良种繁育场，实行定点统一育苗。成立常山县胡柚开发领导小组，向浙江省委、省政府提出《关于开发常山胡柚的报告》，把胡柚列入三大拳头产品，明确"七五"期间建设 3 万亩胡柚商品基地，得到了浙江省委、省政府的大力支持
陈艳华	1991 年 6 月至 1993 年 12 月	成立浙江省常山胡柚综合开发集团公司。在北京举办新闻发布会。推动胡柚专题片在 46 条中国国际航班播放，推广宣传胡柚，胡柚在全国开始名声大振。胡柚规模化、商品化基地建设进入快速发展阶段
钱国女	1994 年 8 月至 1997 年 11 月	注册常山胡柚普通商标"天子"和浙江省首件农产品证明商标"常山胡柚"。举办胡柚飘香经贸活动与文化艺术节。引进柑橘机械自动化选果设备，提高商品化处理水平。胡柚开始成为常山县农村经济的支柱产业，农民致富的"摇钱树"，常山县被授予"中国常山胡柚之乡"称号

续表

姓名	任职时间	主抓事项
雷长林	1997年11月至2000年3月	加强证明商标管理，大力实施名牌战略，举办胡柚节庆活动，建设常山胡柚标准化示范园区，发动全县柚农实施"三疏二改"技术，开展胡柚优质基地与优质果质量评比，胡柚生产进入由"量"向"质"提升转变时期
黄锦朝	2000年3月至2005年6月	大力实施胡柚优质化工程，建基地、抓龙头、创名牌，胡柚列入国家原产地域产品保护，时任浙江省委书记张德江到胡柚基地调研考察。大力扶持龙头企业发展，促进深加工产品研发，常山胡柚跨入产业化经营阶段
金运成	2005年6月至2009年3月	实施胡柚三联三增产销协作新机制，建立万亩胡柚出口基地，加大胡柚出口贸易量；对内举办胡柚文化节，对外加大产品宣传推介，每年向2个省会城市开展常山胡柚产品推介会；规范市场秩序，打响常山胡柚品牌，全面开拓国际国内市场
童建中	2009年3月至2011年11月	大力实施胡柚产业转型提升工程，提升胡柚品质，大力扶持农业龙头企业、农民专业合作社、家庭农场，发展胡柚深加工，延伸产业链。常山胡柚被认定为中国驰名商标，品牌建设取得重大成效，产业化转型步伐加快，胡柚进入转型升级阶段
李华	2011年11月至2013年6月	胡柚成为可口可乐"美汁源"饮料原料。着眼于开拓高端市场，提升常山胡柚在北京，全国乃至世界的知名度、影响力，胡柚品牌被评为消费者最喜爱的100个中国农产品区域公用品牌
王良春	2013年8月至2016年11月	采用欧盟食品安全法规和技术标准建立精品基地，柚果品质全面提升。《胡柚娃》系列作品开始成为胡柚文化形象代表。衢枳壳被列入《浙江省中药炮制规范》目录，胡柚加工产品进入高值化药用化系列开发利用阶段，常山胡柚被列为"常山三宝"之一，产业转型升级由第一产业为主逐步向第二、三产业发展
叶美峰	2016年11月至2020年5月	发展电子商务，线上销售逐步成为胡柚销售新渠道。"常山胡柚利于肺"的功效宣传深入人心，常山县成为全国柑橘产业30强县(市)之一，产业初步实现种植标准化、加工高端化、产品多元化、销售国际化
潘晓辉	2020年5月至今	实施"双柚合璧，争创百亿"，胡柚深加工产品得到空前发展，三产深度融合，推动胡柚产业进入全产业链高质量融合发展阶段。"一切为了U"成为城市品牌。双柚产业成为衢州市三大"百亿"农业特色支柱产业，浙江省农业全产业链"一县一链"的示范典型，在共同富裕道路上，实现了"一只果"带富一方老百姓

胡柚发展历年文件汇总

1983 年 11 月，常山县委、县政府下发关于大力发展柑橘胡柚生产的几点意见，明确提出发挥胡柚资源优势，大力发展柑橘胡柚生产，迅速落实好发展柑橘、胡柚生产的规划。

1985 年，常山县第五次党代会提出把常山胡柚作为三大拳头产品之一。从 20 世纪 80 年代的"胡柚商品生产基地建设"到 90 年代的"胡柚综合加工项目实施"；从 90 年代中后期建立常山胡柚研究所、成立浙江省《常山胡柚标准化示范园区》项目领导小组到胡柚柑橘"三疏二改"技术推广；从 21 世纪初的申报"常山胡柚"证明商标到实施常山胡柚"152"优质工程、成立常山胡柚原产地域产品保护管理委员会、建立三联三增产销协作机制；从加快推进胡柚（柑橘）产业转型提升到常山胡柚全产业链高质量发展，常山胡柚发展的每一个阶段，常山县委、县政府都以当地资源禀赋为依托，以市场需求和发展空间为着眼点，出台相应的扶持政策，做好规划，做好协调，充分发挥市场在资源配置中的决定性作用，激活要素、市场和各类经营主体，使广大农民在产业振兴中变"要我干"为"我要干"，以此加快全产业链、全价值链、全要素链建设。

乡村振兴，产业为先。常山胡柚从山乡野果成为"致富金果"，始终离不开历届县委、县政府的政策支持，它的种植与发展过程，是一部艰苦创业史，是一首勤劳致富曲，充分体现了常山人民"不忘初心，创业创新"的精神风貌。详见表 11-2。

表 11-2　关于支持常山胡柚产业发展的部分文件

序号	标题	年份
1	常山县科委向金华地区科委提出"要求解决胡柚试验经费的报告"	1982
2	中共常山县委办公室县人民政府办公室关于大力发展柑橘胡柚生产的几点意见	1983
3	金华地区科委发出关于召开"常山胡柚品质评议会"的通知	1985
4	关于常山胡柚开发计划的报告	1985
5	关于成立常山县胡柚开发领导小组的通知	1986
6	关于发展常山胡柚实施意见的报告	1986
7	关于启用"常山县胡柚开发领导小组"印章的通知	1986
8	关于常山县良种苗木联营场更名为常山县胡柚良种繁育场的通知	1986
9	关于做好胡柚苗木繁育工作的通知	1986
10	省农业厅、财政厅联合下文关于"胡柚商品生产基地建设补助资金（50万元）"的通知	1986
11	省农业厅、财政厅又联合下文关于"胡柚商品生产基地建设补助经费（50万元）"的通知	1987
12	关于同意成立常山胡柚研究所的批复	1987
13	关于建立三万亩胡柚商品基地的可行性报告	1987
14	关于调整常山县胡柚开发领导小组的通知	1987
15	关于调整县胡柚开发领导小组成员的通知	1990
16	关于常山微生物总厂胡柚综合加工项目实施方案的批复	1991
17	关于"浙江省常山胡柚综合开发集团公司"更名为"浙江金神胡柚集团公司"的通知	1992
18	关于建立"浙江省常山胡柚综合开发集团公司"的通知	1992
19	关于要求分配胡柚生产化肥的报告	1992
20	关于建立"常山县林业局胡柚示范场"的通知	1992
21	关于浙江金神胡柚集团公司扩建 3000 吨 / 年胡柚饮料和 300 吨 / 年胡柚果脯生产线项目建议书的批复	1993
22	关于建立"浙江常山胡柚集团公司"的通知	1995
23	关于表彰 95 年乡办、部门办胡柚场先进单位的通报	1995
24	关于同意建立中共浙江金神胡柚集团公司支部的批复	1996

续表

序号	标题	年份
25	关于建立常山胡柚研究所的通知	1996
26	关于举办常山县 96 胡柚飘香经贸活动暨第十一届"三山"艺术节活动的通知	1996
27	关于成立浙江省《常山胡柚标准化示范园区》项目领导小组的通知	1997
28	关于成立常山胡柚优质工程建设领导小组	1998
29	市政府下文确认常山胡柚集团公司为市级 50 家农业龙头企业之一	1998
30	关于表彰 1998 年度常山胡柚优质基地和优质果的通知	1998
31	关于开展胡柚柑橘"三疏二改"技术推广活动的通知	1999
32	关于进一步做好胡柚柑橘"三疏二改"技术推广工作的通知	1999
33	关于"常山胡柚"证明商标的实施意见	1999
34	关于表彰 1999 年常山胡柚优质基地和优质果的通知	1999
35	关于表彰 99 中国常山胡柚节青年志愿者先进集体和个人的决定	1999
36	关于切实做好柑橘冻后护理工作的通知	1999
37	关于做好 2000 年胡柚柑橘"三疏二改"技术推广工作的通知	2000
38	关于"常山胡柚"证明商标实施意见的通知	2000
39	市政府通报表彰 1999 年度先进农业龙头企业，浙江天子果业有限公司名列其中	2000
40	关于举办 2000 常山胡柚购销洽谈会暨组织参加衢州"中国特产之乡农产品交易会"的通知	2000
41	实施常山胡柚"152"优质工程	2001
42	关于常山胡柚"152 优质化工程"建设实施意见	2001
43	常山县人民政府办公室关于常山胡柚良种选育实施意见	2001
44	中共常山县委常山县人民政府关于表彰 2001 中国常山胡柚节暨常山农副产品批发市场开业典礼活动先进集体的通知	2001
45	省政府办公厅公布浙江天子果业有限公司为省级骨干农业龙头企业	2001
46	关于下达 2002 年胡柚套袋计划的通知	2002
47	关于成立常山胡柚原产地域产品保护申报委员会的通知	2002
48	关于常山胡柚申报原产地为常山县所辖行政区域	2002
49	常山县人民政府关于常山胡柚原产地域产品保护产区划定的意见	2002

序号	标题	年份
50	常山胡柚四个优株通过省林木良种审定委员会审定	2002
51	常山县人民政府办公室关于建立常山胡柚原产地域保护申报委员会的通知	2002
52	关于抓好当前柑橘促销工作的紧急通知	2003
53	常山县人民政府办公室关于成立常山胡柚原产地域产品保护管理委员会的通知	2003
54	常山县人民政府办公室关于建立三联三增产销协作机制加快胡柚优化改造的通知	2005
55	关于准予成立常山县胡柚产销协会的批复	2005
56	关于加快常山胡柚出口基地建设的意见	2006
57	衢州市人民政府办公室关于柑橘（胡柚）技术改造工程的实施意见	2006
58	常山县人民政府办公室关于成立常山县柑橘（胡柚）品质提升工程领导小组的通知	2006
59	县委办公室县政府办公室关于成立 2006 中国常山胡柚文化节组委会的通知	2006
60	常山县人民政府关于加快推进胡柚（柑橘）产业转型提升的若干意见	2009
61	关于进一步加强胡柚黄斑病、黑点病防治工作的通知	2009
62	关于实行促销券政策，进一步做好低保户胡柚（柑橘）促销工作的通知	2009
63	县委办公室县政府办公室关于召开全县胡柚（柑橘）产业转型提升现场动员大会的通知	2009
64	关于公布第二届浙江省十大名牌柑橘评选结果的通知	2009
65	关于下达 2010 年常山胡柚产业转型提升补助资金的通知	2010
66	关于要求批准实施《中国常山胡柚文化博览园总体规划》的报告	2011
67	常山县人民政府办公室关于印发《中国驰名商标常山胡柚地理标志证明商标使用管理办法（试行）》的通知	2012
68	常山县人民政府关于印发"常山三宝"振兴发展行动计划的通知	2014
69	常山县人民政府办公室关于印发《常山胡柚产业发展三年行动计划（2017—2019 年）》的通知	2017
70	关于下达 2019 年中央财政农业生产发展资金的通知（青石胡柚小镇获补助 1000 万元）	2019
71	《关于加快乡村振兴产业高质量发展的若干政策意见（试行）》的通知	2020
72	县委办公室县政府办公室关于印发《常山胡柚产业高质量发展三年（2020—2022 年）行动方案》的通知	2020

续表

序号	标题	年份
73	常山县"两柚一茶"产业高质量发展（2021—2025 年）行动方案	2021
74	县委办公室县政府办公室印发《关于推进"共富果园"建设工作的实施意见（试行）》的通知	2022
75	常山县人民政府办公室《关于下达 2022 年常山县"两柚一茶"产业"102030"工作任务计划清单》的通知	2022

第十二章

常山胡柚
发展大事记

一只果，一座城

第一节　新中国成立前常山胡柚发展大事记

南北朝
∨

北魏郦道元（466—527）撰《水经注》云："榖水又东，定阳溪水注之，水上承信安县之苏姥布。……径定阳县，夹岸缘溪，悉生支竹及芳枳、木连，杂以霜菊、金橙，白沙细石，状如凝雪。"定阳县今指常山县，金橙即为柑橘。

宋
∨

南宋时期淳熙六年（1179）著名诗人杨万里在《衢州近城果园》写道："未到衢州五里时，果林一望蔽江湄。黄柑绿橘深红柿，树树无风缒脱枝。"可见，当时衢常一带的柑橘就非常多，非常有名了。

元
∨

张可久（约1270—1348）所写散曲《红绣鞋·三衢山中》有"白酒黄柑山郡"句。

明
∨

詹莱（1522—？）常山人，明嘉靖二十六年（1547）进士。他在《咏柚》中写道："青女施严威，百腓惨无色。郁郁路旁柚，亭亭疏孤特。修干拂诚闉，低枝亚车轵。累累黄金实，可玩复可食。咄咄野麻茎，蔓延苦徽缠。思以谢剪伐，枯瘁焉可得。"

万历《常山县志》卷之三《土产·果类》记载有"橘""柚"条目。

王思仁（1574—1646）诗所写《常山道中》有"人家柚外烟，百里皆卢橘"句。

清

康熙《衢州府志》（清康熙五十年修清光绪八年重刊本）记载：抚州（明时惟西安县西航埠二十里栽之，今遍地皆栽）。

雍正《常山县志》卷之一《物产·果之属》记载有"橘""柚""橙"条目。

中华民国

民国二十二年（1933）11月版《中国实业志》载，常年衢县产橘7200担，产值144000元；常山产橘198担，产值792元；江山产橘50担，产值200元。

民国三十七年（1948），常山始用单管喷雾器，为柑橘治虫。

新中国成立至改革开放常山胡柚发展大事记

中华人民共和国

1954 年

年初，华东农科所、常山县政府农林科土产指导组、衢县政府农林科土产指导组通过调查，写出《衢州柑橘山地栽培技术调查初稿》。

3 月 31 日，浙江省农林厅发出通知，"决定在常山县农场二都桥苗地进行柑橘苗木繁殖与试验。以衢橘、雪里红、广橙、福橘、迟福橘、黄橙、七钱红 7 种砧木进行试验"。

1955 年

1 月 18 日，常山县政府发文《关于贯彻 1955 年柑橘生产方针及 1—3 月份柑橘生产主要措施的通知》。

1956 年

12 月 5 日，浙江省确定衢县、常山县内销橘收购价各品种上调 3%；季节差价 6%。是年，常山县 959.3 吨柑橘首次出口苏联。

12 月 14 日，常山县人民委员会发文关于《总结泉目山农业社柑橘丰产经验的报告》，提及泉目山农业社 217 亩柑橘平均亩产量 2610 斤。

1957 年

常山县"全国中药资源调查"报告显示，从 1957 年开始，青石等地将当地的枳壳列入中药材收购目录。

1958 年

12 月，衢县超美公社何家大队琚家生产队（今常山县何家乡琚家村）柑橘年产 650 多吨。是年底，该生产队党支部书记琚鸿兴赴京参加全国农业社会主义建设先进单位代表会议，荣获国务院颁发的"农业社会主义建设先进单位"奖状。

1960 年

6 月 26 日，中共衢县委员会批转商业局党组关于常山公社琚家生产队当前柑橘培育管理情况的报告，提及琚家生产队柑橘 369 亩，估产 120 万斤。

1961 年

1 月，常山县境内柑橘遭到严重冻害，大批橘树冻死，而胡柚受冻较轻，保持着应有的产量。原先不起眼的"野货"——胡柚频频出现在市场和家庭中，基于其抗冻性、耐贮性及贮藏后品质更好的特点，引起科研人员的注意。

1961 年，浙江农业大学园艺系、浙江农科院园艺所在《衢县、常山柑橘资源调查》（初稿）中指出在常山县底铺村有一株 60 多年的胡柚实生树。该调查还指出："胡柚抗性强，无大小年，种植 5—6 年即可结果，单株最高可达 800 多斤，耐贮藏运输，目前虽仅招贤公社底铺大队有 60 多株以作零星栽培，但当地群众评价很高，极宜日后发展之品种之一者，增进品质，有发展前途。"

1962 年

9 月 20 日，常山县供销合作社向浙江省供销合作社上报《关于柑橘调

查几个意见的报告》，指出当年产量全县预计 25000—27000 担，可收购 2
万担；外销价格由每担 8 元 9 角提高到 12 元。

1963 年

12月，浙江省柑橘研究所编撰《浙江果树资源——柑橘》，内载衢州
柑橘栽培历史，提及胡柚、红橙、抛柑、广橙、毛柑、黄橙、椪柑、黄金
边、衢橘（朱红）、早福橘、迟福橘、漆碟红等衢常橘区特有或主产的品种
性状。

1964 年

2月4日，常山县人民委员会《关于恢复与发展柑橘生产的七年规划意
见》指出，1949—1956 年，为柑橘管理最好阶段，1949 年产量 43200 担，
1953 年为 78300 担，1956 年为 10 万担。1949 年橘园面积为 4800 亩，1956
年扩大到 6731 亩。1957—1959 年为柑橘划时代大发展阶段，1958 年产量达
115000 担。1960—1962 年，受雪灾等影响，1961 年产量只有 2 万担，1963
年开始恢复生产。

3月23日至4月2日，常山县副县长周星三参加在北京召开的全国柑
橘专业会议。

1965 年

11月27日，常山县人民委员会发文《印发全县柑橘冬季培育现场会议
总结》。

1967 年

1月16日，衢州最低气温 –9.2℃，夏秋均旱，无雨 100 多天，常山港
断流，柑橘产量大减。

3月31日，《衢县常山县柑橘冻害调查报告》指出，衢常橘区以椪柑冻
害最重，胡柚较轻。

1972 年

常山县评出胡柚优良单株 3 株，通过柑橘资源调查，还发现不少优质、高产的优株。

1974 年

制定常山县（1974—1980）柑橘生产发展规划，计划 1974 年发展 3500 亩，产量 2.4 万担，到 1980 年面积达到 2.6 万亩，产量 11.5 万担。

1978 年

6 月，常山县被农林部农业局和全国供销合作总社土产果品局确定为全国柑橘商品生产基地。

8 月 31 日，常山县革命委员会行文浙江省革命委员会，要求建立柑橘基地县。

第三节 改革开放后常山胡柚发展大事记

1979 年

浙江省拨常山县柑橘扶持资金 28 万元，用于发展新橘园、改造低产园、建设母本园以及良种选育、水利配套等。

1980 年

常山县农业局特产股在进行柑橘选种时，开始把常山胡柚作为选种对象。

11 月，首次对各地选送的胡柚样品进行果实品质鉴定，从此开始了常山胡柚的良种选育工作。

1981 年

9 月 17 日，常山县林业局陆天图在对常山县发展柑橘生产意见中，提及要适当发展（胡柚）品种。

11 月 8 日，《浙江日报》报道溪口公社独有传统产品胡州（胡柚）丰收。

1982 年

常山县科委根据常山县农业局对胡柚品质鉴定的初步结果和有关科技人员的建议，向金华地区科委提交《要求解决胡柚试验经费的报告》，第一次对常山胡柚的科研工作进行了部署和初步规划。

12 月，常山县林业局《柑橘基本情况普查资料》记载：1982 年，常山县柑橘主要栽培品种为温州蜜柑、椪柑、巨橘、胡柚、广橙、本地早、福橘品种。其中胡柚 15438 株。

1983 年

金华地区科委下达了"常山胡柚资源的开发利用调查研究"课题，由常山县农业局承担、金华地区科技情报所参加（由该所范慰忠同志参加）。次年，常山县农业局确定由特产股缪天纲、贝增明、叶杏元三位同志负责该项目，并邀请南京植物研究所协作（由该所蔡建华同志参加）。此后，常山胡柚资源的开发利用正式列入常山县政府部门的工作计划之中。通过该课题的研究，摸清了常山县胡柚资源情况，测定和评价了胡柚的几个主要经济性状，初步选出了一批优良单株并提出了开发利用的意见。

11 月 5 日，常山县委办公室、常山县政府办公室下发《关于大力发展柑橘胡柚生产的几点意见》。

据常山县农业局调查，"胡柚以青石乡的澄潭底铺村栽培最早、最多，至今澄潭胡家村一株树龄已 75 年的胡柚，仍生长良好，能年年结果"。

1984 年

春季，第一个常山胡柚优株母本园在常山林场西峰分场山背岭林区建立。

秋季，常山县农业局选出实生胡柚优良单株四个。

1985 年

3 月 19 日至 20 日，国家科委顾问杨浚、副主任吴明瑜等来到常山，听取常山县政府领导关于常山胡柚开发等工作汇报，视察了常山县微生物厂的胡柚加工。

4 月 13 日，"常山胡柚资源的开发利用调查研究"课题完成。金华地区科委发出关于在杭州华家池浙江农业大学干训楼召开"常山胡柚品质评

议会"的通知，邀请浙江省政府办公厅、浙江省科委三处、浙江省农业厅、浙江省科技情报研究所、浙江农业大学、浙江省农业科学院、浙江省柑橘研究所、亚热带作物研究所、江苏省植物研究所的有关专家、学者对常山胡柚品质进行评议，对常山胡柚的开发利用前景进行评价。会议认为常山胡柚丰产性、生长势、抗寒性、贮藏性都较强，对调节柑橘品种结构和市场供应期具有重要意义。参加会议的我国园艺界前辈——浙江农业大学吴耕民、熊同和教授品尝了常山胡柚后赞不绝口。吴耕民教授还题名常山胡柚为"常山金柚"。

常山县第五次党代会提出把常山胡柚作为三大拳头产品之一，在"七五"期间建成3万亩优质胡柚基地的奋斗目标，吹响了胡柚开发的号角。上半年，常山县在大桥头乡村、青石镇大塘后村、同弓乡下东山村建立了常山县第一批嫁接胡柚商品基地。

6月2日，常山县科委、常山县农业局联合向常山县政府上报关于常山胡柚开发计划的报告，提出把胡柚资源优势变为商品优势，成为常山县拳头产品，明确开发任务，到1990年，发展胡柚商品基地8万亩，到1990年，胡柚总面积达到10万亩；全县胡柚总产量从1984年的25万公斤提高到75万公斤，到2000年总产量500万—750万公斤。

10月5日，常山县农业局向浙江省科委上报"常山胡柚杂交优势利用"课题计划，继续开展实生胡柚良种优株的选评工作。

12月，常山县良种苗木联营场建立。

1986年

1月15日至16日，浙江省晚熟柑橘鉴评会上，衢州5个椪柑、3个广橙及2个胡柚优株获奖。

1月23日至25日，在南昌召开的全国柑橘晚熟品种补评会（全国优质农产品展评会）上，胡柚被评为农牧渔业部"优质农产品"，授予奖杯和证书。

5月14日，常山县政府向浙江省政府提出关于开发常山胡柚的报告，"七五"期间建立商品基地3万亩。

6月12日，常山县委、县政府成立了常山县胡柚开发领导小组，由常山县委副书记叶树新同志担任组长，各有关部门领导为成员，领导、组织、协调和统一规划胡柚开发工作。

9月8日，常山县政府下发《关于做好胡柚苗木繁育工作的通知》。

9月16日，在时任浙江省省长沈祖伦的直接支持下，浙江省有关部门积极扶持常山县胡柚开发工作。浙江省农业厅、财政厅联合下发《关于"胡柚商品生产基地建设补助资金（50万元）"的通知》，为常山胡柚商品生产基地的建设提供了资金保证，对常山胡柚的开发起到了巨大的推动作用。

9月17日，常山县农业局将常山县良种苗木联营场更名为常山县胡柚良种繁育场。胡柚良种繁育场的建立，为全县胡柚开发起到了示范作用和提供了大量优质胡柚接穗及苗木。

10月，常山县科委向浙江省科委上报"常山胡柚良种选育和贮藏保鲜技术研究"课题计划。

11月，我国园艺界老前辈——浙江农业大学吴耕民教授为常山胡柚题诗曰："强健丰产摇钱树，善耐久贮黄金果，小雪采收三月沽，汁多味美夸奇果。"

1987 年

1月18日，常山县胡柚研究所成立（设立在常山县油茶研究所内）。

2月，浙江农业大学教授吴耕民在《中国柑桔》1987年第1期发表《金柚特性及其栽培技术要点》。

4月30日，浙江省计委批复同意建立常山县胡柚良种繁育场。

是年，由叶杏元、贝增明、缪天纲撰写的《常山胡柚资源的开发利用调查研究》获浙江省科学技术进步奖四等奖。

是年，浙江省科委将"常山胡柚良种选育和贮藏保鲜技术研究"课题

列入浙江省科研计划。该课题由常山县科委承担，常山县农业局、常山县油茶研究所参与。

1988 年

8 月 15 日，浙江省政府下达名优水果建设资金，给常山胡柚基地建设无偿补助 6 万元，有偿周转资金 14 万元。

1989 年

11 月，"常山胡柚"获得全国星火计划成果荣誉及适用技术展交会金奖。

12 月 25 日至 28 日，在南昌举行的 1989 年度全国优质水果评选会第三次会议上，常山胡柚第二次被评为农业部"优质农产品"。

1990 年

1 月 23 日，时任浙江省省长沈祖伦视察了常山县胡柚良种繁育场、常山县油茶研究所等胡柚开发基地。

4 月 1 日至 3 日，国家土特产司司长肖连亚率队到常山调研食用菌、胡柚生产，并表示要大力支持常山发展胡柚产业。

是年，浙江省政府为进一步支持常山胡柚的开发，又拨 100 万元胡柚发展资金，用于深入开展常山胡柚的科研和建设高标准商品基地。

是年，常山微生物厂开发成功胡柚砂囊、胡柚蜜饯、胡柚果汁饮料等加工产品，当年获利 10 万元。

12 月底，以股份合作制形式开发的湖东乡胡柚综合开发场建立，该场种植胡柚 1000 亩，被称为"千亩场"，至 1993 年完成建设。

1991 年

2 月 28 日，常山胡柚被农业部授予"绿色食品"证书。

2 月，常山具绿神食品制造总厂年产 14 吨胡柚粒粒汁易拉罐生产线投产。

4月，常山胡柚选育的82-4、88-1、82-3、86-2四个优良单株被省级认定。

4月16日，浙江省政府办公厅在杭州主持召开常山胡柚"七五"开发成果与"八五"发展规划研讨会。

10月22日，时任浙江省委副书记沈祖伦到常山视察胡柚基地。

是年，浙江省政府举行的胡柚新闻发布会称，"常山胡柚是我省、我国一个很有希望的品种，对调整浙江、长江流域品种结构都具有战略意义，省政府发展胡柚的决策是正确的"。

1992 年

1月19日，《常山胡柚》专题片在中国国际航空公司飞往世界各地的46条航线上连续播放两个月，常山胡柚被列为空中配餐。

6月18日，常山县政府成立"浙江省常山胡柚综合开发集团公司"。

9月28日，"浙江省常山胡柚综合开发集团公司"更名为"浙江金神胡柚集团公司"，是常山县第一家以胡柚销售、加工为主的农业龙头企业。

10月12日，常山县政府在北京举行常山胡柚新闻发布会。

是年，"常山胡柚良种选育和贮藏保鲜技术研究"项目获1991年度浙江省科学技术进步奖四等奖，受奖者：常山县科委、常山县农业局、常山县油茶研究所，以及贝增明、叶杏元、李襄乔、魏安靖、蒋柏宏等13人。

是年，"胡柚良种选育和基地建设"项目获1991年度浙江省星火奖三等奖，受奖单位：常山县农业局、常山县科委、常山县林业局。

是年，"胡柚良种选育和基地建设"项目获1991年度农业丰收奖四等奖，受奖单位：常山县农业局、常山县科委。

1993 年

1月4日至9日，时任常山县委书记陈艳华率常山县常务副县长等到北京考察胡柚市场，并与10多家商场建立了销售关系。

6月28日，刘晓庆饮皇食品有限公司在常山县成立。该公司系香港北星投资有限公司与常山微生物总厂共同创建，董事长刘晓庆，总经理徐序

坤，主打产品为御膳饮品——猴头燕窝、"晓庆"天然胡柚汁、猴头菇松。公司成立当天，在《钱江晚报》刊发整版广告。

6月至7月，时任浙江省委副书记葛洪升、时任浙江省省长万学远先后到常山视察常山胡柚开发工作。

是年，常山县农业局高级农艺师叶杏元因对常山胡柚做出的卓越贡献，被评为有突出贡献的中青年知识分子，享受国务院颁发的政府特殊津贴。

是年，常山县技术监督局、常山县农业局、常山县科委完成的11项常山胡柚系列地方标准规范通过鉴定，由技术监督局发布实施。

是年，常山胡柚总产量首次突破1万吨。

1994 年

4月初，常山微生物总厂生产的胡柚汁在中国星火计划技术和产品展示会上获金奖。

11月5日，由常山县林业局、常山县油茶研究所、常山县林场承担的林业部重点工程"常山胡柚丰产技术推广"通过鉴定。

12月9日，浙江覃尔康制药公司、常山县中医院以胡柚皮等为主要原料试制的"酒之侣"通过省级新产品鉴定。

1995 年

2月25日，"中国魂——为在革命老区和邓小平家乡捐建10所学校大型活动签名仪式"上的100多位革命老前辈和社会名人，对作为活动特供礼品的常山胡柚和柚王饮料予以赞赏，全国政协原副主席马文瑞高度评价，中华人民共和国驻美国首任大使柴泽民品尝后，称常山胡柚可与美国名果西柚媲美，并题词"常山胡柚，国之瑰宝"；全国政协原副主席马文瑞的题词是"柚王饮料，大有作为"；《中国魂》的主要执笔人，91岁"胡子将军"孙毅提笔写下："常山胡柚，老区人民的摇钱树。"

4月，常山县胡柚良种繁育场荣获1994年度"浙江省模范集体"称号。

9月12日，时任常山县委书记钱国女率队赴上海宣传常山胡柚等产品。

10月5日，常山县政府成立浙江常山胡柚集团公司，性质为全民事业单位，独立核算，自负盈亏。1998年改制为民营企业——浙江天子果业有限公司。

10月，常山县农业局选送的常山胡柚在第二届中国农业博览会上获得金奖。

11月，国家商标局受理"天子"常山胡柚普通商标和"常山胡柚"证明商标的申报。

是年，浙江农业大学和常山县科委、常山县农业局协作的"胡柚果实采后枯水机理与防枯技术研究"项目获1994年度浙江省科技进步奖优秀奖，受奖人：张上隆、陈昆松、贝增明、叶杏元等。

是年，"常山胡柚丰产技术推广"项目获浙江省林业厅科技进步奖一等奖、1997年获林业部科技进步奖三等奖，受奖者：占庄国、吴益清、戚英鹤、程有龙、徐木水、张震海、陈国利。

1996年

7月16日，常山县被命名为"中国常山胡柚之乡"。

8月14日，常山胡柚系列标准（含五个子标准）由浙江省技术监督局在常山主持会议通过审定，于9月6日批准发布，11月26日开始实施。标准主要起草人：贝增明、叶杏元、徐闽红、姜良福、李茂松等。

10月，青石镇澄潭村"胡柚祖宗树"入选林业部组织编写的《中国树木奇观》一书。

11月8日至10日，常山县举办1996年胡柚飘香经贸活动暨第十一届"三山"艺术节。

12月14日，浙江电视台播出由衢州电视台和常山县委、县政府联合摄制的《欢乐时光——衢州篇》。该节目由胡柚飘香趣味竞技和名胜介绍两部分内容组成。

是年，常山县农业局从韩国引进了常山县第一台柑橘机械自动选果设备。

1997 年

3月，常山县政府召开胡柚生产专题座谈会，研究在常山胡柚发展达到一定规模后，如何进一步提高常山胡柚的品质和单产。常山县科委、常山县农业局、常山县林业局、常山县胡柚研究所等部门、单位领导及科技人员参加会议。会议提出了推广常山胡柚优良株系和规范化栽培技术是提高常山胡柚的品质和单产的基础和根本保证。

5月，常山县政府授权常山县农业局特产站申报和使用管理"常山胡柚"证明商标。

10月20日，常山县政府向浙江省农业厅、浙江省技术监督局申报常山胡柚标准化示范园区建设项目。

11月6日，常山县政府成立常山胡柚标准化示范园区项目领导小组，由副县长杨智任组长。

是年，常山胡柚荣获第三届中国农业博览会全国"优质名牌"产品奖。

是年，常山胡柚标准化示范园区建设项目列入浙江省星火计划，2000年列入国家星火计划。

1998 年

1月12日，中央电视台3个频道连续5个月滚动播出常山胡柚的扶贫广告。

1月，常山县农业局、常山县技术监督局、常山县科委提出常山胡柚标准化示范园区建设项目可行性研究报告并组织实施。

4月30日，常山县政府办公室成立常山胡柚优质工程建设领导小组，由副县长祝晓农任组长。

8月24日，衢州市政府下文确认常山胡柚集团公司为市级50家农业龙头企业之一。表彰常山胡柚集团公司为市级15家先进农业龙头企业之一。

10 月，常山县委下文《关于举办 98 常山胡柚节的通知》。

10 月 28 日，浙江省首只证明商标——"常山胡柚"经国家商标局核准注册。

11 月 7 日至 8 日，常山县委、县政府举办 1998 年常山胡柚节。

11 月 10 日，常山县政府表彰 1998 年度常山胡柚优质基地和优质果，常山县林业局胡柚示范场和浙江省常新胡柚基地获得优质基地金奖；常山县胡柚良种繁育场、常山县林场十五里胡柚基地和五里乡象湖村郑序宏获得优质果金奖。

11 月，"天子"常山胡柚获得浙江省优质农产品金奖。

1999 年

3 月 10 日，常山县委办公室、常山县政府办公室下发关于开展胡柚柑橘"三疏二改"技术推广活动的通知，组织 500 多名机关干部和农技人员进村入户开展柑橘胡柚"三疏二改"工作。

5 月 14 日，常山县政府下发关于"常山胡柚"证明商标的实施意见。

10 月 11 日，常山县政府成立"常山胡柚"证明商标监督委员会。

11 月，常山县政协文史委员会编辑《让常山胡柚走向世界》，时任常山县委书记雷长林题写书名。

11 月 6 日至 7 日，常山县举办 1999 年常山胡柚节。时任浙江省委副书记周国富、浙江省委原书记薛驹、时任浙江省副省长章猛进、时任浙江省政协副主席汪希萱，以及中国果品协会会长刘洪禄、中国农业科学院柑橘研究所所长沈兆敏应邀出席。

11 月 10 日，常山县政府表彰 1999 年常山胡柚优质基地和优质果，常山县林业局胡柚示范场、白石镇十八里胡柚基地获得胡柚基地金奖；东案乡里村曾连福、五里乡山底村程金水、阁底乡塘边村季小旺、狮子口乡丁家坞村聂小土、常山县林场枧头胡柚基地获得胡柚优质果金奖。

12 月，常山胡柚标准化示范园区建设项目通过省级验收。

12 月 28 日，常山县政府办公室下文关于切实做好柑橘冻后护理工作的通知。

1999—2000 年冬季，常山县遭遇长期干旱、低温的天气，柑橘、胡柚严重受冻，致使椪柑减产 80%、胡柚减产 60%。

2000 年

2000 年，常山县制作了时长 15 分钟的《常山胡柚》外宣专题片。

2 月 21 日，常山县政府发出《关于做好 2000 年柑橘胡柚"三疏二改"技术推广工作的通知》，要求各地结合柑橘胡柚的冻后护理工作，继续加大"三疏二改"技术的推广力度，恢复柑橘胡柚生产。

2 月 28 日，来自常山县各有关乡镇的 17 位柑橘、胡柚贩销大户和常山县农办、农业局等有关部门的领导在常山县行政大楼 11 楼会议室，就加快常山县柑橘、胡柚促销的问题进行座谈。常山县委副书记余鹤梁、常山县副县长祝晓农等参加了座谈会。

3 月 21 日，常山县第十二届人民代表大会第三次会议召开，县长俞顺虎在《政府工作报告》中提出，要狠抓传统农产品品质的提高，结合柑橘、胡柚冻害后的培育管理，深入开展柑橘、胡柚"三疏二改"工作，加大"常山胡柚"的宣传促销力度，加强胡柚品牌和质量的管理，依靠过硬的质量抢占市场。

4 月 12 日，由浙江省政协农业农村委员会办公室主任胡亚萍带队的浙江省政协委员、浙大园艺系教授陈力耕、浙江省农业厅水果科科长黄贤国、衢州市农业局研究员黄国善等在常山县白龙宾馆多功能厅举行冻害橘园管理专题报告会。专家们给出了相关技术解决方案，还就许多柑橘大户提出的问题进行了解答。常山县领导余鹤梁、祝晓农、胡杨柳等参加了报告会。常山县各乡镇副乡（镇）长、柑橘辅导员、柑橘大户等近 300 人认真听取了专家的报告。11 日，浙江省政协委员、柑橘专家们在常山县政协主席李炳华的陪同下，先后考察了受冻害较为严重的招贤、芳村、二都桥等乡镇的橘园。

柑橘"三疏二改"全面推进，截至4月底，全县共疏树32000多株，折合面积3000多亩，回缩更新与大枝修剪8700亩，春季施肥面积占60%以上，建立了18个柑橘、胡柚疏树示范基地，农技部门召开了46次"三疏二改"现场会，培训橘农4300多人次，印发《柑橘胡柚冻后管理及橘园疏改技术》2万份。

7月18日，常山县政府和中国农业科学院柑橘研究所就双方在推进常山胡柚等柑橘产业化建设中开展广泛的技术协作举行签字仪式，常山县领导黄锦朝、俞顺虎、朱长清和中国农业科学院柑橘研究所所长沈兆敏、副研究员王华等出席签字仪式。

7月25日，衢州市政府通报表彰1999年度先进农业龙头企业，浙江天子果业有限公司名列其中。

8月，常山县香溢实业有限公司与五里乡山底村、阁底乡山头村分别签订了750亩和800亩胡柚的供销合同，这是常山县企业迈出"公司+基地+农户"经营模式的第一步。

8月21日，球川镇红旗岗胡柚种植大户林秉富100余亩胡柚率先实施套袋技术。此前，常山县农业局从慈溪引进的胡柚套袋技术开始在全县陆续推广，解决了果实光洁度的问题。

9月，常山县委下文《关于举办2000常山胡柚购销洽谈会暨组织参加衢州"中国特产之乡农产品交易会"的通知》。

9月，"常山胡柚"证明商标正式实施。"常山胡柚"证明商标其实质是对胡柚产地和质量通过法律形式予以确认的标记，由常山县农业局特产站注册，享有商标专用权。自9月22日起，《"常山胡柚"证明商标使用管理规则》（共分七章、二十五条）通过《常山报》分期刊发宣传。

9月20日，常山县举办首期商标品牌知识讲座，副县长王佳伟主持，浙江省工商行政管理局商标处、商标事务管理所的领导和专家作专题讲座。

9月29日，常山县召开农业产业化工作会议，县委书记黄锦朝讲话，县长俞顺虎作工作报告，县委副书记余鹤梁主持会议。会上，狮子口乡等五个单位和个人介绍了实施农业产业化经营的典型经验。会议还表彰了在产业化经营中涌现出的40个种养加销经营大户，并对11个省级、市级、县级龙头企业进行授牌。

10月29日，在隆重举办2000年中国常山胡柚购销洽谈会之际，全国政协常委沈祖伦来常山县考察，衢州市委副书记阎寿根，副市长雷长林，市委副秘书长、市委办公室主任朱建华，县委书记黄锦朝，县长俞顺虎等陪同考察。同日上午，中国常山胡柚购销洽谈会在白龙宾馆举行，中国果品流通协会会长刘洪禄、常务副会长许淦玉等，以及常山县县领导俞顺虎、余鹤梁、程瑞龙、李炳华、杨智等出席开幕式。开幕式由常山县委副书记余鹤梁主持，常山县县长俞顺虎致辞。同日，常山县还举行了2000年中国常山胡柚购销洽谈会新闻发布会，来自常山县内外的10多名记者和100多名外地客商参加。

1999年至2000年，常山县委、县政府先后出台《关于大力扶持发展农业龙头企业若干政策》《关于常山县二○○○年度发展效益农业扶持政策》《关于县级农业龙头企业认定标准及管理办法》等政策，加快农业产业化经营步伐，促进农业结构战略性调整，确保常山县农业和农村经济快速发展。11月24日，《常山报》全文刊发上述文件，公开宣传县里的扶持政策。

12月，新昌乡新丰村在全县率先实施橘园套养土鸡。该村从龙游购进了一批土鸡苗，先是几个村干部带头养，然后全村群众跟上，前后购鸡苗1万余只放养在橘园。

12月25日，常山县委书记黄锦朝、副县长祝晓农到青石镇湖山村调研农业产业结构调整情况，并前往胡柚基地、白梨基地实地考察，强调要发挥农业龙头企业的带动作用，打响农产品品牌，走"一乡一名品""一村一优品"之路。

2001 年

3月6日，浙江省工商行政管理局根据《浙江省商标认定和保护条例》的规定，认定浙江天子股份有限公司注册并使用在胡柚商品上的"天子"商标为浙江省名牌商标，实现了常山县在浙江省"名牌商标""零"的突破。

同日，在常山县第十二届人民代表大会第四次会议上，县长俞顺虎作题为《关于常山县国民经济和社会发展第十个五年计划纲要的报告》。报告提出要紧紧抓住常山县胡柚和食用菌两大"拳头"产业不放松，使之进一步做大做强。要在继续扩大胡柚种植面积的同时，实施胡柚优质化工程，抓好标准胡柚示范园区建设，改造一批低质胡柚园，做好胡柚的提纯复壮，不断提高胡柚的内在品质。

3月26日，浙江省政府办公厅公布浙江天子果业有限公司为省级骨干农业龙头企业。9月，"天子"牌鲜果及系列加工品被列为浙江农业名牌产品。

4月22日，浙江省委原书记铁瑛来常山视察，衢州市委副书记阎寿根、常山县委书记黄锦朝、县长俞顺虎陪同视察。在视察浙江天子果业有限公司时，铁瑛一边饶有兴致地品尝胡柚，一边说："很甜，味道很好，若春节的时候吃那是最好了。省里很支持常山县发展胡柚，你们一定要抓住机遇，把常山胡柚做大做强，提高品质，推向世界。常山胡柚很有前途，完全可以与美国西柚媲美。"临近中午，铁瑛仍显得很高兴，应邀欣然为县委、县政府题词"开拓进取，造福人民"以示勉励，还题写了"常山胡柚，水果之王"，对常山胡柚给予了高度赞赏。

4月24日，由浙江省人大常委会委员、农业环资委副主任委员徐培金等组成的农业调研组在衢州市人大常委会副主任傅章经的陪同下来常山县调研农业结构调整情况，视察了浙江天子果业有限公司等农业龙头企业以及钳口乡土地流转服务中心和同弓乡胡柚、芋艿基地。常山县委常委、副县长祝晓农，县人大常委会副主任涂章土陪同调研。

4月27日，浙江省政协主席刘枫在常山县考察调研，先后到青石花石市场、钳口乡土地流转服务中心、浙江天子果业有限公司等地进行考察。他强调，要适度扩大胡柚种植面积，建设一批标准化胡柚基地，培育一批农业龙头企业，提高农业资源的综合开发利用率。衢州市委副书记阎寿根、市政协主席童效武、市政协副主席姚庆云及常山县委书记黄锦朝、县长俞顺虎、县政协主席李炳华等陪同考察调研。

6月，常山县政府启动实施常山胡柚"152"优质工程，即每年建设1万亩胡柚标准化基地，改良5000亩低产低质果园，建设200亩胡柚精品园。同时，常山县政府决定，从该年开始，利用10年时间，实施新一轮的胡柚良种选育工作，对胡柚不断进行提纯复壮，以提高常山县胡柚的内在品质。

6月12日，浙江省农业厅副厅长赵利民一行在常山县委书记黄锦朝的陪同下，先后来到浙江天子果业有限公司、常山县天宝胡柚有限公司、常山县阿冬食品厂等龙头企业，详细了解各企业生产经营情况，并与企业主们进行座谈。

8月16日，常山县天宝胡柚有限公司新厂房开工奠基典礼在常山县新都工业园区隆重举行。常山县领导祝晓农、朱祥仁、王存林、胡杨柳参加了奠基仪式。

8月，国家林业局命名常山县为"中国名特优经济林之乡"，授予"中国油茶之乡""中国胡柚之乡"称号。

9月，常山县科委高级农艺师贝增明荣获衢州市农业科技突出贡献奖，常山县农业局高级农艺师叶杏元荣获衢州市农业科技先进工作者荣誉称号。

10月26日，2001年中国常山胡柚节开幕式暨常山县农副产品批发市场开业典礼隆重举行。全国政协常委沈祖伦，中国果品流通协会副会长陈光辉，浙江省农业厅副厅长肖东荪，浙江省供销社副主任周加洪，衢州市及常山县领导傅章经、雷长林、黄锦朝、俞顺虎、余鹤梁、周柳军等出席开幕式。常山县委书记黄锦朝致开幕词，县长俞顺虎主持开幕式。该届胡柚节共签订购销协议 131 份，其中胡柚购销量达 6.542 万吨；协议引进农业招商项目 26 个。

11 月，常山县东案乡胡柚基地、湖东乡之江源生态农业千亩胡柚实验场胡柚基地获得浙江省首批"无公害农产品"称号，并经浙江名牌产品认定委员会认定。同月，"天子"牌常山胡柚鲜果、砂囊被认定为 2001 年中国国际农业博览会名牌产品。

11 月 3 日，浙江省委副书记李金明一行在衢州市及常山县领导茅临生、黄会荣、黄锦朝、俞顺虎、徐延山等陪同下，到浙江天子果业有限公司调研，深入鲜果生产线、冷藏库、自动化包装等车间考察，并与企业负责人开展座谈交流。同日，浙江省政协副主席陈文韶、衢州市政协副主席毛洪才等也到浙江天子果业有限公司考察调研。

11 月 23 日，由浙江省农业厅经作局、常山县农业局、浙江大学生命科学学院负责起草的《中华人民共和国农业行业标准——常山胡柚》，在杭州通过农业部专家的评审。该项标准是在常山胡柚省级地方标准基础上，为加入WTO后适应国际市场要求而制定的一项农业行业标准。该标准的制定，成为常山胡柚进入国内及国际市场新的最高准则。

12 月 18 日，浙江省人大常委会组织在宁波、绍兴两市的 10 名全国人大代表来常山县视察经济和社会发展情况，赴七里畈胡柚示范园区、浙江天子果业有限公司等地进行视察。浙江省人大常委会副主任孔祥有，衢州市、常山县领导黄锡南、袁国序、廖卷清、周柳军、祝晓农、张增才、计宗炫等陪同视察。

12 月 24 日，常山县胡柚产销协会成立。大会通过了《常山县胡柚产销协会章程》，选举产生了第一届协会会长、副会长、秘书长和理事。常山县委副书记周柳军被聘为名誉会长，县委常委、副县长祝晓农被选为会长，黄法云、徐光裕等 5 人被选为副会长。

2002 年

1月10日至11日，时任浙江省副省长巴音朝鲁率浙江省工商、供销等部门负责人一行来常山县调研个私经济发展及供销社改革情况，先后到青石农产品专业合作社、常山县农副产品批发市场、常山县天宝胡柚有限公司等地调研。衢州市、常山县领导雷长林、张波、黄锦朝、俞顺虎、杨智等陪同调研。

2月，"常山胡柚标准化示范园区建设"项目通过国家级验收。中旬，东案乡柑橘产销协会组织郑耀良、曾连福、王伟芳等12人组成了一支柑橘"三疏二改"义务服务队。

3月18日，《常山报》全文刊发《常山胡柚无公害栽培技术》，内容包括病虫草害防治、施肥、花果调控、鲜果贮藏保鲜等。

5月28日，常山县天宝胡柚有限公司新厂房竣工暨乔迁庆典举行，来自中国果品流通协会、北京果品公司等单位的领导和客商100多人参加了庆典。公司迁入常山县新都工业园区后，兴建了鲜果加工生产线、罐头生产线、饮料生产线及科研大楼，年产值达4000多万元。

6月，常山胡柚申报原产地域产品保护工作开始启动，常山胡柚原产地域产品保护申报委员会成立，副县长祝晓农任委员会主任。

6月14日，常山县政府发文划定常山胡柚申报原产地为常山县所辖行政区域。

7月9日，常山县农业局召开胡柚套袋技术现场会。常山县委、县政府针对加入WTO后，农产品面临的国际绿色壁垒的冲击，加大胡柚套袋技术的推广力度，并把它作为实施胡柚精品工程战略的一项重要措施来抓，当年全县胡柚套袋数量达1000万袋。

7月，常山胡柚四个优株通过浙江省林木良种审定委员会审定。

8月2日，常山县柑橘专家贝增明会同阁底乡柑橘辅导员专门赶赴湖头村徐舍辉的柚园，现场诊断胡柚"日灼病"病因，提出了用石灰水喷施的防治措施。

8月13日，常山县委书记黄锦朝、浙江天子果业有限公司董事长徐荣新，应中央电视台《金土地》栏目邀请，就胡柚产业化发展问题，与农业部农村研究中心副主任关玉杰一起接受访谈。8月16日12时50分，该节目在中央电视台二套首播，8月19日8时50分重播；8月23日20时50分中央电视台七套转播，8月24日20时50分常山电视台录播。

8月21日，时任浙江省委书记张德江，时任省委常委、秘书长张曦率浙江省有关部门负责人深入常山县农村考察调研山区群众易地脱贫工作，并前往伏江生态精品胡柚园调研指导。衢州市领导蔡奇、厉志海、章文彪、雷长林，常山县领导黄锦朝、俞顺虎、祝晓农等陪同调研。

9月17日，国家质量监督检验检疫总局受理了常山胡柚原产地域产品保护申请，经审查合格，并就划分原产地域范围予以公告和征求异议。

9月23日，江西省上饶市人大常委会副主任、玉山县委书记程爱平，玉山县代县长夏有民率玉山县党政代表团一行110人来常山县考察，并前往浙江天子果业有限公司调研。常山县领导黄锦朝、余鹤梁、程瑞龙、李炳华、吴宝骏陪同考察。

10月初，"天子"牌水果基地被认定为省级无公害农产品基地。

10月中旬，浙江省质量技术监督局对常山县胡柚产销协会申报的常山胡柚进行审核，准许使用无公害农产品标志。常山胡柚成为衢州市最先申报并获准使用无公害标志的农产品。

10月下旬，常山胡柚被浙江省有关部门列入浙江省柑橘优化改造项目，并被列入浙江省100个优质高效农业示范基地，这对进一步提高常山县胡柚品质，做强做优做大胡柚产业具有重大意义。

10月22日，浙江省柑橘优化改造现场会在常山县召开，浙江省农业厅厅长赵宗英讲话，常山县委书记黄锦朝致辞，县委常委、副县长祝晓农等参加会议。来自浙江省11个市、40多个县（市、区）的水果生产主管部门，以及科研、教学、加工、流通企业等单位代表近200人参加现场会，并参观了太公山生态胡柚示范场和浙江天子果业有限公司。

根据衢州市政府办公室《关于开通柑橘运输"绿色通道"的通知》精神，从 2002 年 10 月 16 日起至 2003 年 4 月 25 日止，开通柑橘（包括柚类、橙类）"绿色通道"。专运衢州市柑橘的车辆（不包括空车）经衢州市公路收费站（除高速公路收费站外）时，凭货运货单、植物检疫证书可免收公路通行费，以确保柑橘运销车辆通行无阻。

11 月 28 日，常山胡柚应对 WTO 战略研讨会在北京人民大会堂浙江厅举行。举行全国人大常委会副委员长布赫和来自农业部、国家出入境检验检疫局、中国农产品市场协会的专家、学者相聚一堂，为常山胡柚拓展国内市场、打开国际市场献计献策。常山县领导黄锦朝、李炳华、祝晓农、朱祥仁出席研讨会。

12 月 1 日至 4 日，2002 年浙江省农业博览会在义乌市召开。"天子"牌胡柚鲜果和胡柚砂囊果汁荣获金奖产品，"阿冬"牌柚脯系列荣获银奖产品。

12 月 31 日，浙江天子果业有限公司被农业部等九部委确认为第二批农业产业化国家重点龙头企业。

截至 2002 年底，常山县已注册、正在申请注册的胡柚商标超过 40 件，其中以"天"字系列注册的有天子、天宝、天绿、天丰等，以地名、姓名、山名注册的有阁底、大胡山、小湖山、兰家山、天锦山、阿冬等。

2003 年

1 月 7 日，常山县政府办公室发出《关于抓好当前柑橘促销工作的紧急通知》，加快柑橘销售速度，防止出现"卖橘难""烂橘""倒橘"现象。同日上午，《常山胡柚标准化栽培技术》科教片发行仪式举行。该片对胡柚从定植栽培、整形修剪、肥水管理和病虫害防治，到采收、选果保鲜的整个过程作了具体的介绍，由常山县科技局牵头，常山县科协、广电等部门参加，历时一年多拍摄制作完成，此次共发行 400 余本，全部免费赠予各乡镇。

1月10日，常山县政府召集柑橘、胡柚贩销大户，重点基地，龙头企业代表和有关部门负责人进行座谈，商讨如何应对当前严峻的柑橘、胡柚销售形势。副县长王文达就如何促进柑橘、胡柚销售工作讲话。

1月18日，历时半年多的"常山胡柚"申报原产地保护在国家质量监督检验检疫总局召开的专家审查会上获得了一致通过，成为浙江省继绍兴黄酒、龙井茶、杭白菊、金华火腿、庆元香菇之后第六个受国家原产地域产品保护的地方特色产品，这也是衢州市唯一获此殊荣的农产品。

1月中旬，由浙江大学和常山县农业局、科技局共同承担的"胡柚良种选育及产业化研究"项目通过了省级鉴定。

1月下旬，国家质量监督检验检疫总局发出公告，正式批准常山胡柚从2月14日起实施原产地域产品保护，常山胡柚成为衢州市首只获准原产地域产品保护的农产品。常山胡柚继2002年获准使用无公害农产品专用标志后，再添原产地域产品专用标志。

3月，东案乡里村村民曾连福领头创办了常山县首支胡柚科技服务队。时任浙江省副省长章猛进批示肯定，认为这是农技推广体系的亮点和创新点。同年，中央电视台等媒体广泛报道了被称为"技术保姆"的常山县胡柚科技服务队。

6月，《原产地域产品——常山胡柚》国家标准通过审定。

9月24日，常山胡柚原产地域产品经国家质量监督检验检疫总局注册登记。

11月3日，常山胡柚专业合作社联合社成立，时任浙江省供销社主任俞仲达出席。

11月4日，在浙江省人民大会堂国际厅，由国家质量监督检验检疫总局和浙江省政府联合主办，常山胡柚实施原产地域产品保护新闻发布会隆重举行。时任浙江省委常委、常务副省长章猛进，国家质量监督检验检疫总局党组副书记、副局长王秦平，浙江省原省长、全国政协常委沈祖伦，浙江省质监局局长戴备军，衢州市市长厉志海，副市长雷长林，常山县领导黄锦朝、周柳军、徐常青、张增才、余鹤梁、刘石平、田俊、王文达等出席新闻发布会，国家质量监督检验检疫总局法规司司长刘兆彬主持。章猛进、王秦平向常山胡柚原产地域产品保护管理委员会授牌。会上，国家质量监督检验检疫总局有关人员宣读了国家质量监督检验检疫总局2003年第12号公告。公告说，根据国家《原产地域产品保护规定》，自2003年2月14日起对常山胡柚实施原产地域产品保护。被批准的原产地域产品名称为：常山胡柚。原产地域保护范围为：浙江省常山县现辖行政区域。

11月27日，浙江省政协主席李金明、常务副主席龙安定率在浙江省的全国政协委员视察团一行30余人来常山县视察生态环境工作，并赴同弓乡太公山生态胡柚基地考察调研。衢州市政协主席童效武、副市长张波，常山县委副书记、县长周柳军，常山县政协主席余鹤梁、副主席胡杨柳陪同。

2004年

年初，被列入浙江省种子种苗工程项目的常山胡柚"二次选育"种质资源圃在同弓乡太公山建成；浙江省果品质量检验中心建设项目正式动工。

截至8月，常山县共组建胡柚科技服务队25支，队员266人，举办业务培训3期，托管农户3560户，服务面积19107亩。

8月，由常山县农业局承担的胡柚"增糖降酸"技术研究项目进入实施阶段。该项目通过对改良胡柚生产基础、调控平衡优质胡柚养分元素供给等技术的研究，提升胡柚内在品质，增强市场竞争力。

9月15日，时任浙江省副省长茅临生一行来常山县调研农业农村工作，赴浙江天子果业有限公司等地考察调研。衢州市领导雷长林、姚庆云，常山县领导黄锦朝、周柳军、徐常青、林红汉、王文达陪同。

根据浙江省政府办公厅发出的通知，自2004年10月25日起至2005年4月30日止，在浙江省范围内开通柑橘运输"绿色通道"，对专运本省柑橘的车辆（不包括空车），凭货运运单及植物检疫证书，可在除高速公路外的收费公路、桥梁、隧道免费通行。

10月25日，中国柑橘学会、华中农业大学、浙江大学、浙江省农业厅、浙江省农业科学院、浙江省贸易促进会等单位，以及邓秀新等专家学者一起为常山胡柚命名，确定其植物学名为：Citrus Paradisi cv. changshanhuyou；出口商品名（英文）：Changshanhuyou Tangelo。

11月4日，时任浙江省委副书记、政法委书记夏宝龙一行来常山考察调研深入推进平安创建、构建和谐社会工作，赴浙江天子果业有限公司调研指导。衢州市领导厉志海、孙建国、贾育林、徐宇宁、郑金平，常山县领导黄锦朝、徐焕凤、吴宝骏、张增才、毛勇、唐生湖等陪同。

11月11日，时任浙江省委副书记乔传秀一行冒雨来常山县进园区、下农村、到工厂，调研考察生态农业、园区建设和城市规划等工作。当来到太公山胡柚基地，看到满山遍野金黄色的胡柚时，乔传秀对常山县胡柚产业发展表示高度赞赏。衢州市领导厉志海、孙建国、章文彪、徐宇宁，常山县领导徐焕凤、章金凤、吴宝骏、赵建新等陪同。

11月16日，常山县在甘肃省兰州市举办了浙江常山胡柚推介会。常山县委书记、县人大常委会主任黄锦朝致辞，县委副书记徐常青介绍了常山县概况及常山胡柚产业化发展情况。浙江天子果业有限公司等5家企业与兰州张苏滩等水果市场签订了2.1万吨销售协议。来自甘肃省和兰州市的有关部门领导及兰州市各大水果市场老板、新闻界代表共100多人参加了推介会。

11月13日，常山胡柚专业合作联合社有限公司被国家科技部授予"国家星火计划农村专业技术示范协会"。

12月1日，在浙江省农业博览会中，常山县优质农产品常山胡柚荣获金奖。

12月2日，由常山县委、县政府主办的常山胡柚（哈尔滨）推介会在黑龙江省哈尔滨市举行，常山县胡柚经销企业与东北5家果品市场现场签单2.08万吨。县领导徐焕凤、王文达参加。

12月24日，常山县委书记黄锦朝、副县长王文达调研胡柚营销工作，

走访了阁底、青石等乡镇的贩销大户、胡柚专业合作社，并与有关部门、乡镇负责人座谈，共商促进柑橘胡柚丰产丰收大计。

12月29日，"天子"牌常山胡柚获得第一届"浙江省十大名橘"荣誉。

12月30日，常山县胡柚产销协会第二届换届选举，产生会长徐荣新，副会长张虎山、商小平、曾连福、赵五毛，樊利卿，秘书长杨兴良。

2005 年

1月，常山胡柚产销协会各会员以联合签名的形式通过了关于实施常山胡柚最低收购价的决议，规定从2004年12月31日起，协会成员以胡柚特级果1元／千克、一级果0.9元／千克的最低收购价收购橘农手中的胡柚。

2月，常山县政府下发关于建立"三联三增"产销协作机制加快胡柚优化改造的通知。常山县委、县政府决定在2005—2007年，共引导50家以上经销企业与农户建立"三联三增"胡柚生产基地3万亩以上。

4月，胡柚"三联三增"产销协作机制在常山县全面推开，该机制旨在深化"152"优质工程建设，促进胡柚产业可持续发展。各乡镇纷纷行动，落实措施，掀起了"三疏二改"的热潮。

10月，常山县政府下发关于打响常山胡柚品牌规范市场经营秩序的实施意见。鼓励胡柚龙头企业、专业合作社统一使用"常山胡柚"证明商标，粘贴或标注常山胡柚原产地域产品保护标志，标注企业名称与企业商标。其包装主要标识统一如下："常山胡柚"证明商标＋企业注册商标＋常山胡柚原产地域产品保护专用标志（简称"一标志、双商标"）。

11月2日至3日，浙江省农村发展研究中心理事长许行贯一行，就"工业反哺农业、城市带动农村"等方面内容来常山县进行专题调研，并赴天子果业有限公司考察。浙江省人大财经委副主任委员黄锡南、衢州市老领导谢高华，常山县领导徐焕凤、张增才、王文达陪同。

11月8日，浙江省果品质量检验中心（常山）授牌仪式在常山县食用菌科技园区举行，作为衢州市唯一的省级农产品质量检验机构正式对外提供检测服务，为常山胡柚等农业支柱产业的无公害农产品融入"长三角"以及打入国际市场提供质量"通行证"。浙江省质监局副局长杨烨、常山县县长徐焕凤为"中心"揭牌，常山县领导徐常青、王文达等出席授牌仪式。

11月17日，浙江省委原书记李泽民一行来常山县考察。在同弓胡柚基地，李泽民还与衢州市、常山县领导兴致勃勃地观赏丰收胜景，体察劳动欢情，采摘枝头。衢州市领导居亚平，常山县领导金运成、徐焕凤、余鹤梁、章金凤、徐常青、张增才等陪同。

11月19日，生态衢州（上海）推介会开幕式在上海隆重举行。开幕式后，时任上海市副市长胡延照、浙江省副省长茅临生，衢州市委书记厉志海、市长孙建国，在常山县领导金运成、徐焕凤的陪同下，参观常山县农产品和旅游产品展销区，点赞常山胡柚。下午，常山旅游和农产品进社区活动在上海黄浦区百联世茂国际广场举行。衢州市委书记厉志海向在场的上海市民和游客介绍并赠送了常山胡柚，上海市黄浦区委常委、副区长蔡志荣和衢州市人大常委会主任黄会荣等出席了开幕式，常山县领导金运成、徐焕凤、徐常青、王文达、鲍秀英参加宣传推介活动。

12月中旬，浙江天子果业有限公司生产的"天子"牌胡柚通过中国绿色食品发展中心审核，许可使用"绿色食品"标志。

12月，"之江源"牌胡柚获得"有机食品"认证，为浙江省首个获得有机食品认证的柑橘类产品。

2006 年

1月1日，由常山胡柚产销协会、五福黄金珠宝行主办的首届最甜常山胡柚挑战赛总决赛圆满结束，大宝山柑橘专业合作社因实施无公害标准化生产，其胡柚品质经现场检测、专家评审，荣获第一名。

8月，常山县委、县政府下发《关于成立2006中国常山胡柚文化节组委会的通知》。同月，"常山胡柚"证明商标荣获"浙江省十大地理标志区域品牌"。同月18日，常山县"谷丰杯"首届"柚都仙子"决赛隆重举行。

经过 4 轮角逐，10 号选手张珊成为首届"柚都仙子"金奖获得者，张燕、徐燕玲获得银奖，金璐、胡海玲、汪丽丽获得铜奖。

9 月 7 日，时任浙江省副省长茅临生到常山调研天子胡柚基地。

9 月 8 日，首批浙江省 15 位著名书画家来常山采风。"相约常山，书画家走进新农村采风活动"是常山胡柚文化节的重要内容之一，他们的作品收录在《百名书画家画常山》中，并在胡柚文化节上展出。

9 月 22 日，招贤信用社给胡柚贩销户授信，138 位农民成为常山县首批正式获得农村信用社授信的对象，授信总额 640 万元。

11 月 11 日，2006 年中国常山胡柚文化节开幕。原浙江省省长沈祖伦宣布开幕，时任浙江省副省长茅临生、衢州市委副书记居亚平讲话，常山县委书记、县人大常委会主任金运成致辞，县委副书记、县长徐焕凤主持。衢州市领导尚清、雷长林，浙江省农业厅厅长程渭山、浙江省林业厅厅长陈铁雄等省市有关部门领导等出席了开幕式。文化节内容涵盖了开幕式、大型歌舞晚会、百名书画名家采风、农产品展示展销、常山美食节、常山胡柚产业发展论坛、招商项目推介会、融资项目推介会、"游国家地质公园、体验农家乐"等九项活动。

11 月 14 日，来自上海市 12 家新闻媒体"走进衢州"考察采访团的成员来到同弓乡大宝山胡柚基地体验采摘。衢州市委常委、宣传部部长徐宇宁，常山县委常委、宣传部部长鲍秀英参加活动。

11 月 23 日，常山县"大宝山"牌胡柚鲜果等 8 个农产品荣获 2006 年浙江农业博览会金奖。

2007 年

2 月 12 日，常山胡柚被中央电视台推选为春节优质农产品。

3 月 1 日，常山县启动实施国优名果常山胡柚——全国科技富民强县示范县。

4 月，国际连锁超市"沃尔玛"一次性与常山县自然食品有限公司签下

90万元的订单，这是自2006年6月胡柚茶系列产品进入"沃尔玛"超市以来，该公司接到最大的一笔订单。

10月中旬，北京奥组委委托北京果品有限公司到浙江天子果业有限公司进行考察，双方经过协商达成向北京奥运会供货协议。这是浙江省唯一一家向2008年北京奥运会供应水果的企业。

11月17日至19日，2007年生态衢州（上海）推介会暨"浙江农民信箱"衢州椪柑（胡柚）网上交易专场在上海隆重举行。常山县胡柚、山茶油等名特优新农产品深受上海客商青睐，浙江天子果业有限公司等16家参会的企业共与客商签订了7000多万元意向订单。

12月3日，2007年中国常山胡柚（西安）推介会在西安隆重举行。常山县委书记金运成致辞，副县长王文达介绍了常山县概况及常山胡柚产业化发展情况，中国果品协会常务理事耿继东在会上发言。浙江天子果业有限公司、利卿果业专业合作社等4家与会的农业龙头企业纷纷与远东超市果业、老百姓果业等西安大型水果贩销商达成合作意向，共签订2000多万元的购销意向。当天下午，金运成一行还前往西安市西北农副产品中心批发市场，实地了解市场行情，看望常山胡柚贩销商。

12月11日，2007年中国常山胡柚推介会在贵州省贵阳市隆重举行。常山县县长徐焕凤致辞，县委副书记徐常青介绍常山县概况及胡柚产业化发展情况。原贵州省委副秘书长、贵州省农办主任徐起枝和贵州省委宣传部、贵阳市农产品流通协会有关负责人参加。当天，徐焕凤、徐常青还与部分贵阳客商以及常山县在贵阳的胡柚经销商进行了座谈。

2008年

5月30日，常山县委书记金运成等10多位CCTV年度"三农"人物和中国农业大学校长柯炳生等部分嘉宾参加赏石品柚活动，领略常山县"柚都石城"的独特魅力。

6月5日，浙江省农业厅厅长孙景淼一行来常山调研，视察了太公山胡

柚基地、自然食品有限公司，详细了解常山县胡柚提升工程实施情况。县领导徐常青、王文达陪同。

7月15日，"常山胡柚"证明商标注册人变更为常山县胡柚产销行业协会。

11月14日，时任浙江省政协副主席周国富率驻浙江全国政协委员会一行到常山视察胡柚生产等"三农"工作。

12月4日，2008年常山胡柚（太原）推介会在山西省太原市隆重举行。常山县县长徐焕凤致辞，副县长王文达介绍常山县概况及胡柚产业化发展情况，县政协副主席胡震云出席。山西省委外宣办、太原市工商局有关负责人等参加。当天，签订销售合同1.2万吨、总价3120万元。

12月8日，2008年常山胡柚（昆明）推介会在云南省昆明市隆重举行。常山县委书记金运成致辞，县委副书记徐常青介绍常山县概况、胡柚产业情况。常山县人大常委会副主任杨智，云南浙商集团董事长、云南浙江商会常务副会长徐小芳，云南省委外宣办、云南省工商局有关负责人等出席。当天，常山县三家农业龙头企业与昆明水果经销商签订了1.56万吨胡柚销售合同，价值4212万元。本次推介会还得到了当地新闻媒体的高度关注，《云南日报》、云南电视台等14家新闻媒体报道了该项活动，并现场采访了金运成。

12月，常山县采用大棚种植胡柚技术获得重大提升。大棚技术栽培胡柚，可以有效疏导气流、控制温差，避免出现落叶、落果现象，实现延后采摘，方便赶上元旦、春节等节日用作高档礼品，有利于提高"常山胡柚"品质。同月，"常山胡柚"证明商标荣获"浙江省著名商标""浙江省名牌产品"。

12月，国家质量监督检验检疫总局公告常山县有8家企业、10个基地5644亩通过出口备案。浙江天子果业有限公司3000亩胡柚通过GLOBAL GAP认证（全球良好农业操作认证）。

2009 年

1 月，常山县柚王食品有限公司经过一年的准备，成功研制出"胡柚果糕"新产品。

2 月 18 日，常山县召开胡柚（柑橘）产业转型提升现场动员大会。县长徐焕凤，副县长王文达，县领导熊雨土、曾越河等出席。与会人员还赴青石镇大塘后村，观摩了疏树、疏枝等"三疏一改"技术演示，交流"胡柚品质提升工程"工作经验。

3 月 5 日，常山县召开胡柚（柑橘）销售工作推进会。县委副书记徐常青讲话，副县长王文达主持。会议要求充分认识当前胡柚（柑橘）销售工作的严峻形势，切实增强工作的紧迫感和责任感，把握接下来的两个月，共同努力，推进销售工作。

3 月 17 日，常山县政府专门下发了《关于实行促销券政策，进一步做好低保户胡柚（柑橘）促销工作的通知》，以向自产胡柚（柑橘）待销的低保户发放促销券的形式，帮助这些群众加快胡柚（柑橘）销售。此次促销券发放标准是以调查核实的自产待销数量，按每吨 50 元发放。促销券由县财政局统一印制，根据各乡镇调查核实的低保户自产待销胡柚（柑橘）数量发放到乡镇，乡镇根据调查核实的各行政村低保户自产待销胡柚（柑橘）数量发放到户。

6 月，"柚—菇结合"项目受到了浙江省农业技术推广基金会专家组的高度肯定，被列入浙江省现代农业生产发展项目。

7 月 21 日，浙江天子果业有限公司投资 3 亿元、年产 10 万吨胡柚、柑橘综合深加工项目首条鲜果加工生产线建成投产。

10 月 17 日，由常山县委宣传部、常山县农业局、常山县广播电视总台主办的 2009 年瑞利杯"柚王"争霸赛在同弓乡太公山胡柚基地举行复赛。

10 月 24 日至 26 日，由农业部、国家粮食局、浙江省政府主办，衢州市政府、浙江省农业厅、浙江省粮食局和浙江省商务厅承办的第二届中国（衢州）农博会粮交会在衢州隆重举行，常山县组织 19 家农业龙头企业

参展。24 日上午，浙江省政协主席周国富、农业部副部长陈晓华，衢州市领导孙建国、尚清、黄会荣、居亚平等嘉宾在常山县委书记童建中陪同下，兴致勃勃地到常山县农产品展区参观指导。

11 月 6 日，全球最大果汁供应商巴西 Cutrale 公司总裁以及可口可乐公司总裁顾问一行来常山县考察胡柚及深加工情况。常山县委书记童建中致辞，县领导刘龙、王文达陪同。外商们考察了浙江天子果业有限公司良种胡柚基地、车间，以及青石镇江家畈千亩胡柚出口基地，了解胡柚种植管理模式、深加工等情况，听取常山胡柚产业发展情况介绍。

12 月 3 日，2009 年中国常山胡柚（长春）推介会在吉林省长春市隆重举行。常山县委书记童建中致辞，县领导余鹤梁、徐羿、杨智和县人民法院院长任庆原出席，县委副书记、常务副县长刘龙介绍常山县胡柚产业发展情况。吉林浙江商会会长缪明伟，吉林省委外宣办、吉林省工商局、长春市委宣传部有关负责人等出席。签约仪式上，常山县自然食品有限公司、连福胡柚专业合作社等农业龙头企业与长春欧亚超市、长春果品集团公司等达成合作意向，共签订胡柚鲜果销售合同 1.2 万吨、胡柚深加工产品150 吨。

12 月 8 日，2009 年中国浙江常山胡柚（郑州）推介会在河南省郑州市隆重举行。常山县县长徐焕凤致辞，县领导黄孔森、熊雨土、曾越河出席，副县长郑建华介绍常山县胡柚产业发展情况。河南省工商联副主席、浙江商会会长李国庆，河南省工商行政管理局、郑州市工商行政管理局、郑州市市场发展局有关负责人等出席。签约仪式上，常山县柚王食品有限公司、平平胡柚专业合作社等农业龙头企业与郑州市世纪联众超市、二环道果品市场等达成合作意向，共签订鲜果销售合同 1.02 万吨，胡柚深加工产品135 吨，价值 2916 万元。

12 月，"常山胡柚"证明商标荣获浙江省第二届"十大名牌柑橘"称号及十大农产品创牌先锋。

2010 年

3月31日，由浙江省行政学院学员工作部调研员石树林带队的第34期省直机关处级公务员任职培训班学员来常山县考察调研，学员们先后来到大宝山出口胡柚基地、浙江天子果业有限公司参观。常山县委书记童建中介绍常山县经济社会发展情况，县领导徐建华、方法陪同。

6月，筹建胡柚文化博览园被纳入了《常山县胡柚产业"十二五"发展规划》。

12月22日，由常山县委宣传部、常山县农业局、常山县广电总台主办的2010年瑞利杯"柚王"争霸赛决赛在县芙蓉旺水果专业合作社举行。同月，常山县胡柚产销行业协会被评为浙江省品牌富农十大示范组织。

12月25日，浙江省人大农业与农村委员会主任委员王良仟率国家科技富民强县专项行动计划验收组来常山县，对"国优名果——常山胡柚产业提升工程"进行验收。常山县人大常委会主任徐建华陪同，常山县委常委、常务副县长黄孔森致辞并汇报项目实施情况，县领导王文达、刘建军出席项目验收会议。

2011 年

1月4日，中国常山胡柚（福州）推介会在福建省福州市隆重举行。常山县委书记童建中致辞，县领导徐建华、余鹤梁等出席，县委副书记刘龙主持会议，副县长王文达介绍胡柚产业发展情况。福建省政协副主席叶继革，福建省供销社、福州市人民政府、福州市供销社有关负责人等出席推介会。签约仪式上，常山县仙丽胡柚专业合作社、金鼎果业专业合作社、柚王食品有限公司等农业龙头企业与福州台江精品水果商行、福州昌盛果业专业合作社、福州久泰贸易有限公司等达成合作意向，共签订胡柚鲜果销售、胡柚深加工产品合同5200吨，总金额达2200万元。本次推介会还受到了当地省市两级主流新闻（网络）媒体的高度关注，《福建日报》《海峡都市报》《东南快报》《福州日报》《福州晚报》，以及福建东南卫视等近

20家新闻（网络）媒体到会进行了相关报道。

1月6日，由浙江省柑橘研究所副所长徐建国率队的浙江省评审会专家组，对常山县《中国常山胡柚文化博览园总体规划》进行评审。专家组一致认为，该规划思路清晰，主题突出，设计合理，符合常山胡柚产业的发展趋势，原则上予以通过。

1月6日，第三届常山县胡柚产销行业协会进行换届选举。

5月19日晚，全国男子排球大奖赛常山天子胡柚赛区比赛开幕式在常山县体育馆隆重举行。

7月1日，由常山县农业局杨兴良、吴文明，浙江省柑橘研究所徐建国、柯甫志等培育的脆红胡柚获得农业部植物新品种权证书。

8月17日，在"2011年中国著名农产品区域公用品牌调查"活动中，"常山胡柚"喜获"2011消费者最喜爱的中国农产品区域公用品牌"称号。

11月，常山县委、县政府下发《关于参加2011年中国·常山胡柚文化节等系列活动的通知》。

11月12日，2011年中国·常山胡柚文化节在太公山胡柚精品园隆重开幕。本届胡柚文化节以"生态富民·胡柚飘香"为主题，秉承"以柚为媒、增进交流、推动发展"的宗旨，涵盖生态富民财金研究中心揭牌仪式、专题文艺晚会、生态富民交流会、胡柚采摘游等系列活动，为传承常山胡柚文化、扩大常山对外开放、加快常山绿色发展搭建了一个崭新的平台。浙江省原省长沈祖伦，浙江省政协副主席陈艳华，衢州市委书记赵一德，浙江省委副秘书长、浙江省农办主任夏阿国，浙江省政协人资环委主任李玉柱，浙江省警察学院党委书记王和，衢州市人大常委会主任居亚平，衢州市委副书记李剑飞，常山县原县委书记俞济初，常山县原县委书记、浙江省地勘局副局长钱国女，常山县原县委书记、金华市委副书记黄锦朝，浙江省政府研究室副主任陈东凌，浙江省住建厅副厅长吴雪桦，浙江省林业厅副厅长杨幼平，浙江省供销社副主任周加洪，浙江省农业厅总农艺师王建跃，浙江省旅游局党组成员、办公室主任杨建武，浙江省审计厅副巡视

一只果
一座城

员杨大建，衢州市委秘书长李锋，衢州市政府秘书长范根才，以及常山县有关领导等出席开幕式。衢州市委副书记、市长尚清，常山县委书记童建中分别致辞，常山县委副书记、县政协主席刘龙主持开幕式。

11月29日，"常山胡柚"证明商标被国家工商总局认定为中国驰名商标。这是"常山胡柚"自1998年被国家工商总局核准注册为地理标志证明商标后，常山县在商标品牌领域取得的最高荣誉。

2012 年

1月5日，常山县政府因申报中国驰名商标工作授予常山县工商行政管理局、常山县农业局集体三等功，授予占熙、杨兴良个人三等功。

3月10日，浙江省政协民盟界调研组来常山县调研食品安全工作，到浙江天子果业有限公司考察。常山县领导林红汉、甘土木、徐柯、揭政东、罗诚剑等陪同调研。

4月26日，中国·常山（同弓）首届柚花飘香文化旅游节开幕。"相聚柚园携手今生"——"胡柚新人"之旅、"胡柚园里的欢腾"——柚园寻宝趣味活动、"柚花飘香"——百车千人赏柚花自驾游等活动精彩上演。

11月6日，常山县委书记李华，常山县委副书记、县长毛建国，常山县副县长严可兵一行深入太公山胡柚基地和大胡山胡柚基地，检查胡柚文化节筹备情况。

11月12日，常山县召开2012年中国·常山胡柚文化节氛围营造工作会议，学习传达县委书记李华重要批示精神，认真部署节庆期间环境整治工作。

11月16日，由浙江省农业厅和常山县委、县政府主办的2012年中国·常山胡柚文化节在县城文峰广场隆重开幕。浙江省政协副主席黄旭明宣布胡柚文化节开幕，中国工程院院士、华中农业大学校长邓秀新发来贺信，衢州市委书记陈新、浙江省农业厅总农艺师王建跃、常山县委书记李华共同为胡柚文化节开幕推杆，衢州市领导毛建民、王建华和常山县领导徐建

华、林红汉、方法等出席开幕式。常山县委副书记、县长毛建国主持开幕式。开幕式上，常山县委、县政府授予叶杏元、贝增明两位专家"常山胡柚产业发展特别贡献奖"，并向这两位专家颁发荣誉证书。新华社、中央电视台及《光明日报》《经济日报》《浙江日报》等20多家媒体相约常山胡柚文化节，近50名记者用文字、镜头记录这一场文化之旅。

11月18日，2012年中国食品博览会在宁波国际会展中心落下帷幕。在博览会期间，常山县应邀参展的柚都生物科技、绿圣生物科技、宝新果蔬菌、大胡山果蔬、饴佳食品厂等5家企业，在参展的胡柚鲜果、胡柚果脯、胡柚宝等县域特色产品上，共实现产品成交额2.6万元，协议成交额50万元，意向成交额500多万元。

11月20日，中央电视台农业军事频道《生活567》栏目"乡村中国行"走进常山，聚焦常山县胡柚、食用菌、山茶油、贡面等特色产品。同月29日，沙特奥强公司董事长阿德尔酋长与美国可口可乐全球果汁中心总裁伊恩·麦克劳克林一行来到浙江天子果业有限公司参观，就扩大橘囊胞采购，加强上游供应商投资合作等相关事宜，进行商务考察。常山县委书记李华，常山县委副书记、县长毛建国，常山县委常委、常务副县长夏建军，常山县副县长严可兵等会见了考察团一行。浙江天子果业有限公司是可口可乐公司果汁原浆的重要供应商，每年向可口可乐公司提供3万吨果汁原浆。

12月16日，中国·常山胡柚（北京）推介会在北京市西直门宾馆隆重举行。商务部服务贸易和商贸服务业司司长周柳军，北京常山同乡联谊会名誉会长、中联部国际交流中心主任居黎东，北京常山同乡联谊会会长、北京市对外友好协会副会长潘友生等出席推介会。农业部办公厅副主任王小兵、北京新发地农副产品批发市场中心总经理顾兆学、常山县委书记李华分别致辞，常山县委副书记、县长毛建国主持推介会，常山县副县长严可兵、常山县政协副主席陈国珠等参加推介会。

2012年，常山胡柚被评为消费者最喜爱的100个中国农产品区域公用品牌。

2013 年

3 月 8 日，常山县胡柚柑橘产业转型升级现场会在青石镇江家畈胡柚基地举办，常山县副县长严可兵参加。

5 月，青石镇澄潭村鸿春果业专业合作社与湖南省中草药经销商联合尝试开发"胡柚花茶"。

5 月 14 日，上影集团视觉上海工作室和上海美术电影制片厂的拍摄人员来到常山县，拍摄动画与实景相结合的公益宣传片。此部宣传片将通过"胡柚娃"的动画形象的生动演绎，宣传常山县文明出行、爱绿护绿以及清洁家园等情况。

6 月 6 日，常山县农业局举办胡柚出口基地生产技术培训会，来自衢州市出入境检验检疫局的专家为常山县 50 多位胡柚种植大户进行了相关培训。目前，常山县共有 17 个胡柚出口基地，2012 年出口胡柚达 550 吨。

6 月 14 日，由中华商标协会和大连市政府共同主办的第五届中国国际商标·品牌节在大连市拉开帷幕。中国驰名商标"常山胡柚"作为浙江省农产品地理标志证明商标优秀代表之一，被推荐参加了这一商标品牌国际盛会，并受到了广泛的关注。"常山胡柚"于 1998 年就被国家商标局核准注册为地理标志证明商标，为全国首个鲜果类地理标志证明商标。

8 月 14 日，恒寿堂年产 3840 万瓶蜜炼柚子茶项目正式开工建设。

10 月下旬，常山县胡柚产销工作座谈会在常山县质监局召开。来自常山县的农业龙头企业、胡柚贩销大户代表和相关部门负责人齐聚一堂，共同商讨分析今年胡柚产销形势及推进胡柚产业转型升级的良策。

10 月下旬，由常山县委宣传部、上影集团视觉上海工作室和上海美术电影制片厂联合创作的"胡柚娃"系列公益广告片，亮相上海的数字电视和各小区大屏幕，获得了万千观众的好评，光明网、浙江在线等媒体纷纷进行转载。橙光闪闪、俏皮活泼的"胡柚娃"成为文明传播使者后，文明

理念变得"可视可感",其幽默轻松的形象渐渐深入人心。

11月5日,浙江省农技推广基金会会长章猛进率领考察组来常山考察胡柚产业发展情况。上午,章猛进一行来到同弓乡太公山胡柚基地和球川镇馒头山村思杨家庭农场,实地考察了胡柚种植基地建设、生产销售、新品种研发等情况。下午,在汇报会上,考察组认真听取了常山胡柚产业发展情况的汇报,并提出具体意见和建议。衢州市人大常委会副主任雷长林,常山县领导王良春、毛建国、林红汉、邵丽丽等陪同。

11月12日,时任浙江省人大常委会党组副书记、副主任茅临生来常山调研企业发展,赴浙江天子股份有限公司,察看了企业鲜果加工中心、冷链物流中心和食品加工中心等。衢州市人大常委会副主任赵正良,常山县领导王良春、毛建国、徐建华陪同。

11月22日至26日,2013年浙江农业博览会在杭州市萧山区新农都国际会展中心及江干区和平展厅举行。常山县有浙江柚都生物科技有限公司、倚山久胡柚深加工厂、同弓忆口香麻饼厂、森力家庭农场等25家单位组团参展。常山县领导林红汉、方法、严可兵等到会巡视。

12月中旬,常山县委宣传部、常山县农业局现面向社会征集胡柚主题宣传口号。

2014 年

1月1日,由常山县委宣传部出品,上海美术电影制片厂、上海吉盛文化传播有限公司联合摄制,周一愚导演的艺术动画电影短片《胡柚娃之胡柚诞生记》首映式暨专家研讨会在上海举行,剧组成员、电影界专家以及上海各大媒体参会。

1月30日,《人民日报》、人民网刊发《山乡野果变金果——浙江常山11任县委书记坚持发展胡柚产业》新闻报道。

3月28日,水果之王——中国常山胡柚(上海)推介会在上海建国宾馆隆重举行。浙江省政府副秘书长、浙江省政府驻上海办事处主任朱绍平,上海市政府合作交流办公室原巡视员、上海市各地在沪企业（商会）联合会会长胡雅龙等出席推介会。浙江中医药大学党委副书记、教授、博士生导师熊耀康介绍胡柚保健功能。常山县委书记王良春致辞，常山县委副书记、县长毛建国主持。常山县领导徐建华、林红汉、夏建军、严可兵、郑金仙等参加。签约仪式上，常山县江益农产品开发有限公司与上海恒寿堂健康食品股份有限公司签订协议。

4月19日，常山县举办"常山胡柚发展高端论坛"讲座，邀请浙江中医药大学党委副书记、教授、博士生导师熊耀康和上海恒寿堂健康食品股份有限公司董事长宋伟分别作讲座。常山县政协主席林红汉主持并讲话。

5月6日，《胡柚娃》剧本研讨会举行，制片方导演、策划、剧作以及县宣传文化系统的10余人参加。

9月5日，浙江瑞利生物科技有限公司与浙江舟山大宗商品交易所在中国（舟山）大宗商品交易中心签署了"常山胡柚"上市合作协议。17日上午，浙江常山恒寿堂柚果有限公司竣工投产典礼举行，常山县委书记王良春宣布企业竣工投产。常山县领导徐建华、林红汉参加，常山县委常委、常务副县长夏建军致辞，常山县副县长何健主持。作为我国集研发、生产、行销于一体的大型保健品、高档健康食品、饮品的专业品牌公司，"恒寿堂"在全国有着极佳的知名度和美誉度，特别是蜜炼柚子茶，被评为2013年上海名牌产品。目前，浙江常山恒寿堂柚果有限公司共有两条生产线，8小时即可生产5万瓶柚子茶，单班产值150万元，年销售额可达上亿元。

9月28日，常山县"振兴常山三宝发展现代农业"大会召开，首次提出将常山胡柚、山茶油、猴头菇并称为"常山三宝"。常山县委书记王良春讲话，常山县委副书记、县长毛建国主持并宣读表彰决定，常山县政协主席林红汉代表三大产业领创领导讲话。

10月下旬，常山县商务局成立了"常山三宝"电商销售推进小组，就线上销售常山胡柚进行一系列规划，并于11月初提出借势淘宝聚划算上线销售。

11 月 8 日，2014 中国·常山胡柚采摘节在球川镇芙蓉旺胡柚基地开幕。衢州市副市长朱建华宣布开幕，常山县委副书记、县长毛建国致辞，常山县领导徐建华、林红汉、苏新祥等出席，常山县副县长何健主持。同日，《今日常山》刊发由胡乾平作词、谱曲的歌曲——《胡柚之恋》。

2014 年，《胡柚娃》荣获第四届中国十大动漫形象提名奖并被列入浙江省第九批文化精品工程重点项目。这一年起，《胡柚娃》系列作品相继亮相中国国际动漫节、上海国际电影节、"一带一路"中国伊朗文化贸易周、法国戛纳电视节……11 月底，在深圳落幕的第二届深圳青年影像节上，《胡柚娃》从来自海外及国内 30 多个省市近 700 部参评作品中脱颖而出，荣获特别创意作品奖。

2015 年

1 月 9 日上午 11 时 06 分，在浙江舟山大宗商品交易所，随着一声锣鸣，常山胡柚正式挂牌上市，标志着胡柚从零售跨入了大宗商品交易的新时期。常山县委书记王良春等参加仪式。当天，常山胡柚以 40 元每 10 千克的价格开盘，最高涨至 42 元。截至下午 4 点，开盘第一交易日成交额达 798.83 万元。

1 月 16 日，2015 年中国·常山三宝（杭州）推介会在杭州举行。浙江省农业厅副厅长刘嫔珺讲话，常山县委副书记、县长毛建国致辞。浙江省农业厅优质农产品推广中心主任陈百生，常山县领导林红汉、王文达、熊雨土，中国（舟山）大宗商品交易中心副主任王向群、浙江舟山大宗商品交易所总经理锁旭东等参加。常山县副县长何健主持。推介会还吸引了新华社浙江分社、中新社浙江分社、《浙江日报》社、浙江卫视等十几家新闻媒体的关注。

3 月 30 日，2015 年中国·常山胡柚（上海）推介会在上海建国宾馆隆重举行。浙江省政府驻上海办事处主任朱绍平出席推介会。浙江省农科院食品科学研究所研究员、博士生导师陆胜民介绍胡柚保健功能。常山县委书记王良春致辞，常山县委副书记、县长毛建国主持推介会。常山县领导徐建华、林红汉、何健等参加。签约仪式上，上海拜肯生物科技有限公司与常山县大宝山柑橘专业合作社、上海欧尚超市与常山县恒寿堂柚果有限公司等签订了合作意向书。

4月26日，2015年常山柚花飘香文化旅游节在同弓乡太公山胡柚基地举行。衢州市副市长陈锦标宣布开幕，并与常山县委书记王良春一起为狮子点睛。常山县委副书记、县长毛建国致辞，常山县领导徐建华、林红汉、郑金仙、何健等参加。歌伴舞《美丽的胡柚花》、诗朗诵《柚花吟》、走秀《巾帼展"三宝"》等精彩的文艺节目轮番上演，并有8对新人一起放飞希望之鸽。

6月，常山胡柚实验室正式开工建设。实验室将与浙江省农科院食品研究所开展常山胡柚与葡萄柚成分对比分析实验，与华中农业大学开展胡柚果实品质与土壤环境条件的相关性研究，与浙江省柑橘研究所开展常山胡柚复壮提纯科研项目等。

6月15日，由常山县委宣传部、教育局、文广新局等主办，常山县首届"胡柚宝贝"选拔大赛开始报名。

8月，常山县向国家商标局注册了"胡柚娃"商标，并开发了胡柚娃玩偶、胡柚娃表情包、胡柚娃连环画等各种文创产品。

10月中旬，浙江省旅游标准化技术委员会公布首批"浙江省果蔬采摘基地"名单，同弓乡太公山胡柚基地榜上有名。太公山胡柚基地占地面积500多亩，停车位20个，可容纳采摘人员1000多人。同月，由浙江省委宣传部指导，浙江电台音乐调频和浙江音乐家协会主办的"美丽浙江——2015浙江好歌曲大赛"决赛在杭州落幕。常山县选送的本土原创歌曲《常山胡柚》荣获大赛优胜奖，入选2015年"浙江好歌曲"十五首，是衢州地区本土人士作曲的唯一获奖作品。

11月8日，绿色中国行——走进美丽常山暨2015中国·常山胡柚开采启动仪式隆重举行，来自五湖四海的宾朋欢聚于常山，共同赏柚、品柚、

剪柚。绿色财富论坛组委会主任，国家林业局原党组副书记、原副局长李育材讲话并为常山县授予"绿色中国行"旗帜；浙江省人大常委会副主任程渭山宣布仪式启动；浙江省政协副主席陈艳华，浙江省委宣传部常务副部长胡坚，衢州市领导居亚平，常山县领导等出席；常山县委书记王良春致辞；常山县委副书记、县长毛建国主持。启动仪式上，领导和嘉宾为"绿色中国公益明星胡柚采摘基地"揭牌。绿色中国形象大使刘劲携众公益明星上台宣读"公益明星助推绿色农林产品倡议书"。常山县领导为"常山三宝"宣传推广大使颁发证书。同日，李育材一行在常山县开展考察工作，王良春、毛建国、徐建华、林红汉等县领导陪同。

2016 年

1月6日，浙江首届年货节暨常山胡柚食尚周启动仪式隆重举行。浙江省农业厅副厅长王建跃讲话；衢州市副市长马梅芝参加；常山县委书记王良春致辞；常山县委副书记、县长毛建国主持。阿里巴巴集团农村淘宝东南大区总经理樊伟俊宣布浙江首届年货节暨常山胡柚食尚周正式启动。

1月7日，站在风口上的常山胡柚——农特产品上行研讨会暨网络销售对接专场召开，来自全国各地的农产品上行销售有关专家、电商企业负责人齐聚一堂，共商"农产品上行"大计。

2月初，天马街道文峰社区积极发展电子商务，创新推出惟妙惟肖、憨态可掬的"胡柚新娘""胡柚玩偶"等产品，吸引了大洋彼岸美国网友下订单。

3月15日，常山县首家"常山三宝"专营店在衢州市区斗潭夕阳红路80-82号亮相。这是常山县供销联社为拓宽常山胡柚、猴头菇、山茶油等"常山三宝"销售渠道，以品牌为导向而打造的衢州市首家连锁店。该店面积100多平方米，店门口张贴了醒目的中华供销合作联社和"常山三宝"标识。

8月，常山县全面推行胡柚高端生态精准栽培，主要使用拜肯生态技术，采取整体解决的方案。该技术由上海生物科技有限公司旗下的御宝联合社和常山美柚联合社共同实施，联合社采用高端生态防控栽培技术，全程控制胡柚产量，生产真正安全、优质的胡柚，打造常山胡柚生态高端品牌。中旬，常山县共有3183亩胡柚基地采用高端生态精准栽培管理。8月30日，一场别开生面的新闻发布会在衢州市市场监管局举行，正式宣布常山胡柚片以"衢枳壳"名义列入2015年版《浙江省中药炮制规范》。常山县副县长何健参加。发布会上，衢州市市场监督管理局发布了《关于加强衢枳壳监管，促进产业发展的指导意见》，通过进一步优化中药产业发展环境、严格质量监督管理，着力培养和打造常山特色药材品牌，引导常山胡柚片经营户转型升级，推动"衢枳壳"产业做大做强。

9月22日，《浙江省中药炮制规范》2015年版宣贯会暨衢枳壳推介会召开。王良春、徐建华、林红汉等常山县领导参加，常山县委副书记、代县长周向军讲话，常山县副县长何健主持。会上，5位专家分别从《浙江省中药炮制规范》2015年版、衢枳壳质量标准解读及研究、胡柚片临床研究等方面作了演讲。

10月下旬，常山县天马镇第二中心小学全体师生操练一种特殊的武术操——胡柚拳。此操由常山县武术协会根据胡柚的生长过程改编而来，共分8个动作，整套武术动作简单易学，成为课间操规定项目。

10月28日，柚香谷项目开工仪式在青石镇砚瓦山村举行。常山县委书记王良春宣布开工，常山县委副书记、代县长周向军致辞，常山县领导徐建华、林红汉、郑金仙等参加，江山市委常委、副市长楼健应邀参加。柚香谷度假区项目计划总投资2.5亿元，总用地面积2600亩，分二期建设。其中，一期主要建设游客接待中心、康体健身中心、温泉SPA中心以及特色餐饮、茶屋、农事民宿体验街等；二期主要建设养老养生酒店、树屋帐篷酒店、山地游乐及拓展项目等。

11月8日，2016年中国·常山胡柚采摘节暨农产品质量安全科普直通车进柚园活动在同弓乡大宝山胡柚基地举行。浙江省农业厅副厅长张火法讲

话。衢州市人大常委会副主任占跃平，常山县领导王良春、徐建华、林红汉、姜良米等参加。衢州副市长朱建华宣布开幕，常山县委副书记、代县长周向军致辞。

12月14日，部分政协委员视察常山县胡柚产业发展情况。常山县政协主席林红汉，副主席陈国珠、黄法云参加。常山县副县长方荣应邀参加。委员们来到常山胡柚交易中心、浙江天子股份有限公司，实地察看胡柚线上交易模式及胡柚深加工项目等，详细了解当前胡柚产业发展现状和趋势以及胡柚企业在生产及销售中存在的问题和困难。随后召开座谈会，听取相关情况汇报。

12月，由上影集团视觉上海工作室、上海美术电影制片厂、常山县委宣传部联合创作的艺术动画短片《胡柚娃》第四部——《胡柚娃之仙果的秘密》正式与常山本地观众见面。

2017年

2月20日，青石镇澄潭村隆重举行胡柚祖宗树祭祀仪式。这棵胡柚祖宗树正值110岁。

3月10日，常山县农民学校和常山县胡柚产销行业协会举办了胡柚春季管理培训班，共有胡柚园地流转主体、柑橘生产企业负责人等60余人参加。培训班通过采取理论专题讲座、现场会等理论与实践相结合模式，讲授胡柚精准化栽培技术与应用等知识，并赴衢州市卢志家庭农场等基地学习考察。

4月中旬，浙江省农业厅公布2016年复评"浙江区域名牌农产品"认定结果，"常山胡柚"成功上榜。

4月22日，时值胡柚花盛开之际，全国生态文学创作研讨会在常山县召开，来自中国作协、全国生态作协、报告文学协会，以及《人民日报》《光明日报》《北京日报》等单位的12位国内文学大咖在常山县采风，对常山县优越的生态环境、国际慢城、深呼吸小城建设留下了深刻印象。李培禹先生的散文《胡柚花开》，生动地描绘了他在常山县考察采风过程中，观赏胡柚花开时的情景，细读当可领略生态文学的真谛。

4月25日，常山县第一小学"胡柚娃"儿童文学馆正式开馆。常山县委常委、宣传部部长余风等嘉宾与该校师生共聚一堂，共贺儿童文学馆开馆。

6月，常山胡柚荣获"浙江省首届知名农产品区域公用品牌"称号。

9月下旬，浙江省公布了第十二批文化精品扶持工程项目和第十三届精神文明建设"五个一工程"入选作品奖名单，全市共有5项文艺作品入选。其中，常山县制作的动漫《胡柚娃之仙果奇缘》入围浙江省第十二批文化精品扶持工程项目。该片是浙江首部以人文旅游为主题，将常山经典民间故事进行生动演绎的系列动画片。

10月24日，《今日常山》刊发朱爱良、江美芳采写的长篇工作通讯《种植标准化 加工高端化 销售国际化——县农业局"胡柚产业转型升级"工作纪事》。

11月8日，2017年中国·常山胡柚文化节开幕式在青石镇江家畈胡柚基地举行。中国果品流通协会会长鲁芳校，农业部全国农业技术推广服务中心副主任、全国首席植保专家张跃进讲话，衢州市副市长吕跃龙宣布开幕，常山县委书记叶美峰致欢迎辞，常山县领导周向军、徐建华、林红汉、戴根林参加。开幕式上，领导嘉宾共同观看胡柚祖宗树祭拜仪式视频和胡柚采摘喝彩仪式。"常山三宝"LOGO征集结果揭晓，2017年常山胡柚"优质果园"名单公布，并举行胡柚祖宗树果实拍卖活动。布瑞克农业信息科技有限公司、杭州叶氏兄弟果品超市连锁有限公司、微商等销售平台与常山胡柚生产企业签订战略合作协议等。同日，常山县还召开了常山胡柚微商大会。

2018 年

1月中旬，浙江省农业厅组织开展了"2017浙江省十佳柑橘"推选活

动，常山县明鹰果业专业合作社推选的常山胡柚被评为"2017浙江省十佳柑橘"。同月25日，民族动画系列片《胡柚娃》艺术品牌提升研讨会暨《胡柚娃》动画电影制作启动、《胡柚娃》动画短片第五集首映、浙江电视台少儿频道播出《胡柚娃》签约仪式在杭州举行。上海电影集团党委委员、上海美术电影制片厂厂长郑虎，浙江省委宣传部文艺处处长刘如文，浙江电视台少儿频道总监钱群，常山县委常委、宣传部部长余风，常山县委常委、副县长张亮及《胡柚娃》动画主创团队成员等参加。

3月5日，常山县人大常委会组织部分常山县人大代表视察常山县胡柚产业发展情况。目前，常山县拥有农业龙头企业59家，以胡柚为主的水果专业合作社381家，家庭农场73家，胡柚深加工企业11家。6日，浙江公布了新"浙八味"中药材培育品种名单。常山县衢枳壳成功入选，成为新"浙八味"中药材培育品种。

3月15日，浙江省副省长彭佳学一行来常山县调研工作，并赴浙江天子股份有限公司、同弓乡太公山胡柚基地，实地察看胡柚产业发展情况。衢州副市长吕跃龙，县领导周向军、徐建华、戴根林等分别参加。

3月25日，明鹰果业球川镇九都胡柚基地斩获浙江省"十佳柑橘"评比金奖。

3月27日，五里中心小学专门邀请浙江婺剧团一级演员胡东晓老师前来指导《柚娃斗污》表演。《柚娃斗污》是该校第三个婺剧原创作品，将"胡柚娃""五水共治""婺剧"三者巧妙结合，通过精彩的唱演做打场面来展现"胡柚娃"战胜"污染怪"的过程，以此来唤醒人们保护环境的意识。

7月24日至25日，常山县农业局联合常山县市场监督管理局、供销联社等部门工作人员，对常山县各乡镇、街道上报的26家衢枳壳原药材培育主体进行抽样巡检。

8月下旬，浙江常山恒寿堂柚果有限公司建设的"柚香谷"综合体项目，将日本香柚引进常山，进行规模化科学种植，并将日本香柚和胡柚相结合，进一步推动产业发展。该公司在白石镇流转了2000余亩土地，并于

2017 年进行了育苗种植，已有 60 万株柚苗成型。

8 月 31 日，常山县衢枳壳、猴头菇成功入选"衢六味"中药材品种名单。

10 月，大宝山大坞胡柚基地成功入选 2018 年浙江省 100 个"最美田园"。28 日，浙江省人大常委会原党组书记、副主任，衢州市原市委书记茅临生一行来常山调研指导工作。他走进浙江天子股份有限公司看产品、问经营、话发展，详细了解从一只胡柚鲜果的选择到果汁原浆、果肉囊胞、果葡糖浆等深加工产业链的生产工艺和产业规模。常山县领导叶美峰、徐建华陪同。

11 月 8 日，2018 年中国·常山胡柚文化节在同弓乡太公山胡柚基地开幕。中国农业科学院柑橘研究所所长陈善春，中石化销售公司浙江石油分公司副总经理吴庆高，浙江省农业科学院副厅级院领导张明生，阿里巴巴创新事业部总监破天，长兴县政协主席潘华明，中共古蔺县委常委、农工委主任、总工会主席刘泽军出席。《小康》杂志社副社长赖惠能解读"百县精品"项目。常山县委书记叶美峰致辞并宣布开幕。常山县领导周向军、徐建华、林红汉、余凤、戴根林等参加。开幕式上，常山县分别与阿里巴巴"百县精品"项目、中石化、康恩贝、农特集团进行了签约。

11 月 18 日，由全国绿化委员会、国家林业和草原局、全国绿色基金会、全国供销合作社、四川省政府共同举办的第二届中国绿色产业博览会举行。会上，常山县人民政府被授予"优秀组织奖"，浙江艾佳果蔬开发有限责任公司的"艾佳"牌常山胡柚荣获"金孔雀奖"（一等奖）。

11 月 23 日，在"双十一购物狂欢"活动中，浙江柚都生物科技有限公司研制的"胡柚精油面膜"卖出了 20 万片，每片定价在 15 元至 18 元，销售额为 300 余万元。

12 月，2018 年浙江省优秀农产品区域公用品牌评价结果"出炉"，常山胡柚荣获"最具影响力十强品牌"。15 日，常山县荣获"全国柑橘产业30 强县（市）"，这是浙江省两个入选县（市、区）之一，也是衢州市唯一

入选的县（市、区）。30 日至 31 日，由常山县委宣传部、上海美术电影制片厂、吉盛文化传播有限公司联合出品的传统民族系列动画短片《胡柚娃》配音大赛总决赛在浙江省科技馆火热开赛。来自全国各地的 93 名优秀选手展开激烈角逐，最终 10 位选手脱颖而出，荣获"十佳配音小演员"称号。

2019 年

1 月 3 日，浙江省副省长高兴夫率浙江省经信厅、浙江省科技厅等省直有关部门负责人来常山调研交通项目建设和工业企业运行情况。在浙江天子股份有限公司，高兴夫深入企业果糖生产车间、鲜果加工中心等，边走边看，询问企业发展中遇到的困难和问题，了解企业研发、生产、销售、出口等情况。浙江省政府副秘书长董贵波，衢州市委副书记、市长汤飞帆，衢州市副市长王良春，常山县领导叶美峰、毛献明、段为斌参加。

1 月下旬，大宝山大坞胡柚基地、恒寿柚果田园综合体柚香谷项目被评定为衢州市美丽新田园。

2 月 11 日，衢州市人大常委会副主任朱建华来常山开展"三服务"活动，并深入浙江天子股份有限公司走访调研。常山县人大常委会副主任李德勇参加。

3 月 23 日，常山县召开衢枳壳开发工作座谈会。浙江省中医药学会秘书长、教授王晓鸣，浙江中医药大学教授宋捷民等专家学者应邀参加。常山县政协主席林红汉参加座谈会，常山县副县长姜雪峰主持。

3 月 25 日，《常山政研》发表杨兴良撰写的《关于常山胡柚科研与功能性产品开发建议》调查报告，受到常山县委书记叶美峰、县长张少华批示。

3 月 26 日，常山县委副书记、县长张少华赴浙江艾佳果蔬开发有限责任公司开展"三服务"活动，希望其作为国家级农业龙头企业，能够怀揣农业情怀，与政府加强联系，做好胡柚深加工"文章"，共同带领常山胡柚走进高端市场，同心同向推动胡柚产业振兴发展。

4 月初，常山县农业农村局等多部门联合举办了胡柚春季种植管理现场会，50多位胡柚种植户参加培训。中旬，《胡柚娃》作为优秀动画片被浙江省推荐参加法国戛纳春季电视节，并受到了国外片商的青睐。

4月至7月，常山县政协主席林红汉，常山县委常委、县政府党组成员戴根林及常山县农业农村局、常山县市场监督管理局有关干部组成调研组，分赴广东新会、化州、绍兴、浙江大学等地考察调研，形成《借鉴新会陈皮经验，打造常山胡柚百亿产业》调研报告。

7月，常山县农技专家黄良水、毕旭灿成功入选省第二届农业产业技术创新与推广服务团队名单。

7月中旬，浙江省财政厅、农业农村厅联合印发《关于下达2019年中央财政农业生产发展资金的通知》，青石镇被列入农业产业强镇示范建设单位，获得补助资金1000万元。该笔资金为正在打造的"衢州有礼·宋诗田园"诗画风光带——胡柚小镇项目建设注入了新动能。

9月，"常山胡柚"被农业农村部认定为农产品地理标志保护，并入选第二批中欧地理标志协定互认清单。

9月，国家自然科学基金委员会公布了2019年度国家自然科学基金的评审结果，衢州市"衢枳壳"药用研究课题成功获得国家自然科学基金青年基金立项。

11月6日，2019年常山柚香谷香柚开采仪式举行。常山县委副书记、县长张少华宣布开采，常山县领导何健、李德勇、范东英参加。

11月10日，由常山县胡柚研究院、浙江省医学科学院及衢州市食品药品研究院联合申报的衢枳壳"儿童抗呼吸道感染新药开发"列入浙江省重大科研计划，衢枳壳"降糖（2型糖尿病）药用功效研究"列入国家自然科学青年基金立项。

11月13日，在第十二届亚果会上，常山胡柚荣获中国果业最受欢迎的柑橘区域公用品牌十强，并举办"常山三宝"专场推介活动。

12月8日，2019年中国·常山乡村振兴产业发展大会在常山县心舟公园举行。

12月，常山胡柚被农业农村部中国农业品牌目录列入最具影响力100个农产品区域公用品牌。

12月，常山县启动常山柚橙纳入《中华人民共和国药典》工作。

2020 年

1月1日，同弓乡与浙江艾佳果蔬开发有限责任公司举行胡柚三产融合项目合作签约仪式。项目总投资5.8亿元，总规划用地4300亩，在同弓乡金川源村、山边村、关庄桥村及新都工业园区实施胡柚果园基地提升工程、产后商品化处理工程、休闲观光农旅打造工程，进一步推进胡柚产业转型升级，促进三产融合发展。

2月21日，常山县向慈溪市捐赠胡柚70吨，这些胡柚将定向捐给慈溪18个乡镇及公安、卫健等一线抗击新冠疫情单位。

3月3日，《钱江晚报》专版广告宣传"常山胡柚利于肺"，"有点苦、有点甜、有点酸、有点鲜"的宣传语简明扼要，深入人心。

3月6日，常山胡柚被阿里巴巴、马云公益基金会作为新冠抗疫物资支援武汉医疗队。

3月7日，中新社浙江分社首场浙江省区县"超级推销员"助农战"疫"活动正式开启，常山县委书记叶美峰成为首位"超级推销员"，现身淘宝直播间，为特色农产品常山胡柚现场"吆喝"，给广大柚农带货。

3月中旬，常山胡柚获评"浙江区域公共农业品牌"。

4月初，常山胡柚研究院联合浙江忠诚生物科技有限公司开展常山胡柚抗肺炎作用评价实验，试验报告结论表明：在一定的试验浓度条件下，胡柚对肺炎斑马鱼有明显治疗作用，主要表现为抗炎作用、巨噬细胞改善作用、降低相关因子的表达以及对鱼鳔性浸润有所改善。

5月下旬，常山县"柚香谷"产业园列入第二批省级农村产业融合发展示范园创建名单，成为常山县第一个省级农村产业融合发展示范园创建点。示范园位于天马街道天安村、和平村、五联村，规划面积20平方公里，项目计划总投资 8.161 亿元。

7 月 10 日，衢州市人大常委会主任吴国升来浙江柚香谷香柚种植基地、浙江艾佳果蔬开发有限责任公司调研。常山县领导潘晓辉等陪同。

7 月 16 日至 17 日，浙江省高级人民法院党组书记、院长李占国一行来常山调研，并赴浙江天子股份有限公司了解企业生产经营情况。衢州市中院党组书记、院长危辉星，常山县领导潘晓辉、翁旭东、姜敏，常山县人民法院院长王小红参加。

8 月 5 日至 6 日，浙江省人大常委会副主任赵光君一行来常山调研指导工作，并赴浙江天子股份有限公司产品研发中心和食品加工中心，询问了解生产工艺、产业规模和出口销售等情况。

8 月 18 日，衢州市与常山县联动的"请你来协商——常山胡柚产业高质量发展"专题协商会在常山举办，衢州市政协副主席吴江平，常山县领导潘晓辉、林红汉、戴根林、黄法云、罗诚剑、范东英、汪卫东参加，部分常山县政协委员、企业代表、胡柚种植贩销大户为胡柚产业高质量发展出谋划策。

8 月 22 日，致敬中国动画学派倾情之作动画电影《胡柚娃》抗疫公映暨全域上线启动仪式在杭州举行。时任浙江省委宣传部副部长赵磊、衢州市人大常委会副主任朱建华、中国电影家协会儿童电影工作委员会会长郑虎等领导、专家出席，常山县委书记潘晓辉致辞，常山县领导林红汉、戴根林、姜敏等参加。

9 月初，《胡柚娃》入围 7 月全国国产电视动画片制作备案公示目录。

9 月，常山胡柚区域品牌被中国果品流通协会和浙江大学中国农村发展研究院中国农业品牌研究中心评定为品牌价值达到 10.23 亿元。

9 月 28 日至 10 月 4 日，第十六届中国国际动漫节在杭州白马湖国际动漫会展中心举行。常山"胡柚娃"作为浙江省第一个以地方特产为原型打造的动漫卡通形象，参加了本次动漫节，活动现场滚动播放 6 部"胡柚娃"系列动画片，以及《胡柚娃》动画电影宣传视频。

11月3日，柚香谷双柚项目投产仪式在常山县新都工业园区柚香谷投资管理有限公司举行。常山县委副书记、县长张少华宣布投产，常山县领导何健、戴根林参加。

11月11日，时任浙江省副省长陈奕君在《建议合力推动"衢枳壳"纳入〈中国药典〉》一文上作出批示。由常山县气象局组织起草的《常山胡柚高品质栽培农业气象服务规范》气象地方标准，经常山县市场监管局批准发布，于11月20日起实施。

11月15日，在青石镇澄潭村举行胡柚祖宗树祭拜祈福活动。

11月28日，2020年中国·常山乡村振兴大会隆重举行。浙江省政协原副主席陈艳华讲话。中国扶贫基金会理事长、国务院扶贫办原副主任郑文凯出席。农业农村部乡村产业发展司副司长刁新育，浙江省农业农村厅副厅长刘嫔珺，衢州副市长徐利水，常山县委书记潘晓辉分别致辞。国家、浙江省、衢州市有关部门，高校院所的领导嘉宾，以及张少华、林红汉、翁旭东等县领导参加。会上，胡庆余堂"庆余常山胡柚膏"新品全新上市；《常山胡柚产业高质量发展三年（2020—2022年）行动方案》正式发布。

2021年

1月，科教片《了不起的常山胡柚》在第十四届小康电视节目工程推选活动中荣获对农专题片优秀作品。

1月上旬，中国邮政农品基地"浙江常山胡柚"项目启动仪式在球川镇名优果品基地举行。该项目通过全国网点销售、上门收寄货物、提供低息贷款等措施，为常山县柚农降低了成本，增加了收入。同月，衢州市人民医院中心实验室团队在国际植物医学领域著名期刊《植物医学》（*Phytomedicine*）发表研究论文，指出衢州特色中药衢枳壳中两个活性成分保护胰岛 β 细胞的作用及分子机制。这标志着在衢枳壳活性成分防治代谢性疾病领域取得重要进展。

1月，常山胡柚特色农产品优势区列入2020年浙江省特色农产品优势区。

2月2日，"一份常礼迎新春百企直播助柚农"暨常山胡柚年货专场活动在青石镇村播基地举办。

2月28日，胡柚仓储中心正式开工建设。该中心位于青石镇新站村，建筑总面积2962平方米，总投资736万元。建成后，可形成集胡柚收购、贮藏、销售于一体的专业交易市场。

3月19日，常山柚橙（常山胡柚）药用研究开发合作签约仪式举行，北京大学药学院天然药物学系教授屠鹏飞代表北京大学医学部与常山县政府签订协议。常山县委副书记、县长张少华致辞，常山县领导戴根林主持。

3月24日，常山县委副书记、县长张少华一行前往杭州胡庆余堂集团，双方就胡柚深加工与市场开发等合作事宜进行座谈，进一步拓展胡柚未来发展空间，共谋胡柚高质量发展良策。常山县领导戴根林、蒋招达参加。

3月31日，浙江省食品药品检验研究院行文并上报相关资料给国家药典委员会。

4月8日，时任衢州市委书记徐文光来常山调研指导工作，赴太公山胡柚基地和胡柚种苗培育中心，现场了解胡柚品种培育、市场销售、产品开发等情况。衢州市委秘书长王良海，常山县领导潘晓辉、张少华、戴根林参加。

4月8日，《农民日报》刊发《常山胡柚的涅槃之路》文章。

4月18日，2021年中国（常山）胡柚产业交流会在常山县举行。活动由常山县农业农村局、《南方农村》报社共同主办，贵州西洋实业有限公司总冠名，常山县胡柚产业企业代表、胡柚生产乡镇（街道）种植户代表参会。

4月21日，2021年中国·常山"赏花问柚"品鉴活动在同弓乡太公山国家标准果园举行。潘晓辉、林红汉、翁旭东等常山县领导参加活动。

5月4日至5日，常山YOUYOU音乐节在金川街道徐村村激情开唱，景德镇文艺复兴乐队、钢心乐队、马良、马赛克乐队、木马乐队等轮番上

阵，为来自常山县内外的歌迷们送上了一场高质量的视听音乐盛宴。

7月14日，时任浙江省委书记袁家军在衢州调研浙江省委十四届九次全会精神贯彻落实情况时，专程来到常山"柚香谷"香柚产业园调研考察。时任浙江省委常委、秘书长陈奕君，时任衢州市委书记汤飞帆，常山县委书记潘晓辉等领导参加。

7月23日，常山县农业农村局下发《关于开展衢枳壳及常山胡柚新一轮良种选育工作的通知》，开始常山胡柚又新一轮的选育工作。

7月，常山县被列入全国首批72个农业科技现代化先行县创建示范县之一；9月6日，浙江大学校长助理陈昆松带队赴常山就先行县共建工作开展调研；12月底，浙江大学（常山）现代农业发展研究中心建立，"两柚一茶"为主要建设内容。

7月28日，时任浙江省委副书记、省长郑栅洁在衢州调研期间，专程到常山胡柚省级农业科技示范园调研考察。时任衢州市委书记汤飞帆、常山县委书记潘晓辉等领导参加。

9月1日，衢州市副市长徐利水率衢州市农业农村局、衢州市资规局等相关部门来常山调研"两柚一茶"产业。常山县领导张少华、戴根林陪同。

9月29日，常山县委办公室、常山县政府办公室下发《关于印发常山县"两柚一茶"产业高质量发展（2021—2025）行动方案的通知》，明确将胡柚、香柚、油茶三大品种合称"两柚一茶"作为常山县聚力培育的地方特色产业、县域支柱产业来抓，"两柚一茶"农产品加工与高端装备零部件作为山区26县发展建设共同富裕示范区两大支柱产业。计划到2025年基本建立高标准的种植体系，高效率的加工体系，高附加值的产品体系，高水平的营销体系，高融合的产业体系。"两柚一茶"总产量达到20万吨，全产业链总产值突破100亿元。

10月3日，奥运冠军杨倩作为常山城市公益形象代言人，到太公山胡柚基地拍摄《一切为了U》城市宣传片。

10月17日，浙江省委副书记、代省长王浩来常山调研发展和经济运行情况，专程来到常山"柚香谷"香柚产业园调研考察。浙江省政府秘书长陈新，时任衢州市委书记汤飞帆，时任衢州市委副书记、市长高屹，常山县委书记潘晓辉参加调研。

11月21日，常山县人民政府和浙江省食品药品检验研究院组织召开了常山柚橙收载入《中国药典》项目鉴定会，全国中药学、农学和植物分类学等知名专家参加了会议，专家组一致认为，"常山柚橙的干燥未成熟果实从清朝始，一直作为枳壳药用，质量符合《中国药典》各项指标以及药材枳壳的基原定义"。

12月3日，以"药食同源、健康同行"为主题的第一届"衢州市十大药膳"评选活动在衢江区莲花镇举行，来自各县（市、区）的50余家餐饮单位和相关企业参与评比。由常山县农业农村局、常山县餐饮行业协会推荐的"雪花猴菇""常山福柚羹"脱颖而出，分别获得银奖和铜奖。

12月中旬，常山县开出浙江省第一单地方财政补贴型柑橘（橙、柚）低温气象指数保险。这张保险单是由常山县委、县政府，常山县农业农村局，金融办，人保财险常山支公司联合浙江省气象局创新推出的绿色金融保险产品。只要温度低于-3℃，胡柚苗受损了，就可以获得相应的理赔。

12月22日，在"全力打造四省边际共同富裕示范区"主题新闻发布会常山专场发布会上，常山县政府发布了"一切为了U"城市品牌。这个"U"代表"胡柚、香柚、茶油"，这是常山的特色农产品，也代表"旅游""你"。"一切为了U"是常山在赶考共同富裕道路上，最新确定的城市品牌。

12月29日，浙江省农业农村厅、浙江省发展和改革委员会发文，将支持常山县跨越式高质量发展的若干意见，培育做强"两柚一茶"产业，作为浙江省委、省政府支持山区26县发展"一县一策"重要内容。

12月，常山胡柚区域公用品牌价值经组委会评估为12.25亿元。

2022 年

1 月 7 日，北京市大兴区黄村镇阜顺南路 6 号蜀海食品（北京）有限公司会议室。"'一起向未来，柚你我更精彩——浙江省衢州市常山胡柚捐赠仪式'进北京冬奥会"隆重举行。蜀海集团、首旅集团领导、常山县农业农村局领导分别致辞。

2 月 18 日，常山县人民政府与华润江中制药集团签署战略合作协议，现场发布双方合作的首款产品"江中牌常山胡柚膏"。华润江中制药集团有限责任公司董事长、党委书记卢小青，常山县委书记潘晓辉分别致辞。

2 月 26 日，中新社记者从浙江省衢州市常山县官方获悉，曾搭乘神舟十二号"太空旅行"三个月的 17 粒胡柚种子已开始播种育苗，预计半个月后萌芽。太空胡柚种子培育成功后，将为该县"两柚一茶"产业高质量发展带来新的增长点。

3 月 9 日，国家药品监督管理局分管局长陈时飞组织相关司以及药典委相关负责人、专家，召开常山柚橙收载入《中国药典》协调会，会议肯定了常山柚橙收载入《中国药典》研究结果的科学性和合理性。

7 月 19 日，浙江省副省长王文序批示浙江省药监局要求加快办理推动常山柚橙（常山胡柚）申请列入《中国药典》2020 年版增补本工作。

7 月 24 日，常山县委办公室、县政府办公室印发《关于推进"共富果园"建设工作的实施意见（试行）》的通知。在总结飞碓村创建经验的基础上，常山县创新开展"共富果园"扩面提升，计划创建 50 个以上，涉及"两柚一茶"等其他农林品种计 1.2 万亩。

7 月 28 日，时任国家药品监督管理局局长、农工党中央副主席焦红批示给国家药典委员会办理常山柚橙（常山胡柚）申请列入《中国药典》2020 年版增补本相关事宜。

8 月 2 日，由浙江省药监局副局长陈魁带队，常山县人大常委会副主任何健、副县长黄晓彬等人参加，赴国家药典委员会与兰奋秘书长、杨昭鹏副秘书长、何轶处长等药典委员会领导对接汇报，希望尽快组织召开常山柚橙收载入《中国药典》2020 年版增补本专家评审会。中旬，常山道地中药材衢枳壳生产技术标准——《中药材衢枳壳生产技术规程》衢州市地方标准在"浙江标准在线"正式发布，于 9 月 8 日正式实施。该标准对衢枳壳生产环境、栽培管理、采收与加工、成品要求等进行了规范，为衢枳壳中药材高质量生产提供了标准操作指南。

8 月 12 日，国家药典委员会主持召开常山胡柚收载入《中国药典》专家评审会。

8 月 19 日，常山县第二条日产 5 万箱双柚汁灌装生产线投产暨第二轮万亩香柚共富果园签约仪式举行，共同开启常山县"工农互补、双柚合璧"的新征程，标志着常山"双柚"产业在种植端和精深加工端都迈出了更加坚实的一步。衢州市人大常委会副主任、常山县委书记潘晓辉，常山县委副书记、县长王永明，浙江常山柚香谷投资管理有限公司董事长宋伟，常山县委常委、常务副县长许露华，常山县人大常委会党组副书记、副主任何健，常山县副县长黄晓彬等领导和嘉宾出席相关仪式。

8 月 30 日，中共浙江省委举行"中国这十年·浙江"主题新闻发布会。浙江省委副书记、省长王浩在回答浙江卫视记者有关"省里在统筹各地协同发展方面，下一步有什么样的布局和考虑"时指出：常山县的胡柚，是国家地理标志产品，将全力支持他们打造胡柚全产业链，使胡柚成为当地农民增收致富的"金果子"，确保在共富路上一个也不掉队。

9 月 15 日，常山县政府在北京组织中国中医科学院、华中农业大学、浙江中医药大学等相关权威专家召开"常山及周边地区枳壳药用植物基原考证"专家鉴定会。专家组认为常山胡柚即《衢州府志》《增订伪药条辩》《中华本草》等文献记载的在衢州常山及周边地区作为枳壳药用的植物基原。

9 月 16 日，浙江省农业高质量发展大会召开。会上，衢州市人大常委会副主任、常山县委书记潘晓辉代表常山作交流发言。他以《全链发力打造胡柚产业推动农业一二三产融合发展》为题，围绕胡柚的老树新生、全

果利用、跨界融合，介绍了常山县在胡柚产业发展上作出的探索实践和形成的经验做法。

9月17日，《常山柚橙作为枳壳药用的考证与研究》调查报告、专家鉴定意见等补充资料已经全部整理完成，并以常政〔2022〕24号文件行文递交给浙江省食品药品检验研究院要求上报给国家药典委员会。

10月3日，大型跨国纪录片《伊路向东》以常山胡柚为主角，向伊朗观众讲述一只水果撬动第一、二、三产业融合发展的故事。

10月上旬，国家知识产权局关于2022年国家地理标志产品保护示范区筹建名单公示结束，常山胡柚国家地理标志产品保护示范区成功入选，为衢州市首个，全国仅有29个，全省仅3个。

11月3日，浙江省乡村振兴局公布了30个农产品为浙江省第一批263共富农产品，双柚汁榜上有名。

11月，"常山胡柚筑坎撩壕栽培系统"被列入浙江省首批重要文化遗产资源名单。

11月19日，《农民日报》头版刊发长篇通讯《量身定制、谋上而动——看浙江大学农业科技推广之道》，其中常山胡柚崛起的背后为典型案例之一。

12月18日，"常山县U系列新品发布活动"在杭州博览中心召开，现场发布了胡柚、油茶等16款U系列新品。

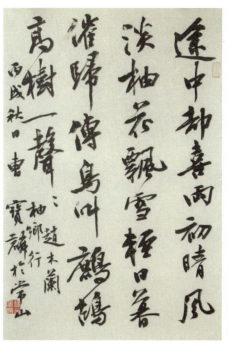
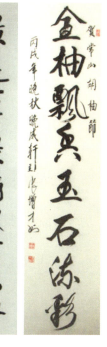

曹宝麟　　　　　　　曾越河　　　　　　　张增才

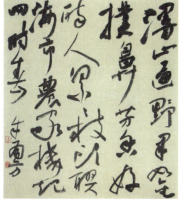

朱勇方　　　　　　　蓝耀　　　　　　　陈仲芳

陈进　　　　　金运成　　　来仲棣

穆鼎宇　　　　竺庆有　　　　袁道厚

2014 年 11 月 8 日《今日常山》刊发胡乾平谱写的歌曲——《胡柚之恋》

南中荣橘柚

唐·柳宗元

橘柚怀贞质，受命此炎方。

密林耀朱绿，晚岁有馀芳。

殊风限清汉，飞雪滞故乡。

攀条何所叹，北望熊与湘。

留山间种艺十绝 其七 柚

宋·刘克庄

两树亭亭藓砌傍，未论包贡奉君王。

世无班马堪熏炙，且嗅幽花亦自香。

元英折惠柚花

宋·朱槔

白玉繁花五叶芳，春风吹尽洞庭霜。

河西道眼分明处，识破此中知见香。

柚花

宋·朱熹

春融百卉茂，素荣敷绿枝。

淑郁丽芳远，悠飔风日迟。

南国富嘉树，骚人留恨词。

空斋对日夕，愁绝鬓成丝。

和仲良分送柚花沉

宋·杨万里

其一

薰然真腊水沉片，烝以洞庭春雪花。

只得掾曹作南薰，国香未向俗人夸。

其二

锯沉百叠糁琼英，一日三薰更九烝。

却悔香成太清绝，龙涎生炉木犀憎。

其三

鹤骨龙筋金玉相，诗人十袭几年藏。

已惊好手夺天巧，更遣馀芬恼楚狂。

黄知橘柚来

宋·楼钥

一舸放长江，遥林底处黄。

自知来橘柚，先已照沧浪。

绿叶凝烟密，金苞射日光。

相迎苍县雨，暗识洞庭霜。

味诧江陵种，庭垂禹庙荒。

何如船上看，数里更飞香。

寄橘柚

宋·韦骧

海门橘柚胜湖湘，采献铃斋有意将。

旧岁空希杜陵句，今年方报董泾霜。

敢私磊落充宾豆，愿贡甘香佐寿觞。

蕴藻可羞诚所致，厥包况是重维扬。

常山道中即事

明·孙承恩

登登山径绕羊肠，天际孤吹送晚凉。

鸟带暝烟投远峤，马驰斜日转危冈。

汀洲水溢蒹葭老，篱落人家橘柚香。

风景渐于乡土异，黯然离思共秋长。

常山道中

明·王思任

石壁衢江狭，春沙夜雨连。

溪行如策马，陆处或牵船。

云碓滩中雪，人家柚外烟。

故乡寒食近，啼断杜鹃天。

橘柚

明·鲁铎

橘柚同年种，新梢竞过墙。

未输武陵绢，初试洞庭霜。

岩蜜堪齐味，金丸合避黄。

朝来持斗酒，资尔听莺簧。

喜橘柚花盛开再成

明·郭之奇

朝来春雨为春飐，春色如丝趁晓光。

幽人启户思冥窦，扑鼻侵凌几树香。

绿叶清姿朝映雪，黄须碧蕊暮凝霜。

春风夜夜吹女急，恐尔乘春亦太狂。

相怜有意穿林入，三步开襟五步忙。

所谓伊人在一方，茅斋竹舍饱馀芳。

春山热眼动遥妆，春水涵情日断肠。

常山道中

明·顾璘

旅况逢秋尽，山行叹路赊。

旱来无野渡，乱后少人家。

橘柚寒多实，夫容晚自华。

愁云黯无极，肠断楚天涯。

香柚

明末清初·屈大均

最是增城柚，天寒益有香。

那能成玉液，只是饱清霜。

一树殷勤数，三冬次第尝。

楚臣知有此，应亦颂芬芳。

从澹翁六叔乞取香柚

明末清初·屈大均

爱尔增城柚，黄时及大冬。

霜多催熟早，雨少使香浓。

就树须亲摘，成林即素封。

畏寒吾不食，持作玉盘供。

柚灯

明末清初·屈大均

其一

柚灯多出女儿家，持作中秋不夜花。

尽去红瓤馀紫玉，深含朱火似丹砂。

枝枝巧制鸾龙样，颗颗光争日月华。

七夕素馨穿百子，琉璃点处更如霞。

其二

羊城灯好最堪夸，柚子雕成分外华。

珠向中秋争吐月，火同元夕竞生花。

佳人香染团团露，稚子光分点点霞。

岁岁霜林亲买取，酸甜不独为冰牙。

橘柚

明末清初·屈大均

橘柚炎天物，霜时熟更红。

骚人曾颂汝，香在九章中。

香柚

明末清初·屈大均

冬深熟始黄，香甚为含霜。

玉手休冰著，堆他在绣床。

玉烛新赋蓬溪何园柚

清末·周岸登

高林霜意透。

见翠黡黄匀，水犀纹绉。

蟹螯共侑。

东篱下，伴得寒香盈袖。

休呼橘友。

沁鼻观、枸橼同嗅。

融蜡蒂、壶样轻圆，珠寰絮云笼就。

擘来绮席晶盘，更小试并刀，剥烦纤手。

月梳细剖。

罗囊解、玉裹琼蕤光溜。

吴盐初逗。

怕齿软、瑶姬禁受。

争比并、容管沙田，恭城雒垢。

参观胡柚基地

徐步达

漫山遍野果如金

扑鼻芳香好醉人

累累指头联海市

农家楼起四时春

胡柚赞

薛淑琴

青枝红壤发

甘果沁心香

日月精华蓄

乾坤灵气藏

汁甜精肺火

味美润肝肠

胡柚芳名远

金川彩凤翔

咏胡柚

甘荣兰

绿波滚滚郁芬芳

硕果迎枝笑语藏

溅齿香纯鲜可口

车来车往嫂姑忙

柚花开时，常山喷香

王春国

三月阳春

春雨润物

胡柚树露白枝头的花骨朵

一夜春风

整树整树

满山遍野春风如令，

竞相绽放柚花朵朵密密齐齐

如玉般的洁白在嫩绿新叶的衬托下

楚楚动人

柚花树树

繁星似锦如溅起的浪花洒落其中

在春风吹动下摇曳弄姿胡柚花

万亩竞放花香四溢

香满常山

睡梦中慢城的人们

因柚花清香露出可人笑颜

常山喷香

赏花人来了

摄影师来了

写生画画的来了

八方游客来了

农家乐乐了

胡柚园热闹了

常山人气旺了

留下美好身影

留下宾客的赞美

留下柚花香美的记忆

留下慢城常山的良好印象

柚花开时，常山喷香

序号	作者	题名	刊名	年	期
1		我省三种水果五种名茶优质茶获得农牧渔业部优质产品奖杯	茶叶	1986	2
2	戚英鹤	常山县成立胡柚研究所	浙江林业科技	1987	2
3	董振丕	常山胡柚	农业科技通讯	1987	7
4	徐祥隆	胡柚果实品质评分标准	浙江林业科技	1987	4
5	方胜	胡柚	林业科技开发	1987	3
6	张建和	我省承担的林业部全国林业科技重点推广项目总结座谈会在杭召开	浙江林业科技	1988	1
7	龚洁强、赵建明、缪天纲、叶杏元	胡柚在实生繁殖下的遗传变异调查	浙江柑桔	1989	1
8	潘定扬、杨羊根、潘富英	胡柚	中国水土保持	1990	4
9	方树古、刘贤泰、傅国明、高桂庭	胡柚砂囊饮料的加工技术	中国果品研究	1990	4
10	魏安靖、戚英鹤	常山选出一批胡柚优株	今日科技	1991	6
11	徐祥隆	常山胡柚	中国林副特产	1991	1
12	叶良华、姜利成、叶玉贵	柑橘苗圃覆盖芒萁防冻效果好	中国柑橘	1991	4
13	刘联友	常山胡柚选优成果通过鉴定	浙江柑桔	1991	3
14	刘联友	幼龄椪柑园绿肥套种调查	浙江柑桔	1991	4
15	刘联友	浙江省常山县柑橘冻害调查	浙江柑桔	1992	2
16	方树古、骆胜、刘贤泰、傅国民、陈营	胡柚系列产品的加工技术	食品工业科技	1992	5
17	李襄乔、陈耀畅、贝增明、毛荣香、王剑荣	胡柚贮藏保鲜研究	经济林研究	1992	2
18	潘定扬	开发侵蚀劣地发展胡柚生产	中国水土保持	1993	5
19	陈志明	胡柚加工不能照搬桔子加工的方法	食品工业科技	1993	3
20	陈育松	果品新秀——胡柚	江西林业科技	1993	4
21	魏安靖、戚英鹤、赵四清、贝增明、杜红亮	胡柚授粉试验初报	浙江林业科技	1993	6
22	陈耀畅、李襄乔	胡柚开发利用及栽培技术	经济林研究	1993	S1

续表

序号	作者	题名	刊名	年	期
23	戚英鹤、魏安靖	胡柚花芽分化观察	浙江林业科技	1994	1
24	严流春、徐木水、张震海	常山胡柚的开花结果习性	浙江林学院学报	1994	1
25	仲山民、田荆祥、吴美春	常山胡柚果实贮藏期间营养成分含量的变化	浙江林学院学报	1994	1
26	蒋柏宏	常山胡柚的若干特性	浙江柑桔	1994	2
27	戚英鹤、魏安靖、赵四清、贝增明	常山胡柚胚型的初步观察	浙江林学院学报	1994	2
28		经济林发展势头好	中国林业	1994	9
29	缪天纲	常山胡柚的贮藏性	浙江柑桔	1994	3
30	张沈龙、林开敏、林思祖	胡柚套种西瓜复合经营技术	林业科技通讯	1995	1
31	戚英鹤、魏安靖	发展胡柚要重视良种壮苗	浙江林业	1995	1
32	区振棠	庭园水果新秀——胡柚	园林	1995	2
33	陈昆松、张上隆、李方、陈青俊、刘春荣	胡柚果实采后枯水的研究	园艺学报	1995	1
34	戚英鹤、魏安靖	山地发展胡柚的有利因素及园地选择	浙江林业	1995	2
35	张希盛	发展经济林路在何方	浙江林业	1995	2
36	戚英鹤、魏安靖	胡柚的抗旱防冻应早作准备	浙江林业	1995	3
37	杨兴良	溃疡病在胡柚上的发生特点及其防治	浙江柑桔	1995	2
38	仲山民、田荆祥	常山胡柚果实营养成分分析	经济林研究	1995	2
39	留风	常山胡柚生物学特性及栽培技术	林业科技开发	1995	3
40	冯三弟、郑忠明、泮新康	柑橘溃疡病发生规律及防治	浙江柑桔	1995	3
41	戚英鹤、魏安靖	胡柚的施肥	浙江林业	1995	5
42	符华福、程学和	胡柚溃疡病的药剂防治试验初报	浙江农业科学	1995	5
43	向守宏、童绪义、华捷	早熟温州蜜柑换接胡柚的早期表现	中国柑桔	1995	4
44	张上隆、陈昆松、赵四清、贝增明、叶杏元、张百寿、刘春荣	胡柚果实贮藏技术研究	浙江农业学报	1996	1

续表

序号	作者	题名	刊名	年	期
45	杨兴良、叶杏元	1995年常山县柑橘后期大量落果情况的调查	浙江柑桔	1996	1
46	陈昆松、张上隆、叶庆富、李方、贝增明、叶杏元	胡柚果实采后枯水机理与防枯技术研究	应用基础与工程科学学报	1996	1
47	吴瑞良	开发千亩胡柚场悉心管理出效益	新农村	1996	10
48	楼伟镁	柑橘珍果——常山胡柚	中国林业	1996	11
49	孟幼青、徐展华、丁勇、朱碧兰	农霉素防治柑橘溃疡病试验	浙江柑桔	1996	4
50	黎章矩、王伟、叶胜荣	浙江省经济林发展的历史、现状和前景	浙江林学院学报	1996	4
51	孙劲松	慧眼觅新闻——简析《喜看胡柚贴商标》	新闻实践	1997	1
52	严元俭、徐晓恩	喜看胡柚贴商标	新闻实践	1997	1
53	钟依均、胡美仙、吴小华、汪文建、陈秀莲	胡柚果肉果汁型饮料的生产技术	食品工业科技	1997	1
54	何天富、何绍兰、邓烈、谢治银	柚类生产在我国柑橘业持续发展中的作用	中国南方果树	1997	2
55	郑立云	胡柚黄斑病初发应引起重视	浙江林业	1997	2
56	邹建凯、朱俞华	常山胡柚香气成分研究	香料香精化妆品	1997	2
57	钱国女	抓好龙头提高"常山胡柚"的产业化水平	中国农村经济	1997	5
58	阮秀春	曲枝拉枝措施可以促进胡柚提早结果	柑桔科技与市场信息	1997	2
59	徐金木	常山胡柚销售看好　价格扶摇直上	柑桔科技与市场信息	1997	2
60	姜金泉	常山县实施名牌战略开发胡柚	浙江林业	1997	3
61	阎寿根	实施名牌战略推进农业产业化——衢州市农业产业化进展调查	农业经济问题	1997	6
62	胡升荣、王建华、周正威、汤建成	胡柚在武义的生长结果习性调查	江西果树	1997	3
63	陈云鹤、丁思统、付贞标	玉山胡柚系统分析及收获模型	江西林业科技	1997	S1
64	谢栽贵	开发新品市场领先	浙江林业	1998	2

序号	作者	题名	刊名	年	期
65	徐立平	细胞激动素对胡柚的保果效应及使用技术	中国水土保持	1998	7
66	马成	玉屏新辟四个果品基地	农村经济与技术	1998	8
67	郑少华	胡柚枇杷止咳露的制备和应用	江西中医学院学报	1998	3
68	孙猛、王刚	胡柚丰产栽培技术	湖北林业科技	1998	4
69	杨兴良	柑橘黄斑病在胡柚上发生特点及其防治	中国南方果树	1998	6
70	赵四清、陈国利	常山胡柚应用ABT-9生根粉进行保花保果试验初报	浙江林业科技	1998	6
71	张韵冰	杂柑明珠——胡柚	植物杂志	1998	6
72	张改云、陈桂英	农产品争注商标的启示	致富天地	1999	2
73	陆彩鸣	赞"六任书记一道令"	共产党员	1999	3
74	缪满英	胡柚幼龄结果树夏梢的控制与利用	浙江柑桔	1999	1
75	程云行	山区非木质资源利用与林业产业化经营——浙江常山胡柚产业化成功实践的启示	农业经济	1999	7
76	余柏成	柑橘、胡柚疏果技术	中国林业	1999	8
77	杨兴良、刘联友、叶杏元	常山县胡柚和椪柑"三疏二改"优化栽培技术	浙江柑桔	1999	3
78	蔡新民、张振康	林秉富承包胡柚园发家	新农村	1999	11
79	张进伟、郑建威	胡柚缺硼的特点及防治	中国南方果树	1999	6
80	祝晓农	发展特色农业壮大县域经济——常山县发展胡柚生产的实践与思考	瞭望新闻周刊	1999	48
81	刘联友	胡柚"三疏二改"园后续配套管理技术	浙江柑桔	1999	4
82	王白坡、戴文圣、程晓建、喻卫武、王利忠、鲍李洪、鄢荣保	8种经济树种在低丘红壤上的表现及对土壤养分变化的影响	浙江林学院学报	1999	4
83	赵豪清、徐晓恩、缪宏	过了五关喜了四方	中国林业	2000	1
84	张昭、毛新伟	农民经纪人搞活常山胡柚贩销	光彩	2000	2
85	严流春	确保胡柚优质丰产的技术措施	柑桔与亚热带果树信息	2000	2

续表

序号	作者	题名	刊名	年	期
86	吴浙东	几种药剂防治胡柚溃疡病的药效试验	中国南方果树	2000	2
87		优良新品种简介	湖北林业科技	2000	1
88	刘春荣	柑橘业应对"入世"的初步举措及其成效	福建果树	2000	1
89	陈旭岷、朱晓英、杜国坚、杨在娟	低丘林果营造技术及效益评价研究	经济林研究	2000	2
90	严流春	常山胡柚质量存在的问题及其对策	柑桔与亚热带果树信息	2000	7
91	潘佑找、费永俊、周存宇、张绍玉、王克兆	几个柚类品种在江汉平原地区的表现	广西园艺	2000	3
92	阎寿根	标准化：品牌农业和名牌战略的基础	中国农村经济	2000	9
93	刘春荣、方培林、杨海英、吴雪珍、黄国善、余良富	柑橘果实套袋栽培试验	中国南方果树	2000	5
94	仲山民、田荆祥、林海萍、黄正省、蔡玲芳	常山胡柚脯的加工技术	经济林研究	2000	3
95	梁和、石伟勇、马国瑞、杨玉爱	叶面喷硼对柑橘硼钙、果实生理病害及耐贮性的影响	浙江大学学报（农业与生命科学版）	2000	5
96	何照斌、黎雨金、徐东良	几种不同药剂防治常山胡柚黄斑病的效果试验	浙江林业科技	2000	5
97	徐明岳、项汝根	郭大良技术承包成效显著	新农村	2000	11
98	叶杏元、贝增明	常山胡柚特性及栽培要点	中国南方果树	2000	6
99	陈用雅	立足常山实际突出"农"字特色	中华商标	2000	12
100	仲山民	常山胡柚可持续发展问题探讨	经济林研究	2000	4
101	赖惠清	柑橘溃疡病田间消长规律及防治适期探讨	浙江林业科技	2000	6
102	仲山民、林海萍、田荆祥	常山胡柚砂囊悬浮果汁的研制	中南林学院学报	2000	4
103	刘联友	胡柚黄斑病的发生与防治	浙江柑橘	2001	1
104	杜建良、潘锡和、向世清、黄玉凤	胡柚高产栽培技术研究初报	柑桔与亚热带果树信息	2001	5
105	黄锦朝	保护钱江源头建设绿色大县	中国林业	2001	15

续表

序号	作者	题名	刊名	年	期
106	陈用雅	常山实施名牌战略"开花结果"	中华商标	2001	7
107	梁和、马国瑞、石伟勇、杨玉爱	硼钙营养对胡柚果实品质的影响	广东微量元素科学	2001	7
108	陈用雅	"常山胡柚"证明商标的使用和管理	中华商标	2001	9
109	程绍南、贝增明、叶杏元、陈友清、杨兴良、冯先桔	胡柚与日本甘夏的同类性及其胡柚罐头的开发	中国南方果树	2001	6
110	杜红亮	常山胡柚 9 个优株高接鉴定初报	浙江林业科技	2001	6
111	陈用雅	"常山胡柚"证明商标的注册与使用管理	工商行政管理	2002	Z1
112	丁启才	柚乡变化大走访收获多	浙江林业	2002	2
113	冯先桔、程绍南、陈友清、叶军	日产 HP-20 吸附树脂在胡柚汁脱苦上的应用研究	浙江柑橘	2002	1
114	程绍南	浙江省柑橘加工现状及其发展思路（下）	浙江农业科学	2002	2
115	周国宁、陈相强、骆文坚	大树移栽技术探讨	浙江林业科技	2002	2
116	黄锦朝	常山未来寄望"三色"产业群	浙江经济	2002	9
117	高春奇	胡柚种植技术	农村实用技术与信息	2002	6
118	梁秋霞、李端兴、陈金和	常山胡柚无公害生产管理技术总结	浙江林业科技	2002	3
119	陈启亮	我国杂柑良种选育进展	中国南方果树	2002	4
120	翁水珍	红壤丘陵胡柚优质高产高效栽培技术	柑桔与亚热带果树信息	2002	7
121	汪钊、何晋浙、郑裕国、叶娳娜	柑橘果醋加工中柠檬苦素的微生物酶降解研究	中国酿造	2002	4
122	仲山民	常山胡柚低糖果酱的加工	食品工业科技	2002	8
123	陈力耕、胡西琴、赵四清	关于胡柚起源的分子研究	园艺学报	2002	3
124	郑爱农	柑橘将减产　销售会看好	农家顾问	2002	9
125	吴家森、仲山民、潘月	常山胡柚果实大小与保护酶活性的关系	浙江农业学报	2002	5
126	梁和、马国瑞、石伟勇、杨玉爱	硼钙营养对不同品种柑橘糖代谢的影响	土壤通报	2002	5

续表

序号	作者	题名	刊名	年	期
127	高超跃、罗有和	不同中间砧高接胡柚的效果	中国南方果树	2002	6
128	杨兴良、叶杏元、贝增明、朱振春	常山胡柚套袋技术	柑桔与亚热带果树信息	2002	11
129	郑立云	石硫合剂渣液防治星天牛效果明显	柑桔与亚热带果树信息	2002	11
130	高超跃、罗有和	雪柑高接胡柚的效应	福建果树	2002	S1
131	赵豪清、缪宏	胡柚篮里故事多——浙江常山加快胡柚产业发展纪实	林业经济	2003	1
132	赵雪梅、叶兴乾、席屿芳、朱大元、蒋山好	胡柚皮中的黄酮类化合物	中草药	2003	1
133	仲山民、林海萍	常山胡柚果酱的加工研制	食品科学	2003	2
134	姜培坤、周国模	侵蚀型红壤植被恢复后土壤微生物量碳、氮的演变	水土保持学报	2003	1
135	仲山民、胡芳名、谭晓凤、郑勇平、何照斌、杜红亮	常山胡柚叶片 DNA 的抽提与分析	江苏林业科技	2003	1
136	赵雪梅、叶兴乾、席屿芳、朱大元、蒋山好	胡柚皮中的化学成分研究（Ⅰ）	中国中药杂志	2003	3
137	陶俊、张上隆、张良诚、安新民、刘春荣	柑橘果皮颜色的形成与类胡萝卜素组分变化的关系	植物生理与分子生物学学报	2003	2
138	仲山民、胡芳名、田荆祥	常山胡柚果实的综合利用研究	江西林业科技	2003	2
139		致富快讯	乡镇论坛	2003	10
140	金志凤、尚华勤	GIS 技术在常山县胡柚种植气候区划中的应用	农业工程学报	2003	3
141	仲山民、胡芳名、谭晓凤、郑勇平、何照斌、杜红亮	常山胡柚优良无性系的 RAPD 分析	湖南林业科技	2003	2
142	祝渊、陈力耕、胡西琴	柑橘果实膳食纤维的研究	果树学报	2003	4
143	赵雪梅、叶兴乾、席屿芳	胡柚皮中黄酮类化合物提取及抗氧化性研究	果树学报	2003	4
144	杨兴良	常山胡柚无公害栽培技术	中国南方果树	2003	4

续表

序号	作者	题名	刊名	年	期
145	赵雪梅、叶兴乾、朱大元、蒋山好	胡柚皮挥发油的化学成分和抗菌活性初步研究	中国中药杂志	2003	11
146	刘春荣	分批采摘抗旱防冻适时销售　衢州市大旱之年力争柑橘增产增收	柑桔与亚热带果树信息	2003	11
147	刘春荣	常山胡柚获国家原产地域保护	柑桔与亚热带果树信息	2003	12
148	姜培坤、周国模、钱新标	侵蚀型红壤植被恢复后土壤养分含量与物理性质的变化	水土保持学报	2004	1
149	蓝云龙、斯金平、徐象华、阮秀春	不同花粉授粉对翡翠柚座果率的影响	浙江林业科技	2004	1
150	吴家森、仲山民、周仙根、吴夏华、童志鹏	常山胡柚果实采后贮藏期间的生理生化变化	中南林学院学报	2004	1
151	仲山民	常山胡柚研究现状及存在的问题	经济林研究	2004	1
152		苦味和什锦水果罐头倍受欢迎	监督与选择	2004	4
153	赵雪梅、叶兴乾、席玛芳	胡柚皮中黄酮类化合物提取工艺优化研究	中国食品学报	2004	2
154	魏秀章、兰建军	桔园受旱后的管理技术	柑桔与亚热带果树信息	2004	5
155	蓝云龙、斯金平、罗雅慧、俞永健、汤后良	柑橘类潜叶甲的发生及其防治	浙江柑橘	2004	2
156	仲山民	常山胡柚砂囊罐头的加工工艺研究	食品科技	2004	8
157	洪友君、宋维治、方树平	提高胡柚果实品质的几项措施	柑桔与亚热带果树信息	2004	8
158	郑仕华、邢真伟、王丽珠	象山红在胡柚上的高接表现	浙江柑橘	2004	3
159	仲山民	常山胡柚果汁饮料的加工研制	食品工业科技	2004	9
160	郑君、吴文明、毕旭灿、裴祖旺	常山胡柚专用肥试验初报	浙江柑橘	2004	4
161	周国模、姜培坤	不同植被恢复对侵蚀型红壤活性碳库的影响	水土保持学报	2004	6
162	俞日梁、杨兴良、刘贤泰、叶杏元、贝增明	常山胡柚疏果量确定试验初报	浙江林业科技	2004	6
163	陈亦辉	全果压榨常山胡柚浓缩汁的加工	食品研究与开发	2004	6

续表

序号	作者	题名	刊名	年	期
164	马俞高、吴竹明	浙江省果品特产地质背景初探	中国地质	2004	S1
165	黄元佐	常山胡柚在海涂地的栽培表现及早结丰产栽培技术	中国南方果树	2005	1
166	梁和、马国瑞、石伟勇、杨玉爱	硼钙营养对胡柚果实激素及相关酶代谢的影响	土壤通报	2005	1
167	裴祖旺、胡金土、毕旭灿	常山胡柚需肥量调查分析	浙江柑橘	2005	1
168	刘春荣	衢州市推进柑橘产业标准化的实践与对策	柑桔与亚热带果树信息	2005	3
169	郑后斌、龚增秀	滨海涂地胡柚优质丰产栽培技术	柑桔与亚热带果树信息	2005	3
170	咏远	果园盛开致富花	农产品市场周刊	2005	16
171	俞日梁、陈国利、陈新建	胡柚果实套袋试验初报	浙江林业科技	2005	2
172	洪友君	胡柚园蜗牛的综合防治	柑桔与亚热带果树信息	2005	5
173	中国人民银行常山县支行课题组	对欠发达地区新型农民专业合作社运作模式的调查与思考	浙江金融	2005	6
174	吴文明、杨兴良、季土明、郑君、毕旭灿、胡金土、黄日江、俞日梁	常山胡柚几个新选育单株性状初报	柑桔与亚热带果树信息	2005	6
175	梁和、石伟勇、马国瑞、杨玉爱	叶面喷硼对胡柚和温州蜜柑生理特性的影响	广西农业生物科学	2005	2
176	陈新建、俞日梁、郑祖福	常山胡柚无公害栽培技术	浙江林业科技	2005	3
177	王前华、余树全、周国模	红壤丘陵区不同类型生态系统的小气候效应	浙江林学院学报	2005	3
178	吴文明、杨兴良、季土明、郑君、俞日梁、毕旭灿、胡金土、黄日江	常山胡柚几个新选育单株性状初报	浙江柑橘	2005	3
179	刘春荣	衢州柑桔出口前景及扩大出口的措施探讨	中国果菜	2005	5
180	仲山民、何照斌、胡芳名	常山胡柚果实的生长发育规律	经济林研究	2005	3

续表

序号	作者	题名	刊名	年	期
181	曾燕如、胡瑛、斯金平、徐象华	浙江丽水 16 个柑橘特色品种的 RAPD 分析	浙江林学院学报	2005	5
182	顾冬珍、陈健民	柑橘"三疏一改"及优化配套技术的应用与推广	中国南方果树	2005	6
183	张菊华、单杨、李志坚、吴跃辉	杂柑类品种制汁加工适应性研究	现代食品科技	2006	1
184	曹唐林、王国军、徐海平、刘春荣、陈健民	推广桔园托管促进果园流转提高产业效益——衢州市桔园流转现状调查及对策	中国果业信息	2006	2
185	季土明	农业标准化技术实施新模式——"常山胡柚科技服务队"发展前景探讨	浙江柑橘	2006	1
186	邢真伟	特早熟温州蜜柑在胡柚上的高接表现	现代园艺	2006	4
187	胡水泉、何刚国、郑雪林、赵炳生、兰国珍、李建忠、刘樟耀	衢州柑橘发展的现状与对策	中国农村小康科技	2006	4
188	李和生、王鸿飞、周石磊、励迪平	柑橘类果汁中柚皮苷的分析	农业机械学报	2006	4
189	俞日梁、陈新建、叶杏元、杨兴良、贝增明、郑国民	常山胡柚品种起源及栽培研究进展	浙江林业科技	2006	3
190	田香芹、张吴贞、路丽、孔森	柑橘、胡柚疏果技术	中国农村科技	2006	6
191	李春美、钟朝辉、窦宏亮、顾海峰、谢笔钧、杨尔宁	胡柚皮中两个二氢黄酮的分离与鉴定	食品科学	2006	6
192	赵雪梅、叶兴乾、席屿芳、朱大元、蒋山好	胡柚皮有效成分的分离鉴定及其药理活性	果树学报	2006	3
193	毕旭灿、吴文明、季土明、李水昌、朱雨华、黄日江	常山胡柚种子数量与环境关系探讨	浙江柑橘	2006	2
194	廖水法、祝良广、马师春	柑橘的疏果和增施有机肥	中国林业	2006	13
195	陈卓、沈越	证明商标造福一方百姓	浙江人大	2006	7
196	徐晓静	胡柚咋不甜了	科学课	2006	7

续表

序号	作者	题名	刊名	年	期
197	刘敢平	柑橘"三疏一改"技术	果农之友	2006	8
198	蒋自珍、袁亦文、孟幼青、郑京相、章丽华、王海英	不同柑橘品种对柑橘黄龙病抗性试验	中国植保导刊	2006	9
199	朱雨华	胡柚幼龄旺树促花技术	浙江柑橘	2006	3
200	毕旭灿、方泉寿、徐有滨、冯金祥、姜翔鹤	常山胡柚灰象甲的发生与防治对策	浙江柑橘	2006	3
201	池广友、方修贵	胡柚茶的研制	浙江柑橘	2006	4
202	陈士超、杨红、郑勇平、陈跃磊、邱英雄	分子标记鉴定常山胡柚优良基因型的初步研究（英文）	分子细胞生物学报	2006	6
203	兰呈荣、杨建华、朱冠霖	胡柚高接换种甜桔柚技术研究	中国科技信息	2007	1
204	何慎	胡柚低产园改造技术	中国南方果树	2007	1
205	赵雪梅、叶兴乾、朱大元	常山胡柚皮中挥发性成分分析	果树学报	2007	1
206		2007年2月5日—2月16日中央电视台七频道《每日农经》节目内容	农村百事通	2007	6
207	王伟成	胡柚椪柑	湖南农业	2007	5
208	吴跃辉、向德明、孙敏、蒋忠强、张菊华、李志坚	胡柚引种及罐藏适应性研究	广西园艺	2007	3
209	吴文明、杨兴良、季土明、毕旭灿、李慧军	有机胡柚的病虫害综合防治（IPM）技术研究	中国南方果树	2007	3
210	龚榜初、陈益泰、周文科、邵新华、黄燕飞	施肥与套袋处理对胡柚产量和品质的影响	湖南农业科学	2007	3
211	庞瑞、杨中林	不同产地不同品种柚皮中总黄酮和柚皮苷的含量比较	药学与临床研究	2007	3
212	龚榜初、陈益泰、周文科、邵新华、黄燕飞	红壤丘陵区地面覆盖对胡柚园土壤环境与品质的影响	江西农业大学学报	2007	4
213	徐贵华、叶兴乾、徐国能、胡玉霞、刘东红	微波处理对胡柚皮酚酸、黄烷酮糖苷含量及抗氧化性的影响	中国食品学报	2007	5

续表

序号	作者	题名	刊名	年	期
214	李玉新、彭丽云、方丽	胡柚皮熏洗外敷治疗足跟痛	中国误诊学杂志	2007	25
215	程绍南	我国柑橘加工业发展现状及趋势	农产品加工	2007	11
216	潘利华、罗水忠、杨阳、罗建平	β-葡萄糖苷酶对胡柚汁脱苦效果的研究	食品科学	2007	12
217	叶国庆、郑后斌	胡柚在滨海涂地栽培技术要点	浙江柑橘	2007	4
218	时海香、仲山民、吴峰华	超临界 CO_2 萃取常山胡柚天然色素工艺	林业科技开发	2008	1
219	常山县财政局、常山县农业综合开发办公室、浙江省农村财政研究会联合课题组，俞宝根、戴根林、吴云法等	加快常山胡柚产业化发展的对策研究	农村财政与财务	2008	2
220	龚榜初、陈益泰、周文科、邵新华、黄燕飞	金衢盆地红壤丘陵区常山胡柚低产林改造技术研究	林业科学研究	2008	1
221	姜翔鹤	赤霉素对常山胡柚贮藏期果实的敏感性试验	浙江柑橘	2008	1
222	姜云光	浙西柑橘流蜜规律	中国蜂业	2008	4
223	彭迎春	胡柚连年丰产的生育指标与无公害栽培技术	福建农业科技	2008	2
224	罗水忠、罗建平、潘利华、姜绍通	乳酸菌原位生物降解胡柚果汁中柠檬苦素的研究	农业机械学报	2008	4
225	张中原	开发荒山建庄园	农家顾问	2008	5
226	李肖华、许尧新	实生胡柚在城市绿化中的应用	中国林业	2008	11
227	廖友贤、王雪松、黄法利、解丽珍、王福兴	以胡柚作中间砧嫁接外来脐橙试验研究	湖北林业科技	2008	3
228	温明霞、林媚、聂振朋、冯先桔、平新亮、蔡文、王燕斌	胡柚及其芽变品系抗寒性研究初报	福建果树	2008	2
229	但俊峰、盛雪飞、陈健初	5 种柚汁中主要抗氧化成分含量及其抗氧化能力的比较	食品科学	2008	7
230	郅景梅、张天歌	胡柚皮中化学成分的研究	黑龙江医药	2008	4

续表

序号	作者	题名	刊名	年	期
231	时海香、仲山民	常用食品添加剂对常山胡柚色素稳定性的影响	食品与机械	2008	5
232	时海香、仲山民、吴峰华	超临界二氧化碳萃取常山胡柚外果皮中天然色素的工艺研究	浙江林学院学报	2008	5
233	陈建平	常山县：提升农业科技企业创新能力	今日科技	2008	10
234	刘伟、单杨、李高阳、张群、张菊华、苏东林	柑橘类果实中柚皮苷含量的测定	食品与机械	2008	6
235	汪红燕、吴文明	冻害的气象因子与胡柚产量的相关性分析	浙江农业科学	2008	6
236	赵雪梅、叶兴乾、朱大元	常山胡柚皮中的一个新化合物（英文）	药学学报	2008	12
237	时海香、仲山民	常山胡柚天然色素的初步鉴定及其稳定性研究	林业科学研究	2008	6
238	姜苏州	常山：以胡柚产业提升工程推进富民强县	今日科技	2008	12
239	徐贵华、马汉军、张远、叶兴乾	热水提取胡柚果皮中矿物质、酚类物质及其水提液抗氧化性研究	食品工业科技	2008	12
240	赵雪梅、叶兴乾、朱大元	胡柚皮的化学成分研究（Ⅲ）	中草药	2009	1
241	刘春荣、郑江程、杨海英、吴雪珍、宋雪刚	废弃腐烂柑橘的无害化处理技术	中国果业信息	2009	3
242	张群、吴跃辉、刘伟	不同类型柑橘品种加工制汁适应性研究初探	农产品加工	2009	4
243	周华伟	衢州胡柚重返欧盟市场	中国果业信息	2009	4
244	毛华荣、傅虹飞、王鲁峰、吴鹏、卢琪、潘思轶	不同柑橘品种生理落果中橙皮苷和辛弗林含量测定	食品科学	2009	14
245	任贻军、张宏琳、李建英	胡柚的化学成分及药理作用研究	安徽农业科学	2009	21
246	高凤娟、曾慧	衢州柑橘产业化发展措施的探讨	江西农业学报	2009	8
247	周华伟、吴晓勤	衢州市柑橘出口现状与扩大出口对策	中国果业信息	2009	8
248	陆胜民、刘欠欠、杨颖、陶宁萍	胡柚果醋的研究现状及其进展	食品与发酵科技	2009	4

续表

序号	作者	题名	刊名	年	期
249	邢建荣、夏其乐、程绍南、叶兴乾、邵敏、张俊、陆胜民	胡柚汁脱苦工艺的研究	中国食品学报	2009	4
250	柯甫志、徐建国、聂振朋、孙建华、罗君琴、李丽	5 个柑橘品种与瓯柑的杂交效应	浙江柑橘	2009	3
251	刘春荣、郑江程、杨海英、查波、吴雪珍、郑雪良	一种小型柑橘盆栽的快速培育方法	浙江农业科学	2009	5
252	赵雪梅、叶兴乾、朱大元	常山胡柚皮的化学成分分离鉴定（英文）	北京大学学报（医学版）	2009	5
253	程绍南、张放	改革开放 30 年来我国柑橘加工业取得的成就与持续发展思路	中国果业信息	2009	11
254	刘欠欠、杨颖、陆胜民、陶宁萍、夏其乐、邢建荣	胡柚果醋生产菌种的筛选与鉴定	食品科学	2010	1
255	张丽芬	低产胡柚园高接换种的改造技术	现代农业科技	2010	5
256	张玉、吴慧明、王伟、王建清、白丽萍	不同品种柑橘果皮中类黄酮含量及其采后变化	食品科学	2010	6
257	闵鹏、赵庆春、高云佳、史国兵、颜鸣	常山胡柚汁化学成分的研究	中国药物化学杂志	2010	2
258	陆海霞、胡友栋、励建荣、蒋跃明	超高压和热处理对胡柚汁理化品质的影响	中国食品学报	2010	2
259	陈本令	胡柚低产园改造措施	福建农业	2010	5
260	张名福	柑橘果实粒化现象与天气等相关因素的关系研究	中国南方果树	2010	4
261	赵庆春、闵鹏、史国兵、高云佳	HPLC 同时测定常山胡柚汁中柚皮芸香苷、柚皮苷和新橙皮苷的含量	沈阳药科大学学报	2010	9
262	王然、姚晓玲、袁奇	亲水胶体对胡柚饮料稳定性的影响	饮料工业	2010	9
263	刘顺枝、江月玲、李小梅、张昭其、胡位荣	柚类果实采后生理及贮藏技术研究进展	食品科学	2010	21

续表

序号	作者	题名	刊名	年	期
264	赵四清、陈键民、吴群、李余生、毕旭灿、杨波	常山胡柚缺镁矫治试验初报	中国南方果树	2010	6
265	夏其乐、廖晓骏、程绍南、陆胜民	无糖胡柚皮果脯的研制	浙江农业科学	2010	6
266	徐青华、寿申岚、李芳	微波消解—火焰原子吸收光谱法测定常山胡柚中微量元素	中国卫生检验杂志	2011	1
267	徐晓、张海锋	胡柚的盆栽及养护	农家之友（理论版）	2011	1
268	洪燕、狄伟锋	常山县胡柚名片打造策略研究	文教资料	2011	3
269		2010年12月2日—12月14日中央电视台七频道《每日农经》节目内容	农村百事通	2011	3
270	徐雪梅	常山胡柚皮水提取物止咳祛痰作用考察	中国药师	2011	2
271	李丽、罗君琴、徐建国、柯甫志、聂振朋、孙建华	地方特色柑橘品种茎尖微芽嫁接脱毒育苗技术初探	现代园艺	2011	2
272	姜翔鹤、毕旭灿	不同采摘期对常山胡柚贮藏期果实枯水的影响	浙江柑橘	2011	1
273	赵四清、李余生、江美芳、黄良水、毕旭灿、杨波	应用食用菌废料提升胡柚果实品质试验	中国南方果树	2011	2
274	王建成	胡柚罐头的生产与品质控制技术研究	食品研究与开发	2011	4
275	李秀娟、周志钦	胡柚皮中柚皮苷的超声提取工艺研究	中国食品添加剂	2011	2
276	韩帅、李淑燕、陈芹芹、李珊、倪元颖	响应面分析法优化闪式提取胡柚皮中黄酮类化合物工艺	食品科学	2011	10
277	杨颖、邢建荣、陆胜民、夏其乐、陈剑兵	胡柚果醋的发酵工艺研究	浙江农业学报	2011	3
278	刘春荣、郑江程	干胡柚片生产增收调查及产业化发展对策探讨	浙江柑橘	2011	2
279	姜翔鹤	常山县葡萄（提子）产业发展的思考	浙江柑橘	2011	2

续表

序号	作者	题名	刊名	年	期
280	陈新建、俞日梁、潘富英	常山胡柚新品种选育初报	浙江林业科技	2011	4
281	武晓云、刘琦、郭玉双、武小霞	胡柚上柑橘衰退病毒的分子检测	东北农业大学学报	2011	7
282	韩晓祥、周凌霄、励建荣、杨菊红	超声波辅助提取胡柚皮黄酮及抗氧化作用研究	中国食品学报	2011	4
283	陈艳、冉旭	胡柚果醋发酵条件的优化研究	中国调味品	2011	9
284	毕旭灿、李余生、赵四清、杨波	常山胡柚青（干）果销售及其对产业的促进作用	浙江柑橘	2011	3
285	夏其乐、郑美瑜、杨颖、陈剑兵、张俊、陆胜民	胡柚皮总黄酮超临界 CO2 萃取工艺	农业机械学报	2011	9
286	吴倩、朴香兰、杨静	胡柚中 3 种主要黄酮类物质的含量测定	食品科学	2011	18
287	蒋剑平、许海顺、盛振华、张春椿、熊耀康、徐小忠	胡柚皮油的 β - 环糊精包合工艺研究	中华中医药杂志	2011	12
288	余华梅、徐法三	柑橘黑点病发病因素调查和田间消长观察初报	浙江农业科学	2011	6
289	吴元锋、毛建卫、刘士旺、黄俊	胡柚汁乳酸菌发酵脱苦工艺研究	浙江科技学院学报	2011	6
290	李余生、杨波、黄火贤	常山县胡柚产业发展现状与对策	浙江柑橘	2011	4
291	臧燕燕、张明霞、刘国杰、段长青	不同品种中国柚果皮中挥发性物质的组成及质量分数比较	中国农业大学学报	2011	6
292	余震	园地养殖提升衢州市绿色食品质量	绿色中国	2012	4
293	冯桂仁、姚晓玲、宋卫江、袁奇	胶体对水晶胡柚质构的影响	食品研究与开发	2012	3
294	李余生、赵四清	常山胡柚产业的社会化统一管理	浙江柑橘	2012	1
295	曹炎成、陈健民、李红叶	胡柚黄斑病防治药剂筛选试验	浙江柑橘	2012	1
296	孙国富	平板膜超滤法加工胡柚汁的研究	安徽农业科学	2012	11
297	谭柏韬、李茂娟、许怡晓、张海霞	常山胡柚引种栽培技术及其适应性分析	湖南林业科技	2012	2
298	关纯兴	区域农产品品牌协同管理研究	学术研究	2012	6
299	郭增喜、李文庭、李兆奎	不同产地积壳中柚皮苷和新橙皮苷的测定	中草药	2012	7

续表

序号	作者	题名	刊名	年	期
300	刘顺枝、江学斌、江月玲、黄永明、胡位荣	柚类果实提取物生理功能及综合利用研究进展	食品科学	2012	13
301	冯桂仁、姚晓玲、袁奇、黄琴	热处理与胡柚汁中柠檬苦素变化的相关性分析	食品与机械	2012	4
302	袁奇、姚晓玲、冯桂仁、黄琴	胡柚汁热处理过程柚皮苷变化特性	食品科技	2012	7
303	姜丽英、徐法三、黄振东、黄峰、陈国庆、李红叶	柑橘黑点病的发病规律和防治	浙江农业学报	2012	4
304	黄小春、季土明、王龙	常山县柚园养鸡的发展现状及对策调查	浙江畜牧兽医	2012	4
305	夏其乐、张俊、杨颖、陆胜民、周锦云	胡柚果皮果糕加工关键技术研究	食品科技	2012	8
306	张群、刘伟、谭欢、刘咏红	胡柚皮与胡萝卜复合低糖果酱的研制	湖南农业科学	2012	17
307	仲山民、常银子、王超、方仲、张婷婷	常山胡柚复合保健饮料的加工研制	广东农业科学	2012	21
308	余丽萍、李正洲、金志凤、李仁忠、黄敬峰	衢州市胡柚种植生态适宜性分析	生态学杂志	2012	11
309	罗丹冬、李庆国、张会平、李得堂、丘振文	SFE-CO_2和水蒸汽蒸馏提取胡柚皮精油的抗菌活性比较与GC-MS分析	中国医药指南	2012	32
310	闵鹏、闻晶、赵庆春、史国兵、高云佳	胡柚提取物抑制硝苯地平肝微粒体酶代谢的研究	中国药师	2012	12
311	吴文明、杨兴良、徐建国、赵四清、柯甫志、李余生、毕旭灿	胡柚新品种"脆红"	园艺学报	2012	12
312		浙江常山胡柚进京推介	经济	2013	1
313		浙江·衢州举办2012年度柑橘优果评比	中国果业信息	2013	1

续表

序号	作者	题名	刊名	年	期
314	张百刚、苑贤伟、蔡聪慧、来娜娜、苏凤贤	菠萝胡柚复合乳酸发酵饮料的研制	食品工业科技	2013	9
315	吴文明	胡柚新品种——脆红	中国果业信息	2013	2
316	闵鹏、马阳妹、赵庆春、孙方迪	常山胡柚汁对辛伐他汀在体肠吸收的影响	沈阳药科大学学报	2013	2
317	张俊、何静、周锦云、陆胜民	胡柚中抑制 α‐葡萄糖苷酶活性组分的研究	中国食品学报	2013	2
318	郅景梅、王敏	HPLC 法测定胡柚皮中多甲氧基黄酮类成分的含量	中医药信息	2013	2
319	张名福	18 个柑橘砧穗组合高接换种亲和性观察	中国南方果树	2013	2
320	吴志强、项玲、陈京	表面活性剂协同微波提取胡柚皮总黄酮的工艺研究	中国现代应用药学	2013	3
321	尹颖、陆胜民、陈剑兵、郑美瑜、夏其乐、张俊	柑橘皮渣制备低分子果胶及其抗癌活性的评价	浙江农业学报	2013	3
322	袁奇、姚晓玲、冯桂仁、张妍楠	冷藏过程中温度和气体条件对胡柚苦味的影响	食品科学	2013	22
323	唐鹏、刘春荣、俞志春	衢州市橘园经营形势及增收途径分析	中国园艺文摘	2013	7
324	李利改、席万鹏、张元梅、焦必宁、周志钦	中国特有柑橘属植物基本类型不同组织类黄酮含量分析	中国农业科学	2013	22
325	毕旭灿、刘春荣、裴祖旺、李水昌、李余生、郑雪良	常山胡柚小青果加工促农增收调查	中国果业信息	2013	11
326	张妍楠、姚晓玲、张国真、袁奇、冯桂仁	胡柚果胶提取工艺的综合评价	食品科技	2013	11
327	李水昌、毕旭灿、唐鹏、李余生、吴雪珍、刘春荣	常山县胡柚标准果园建设与生产技术	浙江柑橘	2013	4
328	武艳梅、陈芹芹、甘芝霖、王继恩、倪元颖	超高压提取富含诺卡酮柚皮精油工艺的研究	高压物理学报	2013	5
329	施堂红、刘晓政、严晓丽、占元毅	常山胡柚果品品质及贮藏过程中变化规律的研究	食品工程	2013	4

续表

序号	作者	题名	刊名	年	期
330	陈芝芸、李剑霜、蒋剑平、严茂祥、何蓓晖	胡柚皮黄酮对非酒精性脂肪性肝炎小鼠肝组织 SIRT1/PGC-1α 通路的影响	中国中药杂志	2014	1
331	赵四清、吴文明、徐建国、柯甫志、李余生、毕旭灿	常山胡柚中选育出的新品种——"脆红"	浙江柑橘	2014	1
332	李水昌、毕旭灿、吴雪珍、李余生、杨兴良、刘春荣	常山县胡柚标准果园建设与生产技术	浙江柑橘	2014	1
333	徐小忠、赵四清、汪丽霞	常山胡柚果皮中所含功能性成分与作用	浙江柑橘	2014	1
334	毕旭灿、裴祖旺、王涛、陆胜民、杨兴良	常山胡柚产业现状、存在问题及发展对策	浙江柑橘	2014	1
335	毕旭灿、刘春荣、李余生、赵四清、杨波、李水昌	常山胡柚加工销售现状与升级增效对策探讨	浙江柑橘	2014	1
336	张妍楠、姚晓玲、张国真、袁奇、冯桂仁	超声波辅助提取工艺对胡柚果胶品质的影响	食品工业	2014	3
337	宋剑锋、冯敬骞、胡建华、傅厚道	HPLC 法同时测定常山胡柚花中柚皮苷、橙皮苷和新橙皮苷的量	中草药	2014	6
338	叶文通、顾能华、徐进	基于机器视觉的胡柚分拣系统的研究与应用	湖南农机	2014	3
339	赵四清	常山胡柚新品种——脆红	中国果业信息	2014	5
340	王雪莲、胡军华、姚廷山、江东、刘荣萍、左佩佩、周娜、彭凤格、李鸿筠	52 份柑橘属种质对胶孢炭疽菌的抗性评价	中国南方果树	2014	3
341	张群、付复华、吴跃辉、朱玲凤、单杨	湖南杂柑品种外观品质与营养品质及感官评价之间的相关性研究	食品工业科技	2014	23
342	杨波、毕旭灿、赵四清	常山胡柚黑点病发生原因及防治措施	浙江柑橘	2014	2
343	褚武菁、张俊、陆胜民	胡柚果肉不同极性提取物对3T3-L1 脂肪细胞葡萄糖摄取率、白细胞介素 -6 及游离脂肪酸的影响	中医药学报	2014	3

序号	作者	题名	刊名	年	期
344	徐云龙、尹娟、胡小猫、陈亚茹	14个柚品种在赣中栽培比较试验	中国南方果树	2014	4
345	徐磊、宋洁、柳君君、张春椿、蒋剑平、熊耀康	胡柚宝片剂对小鼠的抗疲劳作用及其急性毒性研究	中国中医药科技	2014	4
346	赵四清、李余生、毕旭灿、杨兴良	常山胡柚"三疏一改"转型提升技术	浙江柑橘	2014	3
347	毕旭灿、刘春荣、李水昌、李余生、杨波、郑雪良	常山胡柚小青果生产加工促农增收调查	浙江柑橘	2014	3
348	邢建荣、程绍南、夏其乐、陈剑兵、陆胜民	胡柚全果饮品加工工艺和保质期研究	浙江农业学报	2014	5
349	唐仁龙、林敏、吴界、任思婕、张真真、张永勇、潘家荣	常山胡柚开发现状及进展	科技创新导报	2014	28
350	张真真、冯郑珂、林敏、任思婕、白冰冰、韦玮、潘家荣、张永勇	常山胡柚果皮果渣提取物泡腾片制备工艺研究	安徽农业科学	2014	29
351	吴丽萍、朱妞、臧鲍	超声波辅助蒸馏法提取胡柚皮中香精油的研究	黄山学院学报	2014	5
352	曹炎成	浙江·龙游柑橘开市良好	中国果业信息	2014	11
353	宋洁、徐磊、张春椿、熊耀康	胡柚宝片剂对小鼠免疫功能影响的研究	中国中医药科技	2014	6
354	胡思连	突破常规做大做强常山胡柚产业	浙江经济	2014	22
355	刘文娟、木尼热、吴春华、李珊、胡玥、胡亚芹	胡柚皮粉对带鱼肌原纤维蛋白凝胶特性的影响	现代食品科技	2015	1
356	刘晓政、施堂红、占元毅、严晓丽	常山胡柚皮柠檬苦素提取工艺	食品与生物技术学报	2014	12
357	宋剑锋、冯敬骞、胡建华、徐礼萍、傅厚道	常山胡柚不同生长期果实中3种成分含量的动态变化	中国现代应用药学	2014	12
358	何君、姚晓玲、冯桂仁、王瑞、杨柏林	胡柚精油纳米乳的制备及品质评价	食品研究与开发	2015	1

续表

序号	作者	题名	刊名	年	期
359	张睿轩、邱妘、房晓元	探究农产品供应链价格稳定性的影响因素——以常山胡柚为例	商场现代化	2015	4
360	赵秀玲	柚皮的天然活性成分的研究进展	包装与食品机械	2015	1
361	郑雪良、刘春荣、朱卫东、王登亮、方树古	胡柚粒粒橙饮料的研制	浙江农业科学	2015	2
362	刘春荣、王登亮、郑雪良	胡柚果实的营养与功能性组分研究进展	浙江农业科学	2015	2
363	陆胜民、张俊、郑美瑜、赵四清、王刚、杨兴良	常山胡柚营养成分及其保健功能研究进展	浙江柑橘	2015	1
364	何君、姚晓玲、冯桂仁、王瑞、杨柏林	胡柚精油提取工艺优化与理化特性研究	食品工业	2015	3
365	林绍生、刘冬峰、郭秀珠、黄品湖、徐文荣、陈巍	浙江柚类地方资源 SRAP 标记的遗传多样性分析	分子植物育种	2015	3
366	王艳丽、张俊、褚武菁、陆胜民	胡柚果肉组分的降糖作用及其降糖成分分布研究	营养学报	2015	2
367	方博文、齐睿婷、张英	常山胡柚果实不同部位有效成分含量及其抗氧化活性比较	食品科学	2015	10
368	张菊华、李志坚、单杨、刘伟、杨慧、黄绿红	柑橘鲜果皮中类黄酮含量比较与分析	中国食品学报	2015	5
369	邱超、胡承孝、谭启玲、孙学成、郑苍松、苏少康、胡育化、赵四清、陈健民	钙、硼对常山胡柚叶片养分、果实产量及品质的影响	植物营养与肥料学报	2016	2
370	施品忠、张洪林	四个柑橘品种优质稳产树型的修剪技术	现代园艺	2015	11
371	宋剑锋、冯敬骞、胡卫南、程闯、祝春仙、徐礼萍、柴鑫莉、方一超	枳壳终端市场的质量现状调查	中国药房	2015	16

续表

序号	作者	题名	刊名	年	期
372	刘春荣、毕旭灿、郑雪良、王登亮、杨波、陈俊、刘丽丽	常山胡柚疏果试验	浙江柑橘	2015	2
373	曹炎成、吴海镇、毛智军、李建业、周志成	异常高温干旱天气对胡柚产量与品质的影响	中国园艺文摘	2015	6
374	李剑霜、陈芝芸、蒋剑平、何蓓晖	胡柚皮黄酮对非酒精性脂肪性肝炎小鼠 Th17/Treg 平衡的调节作用	中国中药杂志	2015	13
375	郑雪良、刘春荣、王登亮、毕旭灿、杨波、孙崇德	胡柚小青果的黄酮类化合物及抗氧化活性研究	浙江农业学报	2015	7
376	朱志东、吴韶辉、徐建国	甜桔柚在 5 种中间砧上的表现比较	中国南方果树	2015	4
377	刘春荣、王登亮、毕旭灿、郑雪良、杨波、孙崇德	常山胡柚小青果乙醇提取物的黄酮类物质含量及抗氧化活性测定	中国南方果树	2015	4
378	耿国彪	常山胡柚香明星采柚忙——"绿色中国行走进美丽常山"公益明星助推绿色农林产品	绿色中国	2015	20
379	林如	践行"两山"思想唱响美丽常山——"绿色中国行——走进美丽常山"大型公益晚会侧记	绿色中国	2015	20
380	耿国彪	美丽常山在绿水青山中构建金山银山	绿色中国	2015	20
381	常发	"常山三宝"的前世今生	绿色中国	2015	20
382	林如	水酿的常山胡柚飘香	绿色中国	2015	20
383	宋剑锋、冯敬骞、徐礼萍、胡卫南、程闯、祝春仙、方一超、柴鑫莉、赵四清、胡建华、郑建李	枳壳与常山胡柚及其多个炮制品的质量评价	中国药房	2015	30
384	蒋红芝	胡柚提取液对 α - 淀粉酶的抑制作用	南方农业学报	2015	9
385	吴昊、潘思轶	亚临界水萃取常山胡柚皮中橙皮苷的工艺研究	湖北农业科学	2015	22

续表

序号	作者	题名	刊名	年	期
386	林敏、任思婕、张真真、唐仁龙、吴界、潘家荣、张永勇	常山胡柚降血脂成分提取工艺及其功能研究	核农学报	2015	12
387	郑美瑜、赵四清、邢建荣、夏其乐、王刚、杨兴良、陆胜民	常山胡柚与葡萄柚果实营养品质和功能成分对比研究	浙江农业学报	2016	1
388	张雪飞、朱文佩	胡柚高接无核椪柑技术	农技服务	2016	3
389	徐礼萍、宋剑锋、赵四清、杨毅、岳超、冯敬骞、戴德雄、毛培江、金捷、王也、徐勇慧、胡建华、黄晶晶、金祖汉	常山胡柚与不同来源枳壳对理气宽中功能的药效差异比较	中国实验方剂学杂志	2016	7
390	曹炎成	浙江·衢州胡柚片列入《浙江省中药炮制规范》	中国果业信息	2016	9
391	赵四清、王刚、陆胜民、陈成英、杨兴良	常山胡柚营养成分分析研究及其产业化应用前景	浙江柑橘	2016	4
392	刘冬峰、陈巍、林绍生、徐文荣、郭秀珠、黄品湖	基于 SSR 标记的浙江地方柚类种质资源遗传关系分析	果树学报	2017	2
393	曹炎成	浙江·2016 年衢州优质柑橘新品种评比结果揭晓	中国果业信息	2016	12
394	杨佩磊、蒋剑平、李全清、伍旭明、陈芝芸	胡柚皮黄酮对高脂血症大鼠的降血脂作用研究	中国中药杂志	2017	5
395	梅朝阳、胡康、张玉、朱正军、陈茂彬	胡柚糯米黄酒工艺的研究	酿酒科技	2017	5
396	舒祝明、蒋剑平、王建平、李全清、伍旭明	大孔树脂纯化胡柚皮总黄酮的工艺研究	中国现代应用药学	2017	5
397	李小梅、郑美瑜、汪丽霞、徐小忠、陆胜民	常山县不同区域胡柚果实生长过程中黄酮含量的监测	浙江柑橘	2017	2

续表

序号	作者	题名	刊名	年	期
398	刘春荣	衢州柑橘品种发展对策思考	浙江柑橘	2017	2
399	刘晓政、严晓丽、胡丹、施堂红、占元毅	常山胡柚不同部位中柠檬苦素的含量分析	食品工程	2017	2
400		"商标富农和运用地理标志精准扶贫十大典型案例"征集和评选活动圆满结束	中华商标	2017	7
401	束文秀、吴祖芳、刘连亮、翁佩芳	胡柚汁益生菌发酵挥发性风味特征	食品科学	2018	4
402	施灵荣、赵四清、方修贵	常山胡柚产业现状及开发前景	浙江柑橘	2017	3
403	何日贵、邱雪华、马珺、孙瑞琪、杨蒙	金融支持新型农业经营主体发展及问题研究——以常山县为例	绿色中国	2017	20
404	王笑笑、王思为、方月娟、胡泽富、钟松阳、楼丽君	衢枳壳不同组分体外降糖活性研究及 4 种黄酮组分含量分析	中国现代应用药学	2017	10
405	姜红宇、刘郁峰、盘雪、尹霞、王宗成	响应面法优化胡柚幼果中柚皮苷与新橙皮苷的提取工艺	中国现代应用药学	2017	11
406	施灵荣、林绍生、石学根	浙江省名柚资源与产业发展对策	浙江农业科学	2017	12
407	方修贵、方利明、舒建生、刘春荣、曹雪丹、赵凯	胡柚果醋固液双态发酵法生产工艺	浙江柑橘	2017	4
408	郑金喜	衢州举办农业"机器换人"暨柑橘转型农用无人机作业现场会	现代农机	2017	6
409	刘桨、张方敏、李兰馨、孙瑜、李威鹏、黄冲	基于 GIS 技术的常山胡柚栽培气候适宜性区划应用	安徽农业科学	2018	2
410	雷美康、彭芳、徐思绮、祝子铜、王笑笑、陈瑶、韩超	胡柚功能性成分检测技术研究进展	食品安全质量检测学报	2018	4
411	王刚、赵四清、陈成英、汪丽霞、裴祖旺	常山胡柚专用有机无机复合肥应用试验初报	浙江柑橘	2018	1

续表

序号	作者	题名	刊名	年	期
412	赵四清、王刚、汪丽霞、胡承孝、柯甫志、陈成英	常山胡柚果实品质与土壤环境条件相关性研究	浙江柑橘	2018	1
413	黄文康、岳超、宋剑锋、丁国琴、张文婷、赵维良	HPLC 同时测定衢枳壳中 7 种指标成分的含量	中国现代应用药学	2018	3
414	徐科龙	常山胡柚再升级　遍地种出"致富果"	浙江林业	2018	4
415	高操、张方敏、孙瑜、李兰馨、刘桨、李威鹏、黄冲	基于 GIS 技术的常山胡柚冻害风险评估	湖北农业科学	2018	9
416	杨波、刘春荣、毕旭灿、吴雪珍、郑雪良	胡柚树庭院绿化及栽培管理技术	农业科技通讯	2018	7
417	李益、马先锋、唐浩、李娜、江东、龙桂友、李大志、牛英、韩瑞玺、邓子牛	柑橘品种鉴定的 SSR 标记开发和指纹图谱库构建	中国农业科学	2018	15
418	岳超、马临科、宋剑锋、张文婷、赵维良	衢枳壳 HPLC 指纹图谱的建立及特征成分分析	中国现代应用药学	2018	8
419	雷美康、冯敬骞、徐思绮、彭芳、祝子铜、叶有标、徐佳文、韩超	超高效液相色谱—串联质谱法同时测定胡柚中 9 种功能性成分	浙江农业科学	2018	10
420	马强、钱自顺	原产地保护标识下农产品收益的制约因素分析——常山胡柚生产者视角	安徽农业科学	2018	28
421	方健、吴晓宁、蒋剑平、毛磊	常山胡柚皮黄酮类成分指纹图谱与其抗氧化活性的谱效关系研究	中国现代应用药学	2018	10
422	曹敬华、丁建设、杨裕才、陈茂彬、朱正军	胡柚果酒酿造工艺优化	中国酿造	2018	10
423	刘文静、潘葳	柑橘属果实中类黄酮成分的高效液相色谱标准化测定方法	中国农学通报	2018	32

340

续表

序号	作者	题名	刊名	年	期
424	严晓丽、闫倩倩、刘晓政、黄浩霞、郑志有、施堂红	高效液相色谱法测定衢枳壳中新橙皮苷及柚皮苷	食品研究与开发	2018	21
425	陈成英、赵四清、裴祖旺、曾鸿良、李水昌、王刚、毕旭灿、杨波	常山县胡柚产业现状及发展对策建议	浙江柑橘	2018	4
426	李青松	胡柚：自备冰箱的果子	中国林业产业	2018	12
427	曹锦萍	胡柚采后的品质变化及保鲜技术	新农村	2019	2
428	束文秀、吴祖芳、翁佩芳、张鑫	植物乳杆菌和发酵乳杆菌对胡柚汁发酵品质及其抗氧化性的影响	食品科学	2019	2
429	许守超、陈屠梦、包绍印、吴双双、陈天翔、李晓红	衢枳壳的药理作用研究进展	中国高新科技	2019	10
430	赵维良、黄琴伟、张文婷、岳超、宋剑锋	中药材衢枳壳的基源植物研究	中国现代应用药学	2019	13
431	杨波、汪丽霞、王满姬	常山胡柚衢枳壳产业发展概况	浙江柑橘	2019	2
432	田园、吴祖芳、翁佩芳、张鑫	酶解法制备胡柚汁的响应面优化	宁波大学学报（理工版）	2019	4
433	曾惠明、徐天有、石玲丽、吕亮、李建光	胡柚皮中类黄酮素提取及残渣综合利用工艺研究	安徽农业科学	2019	14
434	郑美瑜、向露、邢建荣、陆胜民	水解工艺及对胡柚黄酮生物利用率影响的研究	营养学报	2019	4
435	何海丽、余贞水、周映民	全面提振常山胡柚产业	浙江经济	2019	21
436	汪丽霞、杨波、徐小忠、聂振朋	常山胡柚深加工产品开发综述	浙江柑橘	2019	4
437	杨波、汪丽霞、张智慧、王满姬	2018年常山县胡柚销售状况及对策	浙江柑橘	2019	4
438	俞建顺、陈芝芸、吴黎艳、何蓓晖、严茂祥、蒋剑平	胡柚皮黄酮对非酒精性脂肪性肝炎小鼠肝脏 NLRP3 炎症小体的影响	中国药学杂志	2019	24
439	刘春荣、王登亮、吴雪珍、姜翔鹤、杨波	衢州市"红美人"杂柑产业发展现状与对策建议	中国果业信息	2019	12

续表

序号	作者	题名	刊名	年	期
440	曹炎成	浙江：精品柑橘擂台赛中龙游柑橘喜获三个一等奖	中国果业信息	2019	12
441	严晓丽、刘晓政、闫倩倩、黄浩霞、施堂红	常山县不同区域衢枳壳中柚皮苷、新橙皮苷含量分析	食品工程	2019	4
442	陈旋、祝林虎、孔梦洁、张娇、徐晓云、潘思轶、胡婉峰	杀菌方式对胡柚百香果复合果汁挥发性成分的影响	华中农业大学学报	2020	2
443	李晓庆、蔡颖、潘思轶、李秀娟	氯甲酸异丁酯二次衍生—气相色谱法检测柑橘中游离氨基酸	华中农业大学学报	2020	2
444	唐伟敏、邢建荣、杨颖、向露、王思农、陆胜民	四种杂柑全果饮品的加工适应性与贮藏特性	浙江农业学报	2020	3
445	冯敬骞、胡卫南、徐礼萍、李姜言、王思为、宋剑锋	HPLC法同时测定不同采集地衢枳壳中12种黄酮类成分的含量	中国药房	2020	5
446	张志慧、郑浩、汪丽霞	以信用建设推动常山胡柚产业高质量发展	浙江柑橘	2020	1
447	雷美康、彭芳、徐佳文、祝子铜、余琪、吴小珍	超高效液相色谱—串联质谱法同时测定柑橘中的吡虫啉、啶虫脒和噻嗪酮残留量	食品安全质量检测学报	2020	7
448	高歌、庞雪莉、刘海华、邹辉、廖小军	基于GC-MS-O香气成分分析和多元统计分析的柚子品种鉴别	中国食品学报	2020	5
449	吴群、程慧林、陈骏、陈健民	衢州两种花叶变异柑橘的差异性研究	浙江柑橘	2020	2
450	姜翔鹤、张志慧、毕旭灿、杨波、刘春荣、吴雪珍、王登亮、徐声法	枳基砧蜜橘中间砧高接胡柚培育大苗及移栽技术	浙江柑橘	2020	2
451	徐小忠、杨波、张志慧、郑浩、汪丽霞	常山胡柚功能性产品开发现状及对策	浙江柑橘	2020	2
452	郑雪良、程慧林	衢州柑橘产业发展对策研究	浙江柑橘	2020	2
453	吴厚玖	国内外柚子汁的加工技术和市场前景	饮料工业	2020	3
454	姜利成	破解常山农业农村发展若干问题的思考	新农村	2020	7

序号	作者	题名	刊名	年	期
455	李建华	常山胡柚关键栽培技术	农业科技通讯	2020	7
456	陈英、王宗琪、侯建花、雷海芬、林建荣、张少华	胡柚嫁接换种技术对比试验	中国林副特产	2020	4
457	刘钊、严子军、许逸琼	利用表面活性剂超声波辅助提取胡柚皮黄酮的研究	食品研究与开发	2020	18
458	徐小忠、郑浩、郑湾湾、杨波、汪丽霞	常山胡柚花茶窨制技术研究初探	浙江柑橘	2020	3
459	王建华	柑橘果实日灼病与主要矿质元素含量关系的分析	浙江柑橘	2020	3
460	郑明、金情政、王也、宋剑锋、胡卫南、徐礼萍、郑彩霞	ICP-MS 法分析衢枳壳中的无机元素	华西药学杂志	2020	5
461	王方杰、吴祖芳、翁佩芳、张鑫、田园	胡柚黄酮对高脂饮食诱导的肥胖小鼠模型肠道菌群的调节作用	食品科学	2020	21
462	曹锦萍	胡柚的采收及保鲜技术	农村百事通	2020	22
463	颜旭、王方杰、吴祖芳、翁佩芳	乳酸菌发酵胡柚汁对小鼠肥胖的调节作用	食品科学	2021	15
464	何伯伟、姜娟萍、徐丹彬	道地药材衢枳壳和覆盆子生产技术	新农村	2021	1
465		常山胡柚"果"真有用	农产品市场	2021	2
466	黄海丽、庄海峰、张春荣、党洪阳、平立凤、张昌爱、樊宙、单胜道	沼液替代化肥对土壤肥力与胡柚品质的影响	浙江农业科学	2021	2
467	杨波、刘春荣、毕旭灿、汪丽霞、姜翔鹤	常山县培育香橙产业的前景及对策分析	中国果业信息	2021	2
468	杨波、戴翔、汪丽霞、张志慧	常山胡柚品牌管理和建设概述	浙江柑橘	2021	1
469	段辉根、戴翔、张志慧、汪丽霞、李余生	常山胡柚青果茶加工技术要点	浙江柑橘	2021	1

续表

序号	作者	题名	刊名	年	期
470	汪丽霞、林秋雅、徐小忠、郑浩、何龙生、郑湾湾、赵四清	不同套袋处理对常山胡柚果实品质的影响	浙江柑橘	2021	1
471	杨波、戴翔、汪丽霞、张志慧	2020 年常山胡柚电商销售情况概述	浙江柑橘	2021	2
472	张志慧	常山县探索全产业链模式推动常山胡柚产业高质量发展	浙江柑橘	2021	2
473	李玉彤、吴祖芳、翁佩芳、陈功	搅拌结合 pH 控制 10L 发酵罐条件下乳酸菌发酵胡柚汁研究	核农学报	2021	10
474	翁永发	胡柚的生态高效栽培技术	浙江林业	2021	8
475	徐小忠、汪丽霞、刘伟伟、郑湾湾、杨波、张志慧	常山胡柚青果果酒制备工艺研究	浙江柑橘	2021	3
476	程玉娇、李贵节、欧阳祝、谈安群、吴厚玖、梁国鲁、王华、陈炜铃、王震寰	基于 GC-MS/PFPD 和 PCA 分析不同品种柚汁的挥发性风味组分	食品与发酵工业		
477	谢善鹏、解凯东、夏强明、周锐、张成磊、郑浩、伍小萌、郭文武	柑橘 6 个地方品种资源四倍体高效发掘及分子鉴定	果树学报	2022	1
478	仲山民、陈梦静、仲怿	常山胡柚不溶性膳食纤维的提取工艺研究	中国食品添加剂	2021	10
479	姚周麟、吴韶辉、平新亮、叶春勇、林媚	常山胡柚中类黄酮等功能性成分的功效和开发进展	浙江柑橘	2021	4
480	张志慧、段辉根、刘伟伟、汪丽霞、李余生	常山胡柚青果茶品质研究	浙江柑橘	2021	4
481	王刚、聂振朋、柯甫志、赵四清、孙立方、黄秀、孙建华、徐建国	不同药剂对胡柚黑点病防治效果研究	浙江柑橘	2021	4
482	张欣欣、李尚科、李跑、单杨、蒋立文、刘霞	近红外漫反射光对水果的穿透能力研究	中国食品学报	2022	1

续表

序号	作者	题名	刊名	年	期
483	李荣会、王中秋、汪东东、党洪阳	叶面喷施中微肥对胡柚果实产量及品质的影响	浙江农业科学	2022	2
484	朱泰霖、王慧心、陈杰标、王岳、曹锦萍、李鲜、孙崇德	不同品种柑橘果实的类黄酮分离纯化及其抗氧化活性研究	浙江大学学报（农业与生命科学版）	2021	6
485	徐芳杰、蒋飞、安海山、章加应、徐志宏、王鹏	载果量对初果期晚熟杂柑风味及质地品质的影响	南方农业学报	2022	1
486	郑利、张水根、郑洁	衢州市甜橘柚引种表现及优质高产栽培技术	现代农业科技	2022	4
487	潘晓辉	搭建"两山银行"促进山区共同富裕	政策了望	2022	2
488	潘小军	胡柚香袭人味美益健康	养生月刊	2022	3
489	汪丽霞、戴翔、郑浩	常山县打造"一切为了 U"推动常山胡柚产业蓄力腾飞	浙江柑橘	2022	1
490	仲山民、陈梦静、仲怿	常山胡柚可溶性膳食纤维的提取工艺优化	食品工业	2022	3
491		写好共同富裕"山海经"	中国纪检监察	2022	7
492	程慧林、孙建城、吴群、郑雪良	高效液相色谱法测定不同柑橘品种新老叶类黄酮含量	安徽农业科学	2022	7
493	兰紫悠	"双碳"背景下衢州绿色金融模式及优化路径研究	现代商贸工业	2022	12
494	汪明土、张志慧、刘春荣、杨波、汪丽霞、毕旭灿、王刚	常山胡柚园土壤肥力现状与优质土壤培育措施	果树实用技术与信息	2022	5
495	程玉娇、李贵节、欧阳祝、谈安群、吴厚玖、梁国鲁、王华、陈炜铃、王震寰	基于气相色谱—质谱/脉冲火焰检测器和主成分分析对不同品种柚汁挥发性风味组分的分析	食品与发酵工业	2022	10
496	项勇义	十年树木	小学生时代	2022	6
497	刘春荣、汪丽霞、徐小忠、杨波、张志慧、毕旭灿	常山胡柚精深加工产业高质量发展研究	中国果业信息	2022	6
498	孙心悦、杨春柳、黄歆怡	为了"U"促就业	浙江人大	2022	7

续表

序号	作者	题名	刊名	年	期
499	汪丽霞、郑浩、徐小忠、杨波、刘春荣、黄志、李鸿春、徐礼萍	常山胡柚小青果干制工艺对制成品"衢枳壳"品质的影响	中国南方果树	2022	4
500	姜翔鹤、王登亮、查波、吴雪珍、杨波、汪丽霞、张志慧、毕旭灿、彭国方	菜枯与复合肥配施对常山胡柚产量、品质及抗冻性的影响	中国南方果树	2022	4
501	李中文	念好"山海经"，走好共富路（上）	浙江画报	2022	8
502	叶雨蒙、胡诗雨、徐象华、颜福花、秦路平、朱波	衢枳壳及其近缘种中四种黄酮苷类成分含量测定与相关性分析	浙江中西医结合杂志	2022	8
503	毛桑隐、汪丽霞、宋剑锋、刘胜军、王沦、徐强	基于全基因组信息的常山胡柚遗传鉴定	果树学报	2023	1
504	陆胜民、王璐、郑美瑜、汪丽霞、赵四清、朱卫东	干燥方式和臭氧对胡柚小青果干品有效成分和农残的影响	保鲜与加工	2022	8
505	郑成、赵维良、宋剑锋、汪丽霞、张文婷	衢枳壳作为枳壳药用的论证和研究	中国现代应用药学	2022	16
506	江丽洁、田晓黎、袁强、刘巨钊、崔琦	常山胡柚栽培技术及衢枳壳化学成分和药理作用的研究进展	浙江林业科技	2022	5
507	童监萍、袁丹丹	胡柚种植生长与气象相关要素分析	浙江农业科学	2022	12

常山胡柚国家标准

ICS 67.080.10
B 31

中华人民共和国国家标准

GB/T 19332—2008
代替 GB 19332—2003

地理标志产品 常山胡柚

Product of geographical indication—
Changshan huyou

2008-06-25 发布　　　　　　　　　　2008-10-01 实施

中华人民共和国国家质量监督检验检疫总局
中国国家标准化管理委员会　发布

前　言

本标准根据国家质量监督检验检疫总局颁布的 2005 第 78 号令《地理标志产品保护规定》及 GB 17924—1999《原产地域产品通用要求》制定。

本标准代替 GB 19332—2003《原产地域产品　常山胡柚》。

本标准与 GB 19332—2003 相比主要变化如下：

——标准属性由强制性国家标准改为推荐性国家标准；

——按《地理标志产品保护规定》，修改标准名称"原产地域产品"改为"地理标志产品"；

——修改了栽培技术，如株行距、施肥等要求；

——将"质量等级"改为"分级"，删除了"等级容许度的试验方法"；

——修改了感官要求中的果径指标，增加了风味要求，对果面进行了分级，提高了对果实的外观要求；

——删除了果实的采收理化指标，增加了产品的理化指标；

——修改了判定规则。

本标准由全国原产地域产品标准化工作组提出并归口。

本标准起草单位：浙江省常山县质量技术监督局、浙江省常山县农业局。

本标准主要起草人：贝增明、叶杏元、施堂红、吴文明、胡俊、杨兴良、方荣春、苏辉芳。

本标准所代替标准的历次版本发布情况为：

——GB 19332—2003。

GB/T 19332—2008

地理标志产品　常山胡柚

1　范围

本标准规定了常山胡柚的术语和定义、地理标志产品保护范围、要求、试验方法、检验规则和标志、标签、包装、运输和贮存。

本标准适用于国家质量监督检验检疫行政主管部门根据《地理标志产品保护规定》批准保护的常山胡柚。

2　规范性引用文件

下列文件中的条款通过本标准的引用而成为本标准的条款。凡是注日期的引用文件,其随后所有的修改单(不包括勘误的内容)或修订版均不适用于本标准,然而,鼓励根据本标准达成的协议的各方研究是否可使用这些文件的最新版本。凡是不注日期的引用文件,其最新版本适用于本标准。

GB/T 8210　出口柑桔鲜果检验方法

GB/T 8855　新鲜水果和蔬菜的取样方法

GB/T 10547　柑桔储藏

GB/T 13607　苹果、柑桔包装

GB 18406.2　农产品安全质量　无公害水果安全要求

GB/T 18407.2　农产品安全质量　无公害水果产地环境要求

NY/T 5015　无公害食品　柑桔生产技术规程

3　术语和定义

下列术语和定义适用于本标准。

3.1

常山胡柚　Changshan huyou（*Citrus paradis*. cv. changshan huyou）

原产浙江常山地理标志产品保护范围内的一种杂种柚,果实高扁圆形,较大,橙黄色或黄色,果面光滑,肉质细嫩多汁,味酸甜爽口,微苦。

3.2

绿叶层厚度　thickness of green leaf layer

树冠内膛有叶部位至树冠外围之间长有叶片那部分的厚度。

3.3

树高冠率　tree height/canopy diameter ratio

树体高度与树冠横径的比例。

3.4

树冠覆盖率　canopy projection/orchard area ratio

树冠投影面积与园地面积的比例。

3.5

风斑　wind bruise

果实与树枝发生摩擦引起的果皮表面伤痕。

3.6

烟煤病菌迹　sooty mould spot

病菌覆盖在果面上的一层似烟煤的黑色物。

4　地理标志产品保护范围

常山胡柚地理标志产品保护范围限于国家质量监督检验检疫行政主管部门根据《地理标志产品保护规定》批准的范围,限于常山县现辖行政区域内,见附录 A。

5　要　求

5.1　环境

生产环境应符合 GB/T 18407.2 的规定。

5.2　苗木

采用嫁接繁殖,砧木为枳,接穗应来自优株母本园。苗木的质量要求应符合表 1 的规定。

表 1　苗木质量要求

级　别	指　　　标			
	苗木干粗(直径)/ cm	苗　高/ cm	根　系	检疫性 病虫害
一级	≥0.8	≥50	发　达	无
二级	≥0.6	≥40	较发达	无

5.3　栽培技术

5.3.1　栽植

5.3.1.1　山地应筑梯地,梯地梯面宽应在 3 m 以上,于秋冬挖定植沟,宽 1.0 m,深 0.8 m 为宜,下填有机肥每公顷 150 t~200 t,后覆土填实,高出地面 15 cm~20 cm。

5.3.1.2　平地可挖穴定植,定植穴长、宽各 1.0 m,深 0.5 m 以上,穴内分层施栏肥等有机肥 50 kg~70 kg。

5.3.1.3　栽植密度:山地株行距(3.5 m~4.0 m)×4.0 m 为宜;平地株行距 4.0 m×(4.0 m~4.5 m)为宜。

5.3.1.4　栽植时期:以春季定植为好。

5.3.2　整形修剪

5.3.2.1　整形

在苗木定干基础上,第一、二年培养主枝和选留副主枝,第三、四年继续培养主枝和副主枝的延长枝,合理布局侧枝群。每年培养 3 次~4 次梢,及时摘除花蕾。投产前一年树高冠率控制在 1.0~1.2之间。

5.3.2.2　修剪

保持生长结果相对平衡,绿叶层厚度 120 cm 以上,树冠覆盖率 80%~85%。修剪因树制宜,删密留疏,控制行间交叉,保持侧枝均匀,冠形凹凸,上下大,通风透光,立体结果。

5.3.3　保果(花)与疏果

5.3.3.1　保果(花):叶花比在 2:1 以下的树采取保果(花)措施。

5.3.3.2　疏果:按叶果比 60:1~70:1 进行疏果,疏除病虫果、畸形果、特大果和特小果。多果树应控果促梢,成年树在定果后按株产量 50 kg 留果 220 只~250 只。

5.3.4　水分管理

5.3.4.1　在花期、新梢生长期和果实膨大期要求土壤含水量保持 20%~30%,相当于田间持水量 60%~

80%,采前 20 d 内应当适当控制水分供应。

5.3.4.2 旱季、旱冬及寒潮来临前应灌水。

5.3.4.3 雨季及台风季节,应注意排水。

5.3.5　合理施肥

5.3.5.1　幼龄树施肥

幼龄树在每年 3 月至 8 月上旬采取薄肥勤施,每月施一次稀薄人粪尿或 2‰～3‰尿素液等速效肥,8 月下旬至 10 月停止施肥,11 月上旬施越冬肥。

5.3.5.2　成年树施肥

成年树按施肥方式一年施肥 1 次～3 次。施肥重点时期:芽前肥:2 月下旬至 3 月下旬;壮果肥:6 月下旬至 7 月中下旬;采果肥:采果后 3 d 至 7 d。

5.3.5.3 施肥重视有机肥的使用,注意平衡施肥,使氮、磷、钾及钙、镁、锌等微量元素供应全面,防止缺素症的发生。

5.3.6　病虫害防治

5.3.6.1 病虫害防治采取预防为主,综合防治的原则,合理采用农业、生物、物理和化学等防治措施。着重防治溃疡病、黄斑病、黑点病、红蜘蛛、锈壁虱、潜叶蛾、蚧类、黑刺粉虱、花蕾蛆等病虫害。

5.3.6.2 病虫害防治按 GB 18406.2 和 NY/T 5015 的规定执行,严禁使用国家明令禁止的高毒、高残留农药,采摘前 30 d 禁止使用化学农药。

5.4　采收

在正常的气候条件下,露地栽培的禁止在 10 月 30 日前采收,以 11 月中下旬采收为佳。

5.5　分级

分为特级、一级、二级。

5.6　感官要求

感官要求应符合表 2 规定。

表 2　感官要求

规格	级　别		
	特级	一级	二级
果径/mm	≥85～≤95	≥75～≤95	≥65～≤105
果形	扁圆或球形,具有本品种固有的特征		
风味	甜酸适度、清凉爽口、微苦		
色泽	橙黄色或黄色		
果面	果面洁净、果皮光滑;无刺伤、碰压伤、日灼、干疤;允许在果面不显著位置有极轻微油斑、菌迹、药迹、风斑等缺陷	果面洁净,果皮较光滑;无刺伤、碰压伤;允许单个果有轻微日灼、干疤、油斑、菌迹、药迹、风斑等缺陷	果面光洁,无溃疡病斑,无明显影响果面美观的机械伤、日灼斑、病虫危害斑、风斑、烟煤病菌迹、药迹等缺陷

5.7　理化指标

理化指标应符合表 3 的规定。

表 3　理化指标

项　目		级　别		
		特级	一级	二级
可溶性固形物含量/%	≥	11.0	10.5	10.0
可滴定酸含量/%	≤	1.1	1.2	1.2

GB/T 19332—2008

5.8 **卫生安全指标**
按照 GB 18406.2 有关规定执行。

6 **试验方法**

6.1 **取样方法**
按 GB/T 8855 有关规定执行。

6.2 **环境**
按 GB/T 18407.2 的规定执行。

6.3 **苗木干粗和苗高**
干粗以嫁接口上 3 cm～5 cm 处用游标卡尺测定苗木横径;苗高用卷尺测定从嫁接口至苗木顶端顶芽的高度。

6.4 **感官检验**

6.4.1 **果径**
用游标卡尺或分级板进行检验。

6.4.2 **果形、色泽、风味、果面**
果形、色泽、风味、果面等采用目测、口尝进行检验。

6.5 **理化指标测定**

6.5.1 **可溶性固形物**
按 GB/T 8210 规定执行。

6.5.2 **总酸含量**
按 GB/T 8210 规定执行。

6.6 **卫生安全指标**
按 GB 18406.2 有关规定执行。

7 **检验规则**

7.1 **组批**
同一生产销售单位、同一等级、同一包装、同一贮藏条件的产品作为一个检验批。

7.2 **交收检验**
产品交收时应按照本标准 5.6、5.7 进行检验。

7.3 **型式检验**
型式检验项目为本标准全部要求,有下列情况之一时应进行型式检验:
   a) 前后两次抽样检验结果差异较大时;
   b) 因人为或自然因素使生产环境发生较大变化时;
   c) 国家质量监督机构提出型式检验要求时。

7.4 **判定规则**

7.4.1 感官要求的总不合格品百分率不超过 5%,且理化指标、卫生指标均为合格,则该批产品判为合格。

7.4.2 感官要求的总不合格品百分率超过 5%,或理化指标、卫生指标有一项不合格,或标志、标签不合格,则该批产品判为不合格。

7.4.3 对生产企业预包装检验不合格者,可按本标准要求允许复验,复验不合格的则判该批产品不合格。

GB/T 19332—2008

8 **标志、标签、包装、贮运**

8.1 **标志、标签**

在外包装上应标明品名(常山胡柚)、产地、等级(特级、一级、二级)、净含量(千克或果数)、包装日期、地理标志产品专用标志、执行标准编号、"小心轻放"、"防晒防雨"等警示内容。

8.2 **包装**

按 GB/T 13607 有关规定执行。

8.3 **运输**

运输工具应清洁、卫生、干燥、无异味。

8.4 **贮藏**

在常温下贮藏,按 GB/T 10547 规定执行。

后记

　　常山胡柚是常山县独有的地方柑橘品种，发展至今已有600多年的历史，是国优名果、当地百姓的"致富果""摇钱树"。

　　从20世纪80年代开始，常山县历届党委、政府高度重视胡柚产业发展，构建了"历任县委书记齐抓一只果"的顶层设计，使其成为常山县农业经济支柱产业。进入21世纪，常山胡柚产业步入快速高质量发展阶段，常山胡柚从"山间野果"变为"致富金果"，跻身全国"名特优新"水果行列，成为国家地理标志产品、消费者最喜爱的100个农产品区域公用品牌。胡柚已经成为常山县靓丽的城市封面，对外的"金名片"，书写了"一只果带富一方百姓，成就一座城"的华丽篇章。常山胡柚发展历史悠久、文化底蕴浓厚、社会影响深远，但是，长期以来一直没有一本能够全面反映常山胡柚全历史发展周期、全产业链发展过程的书。

　　《一只果　一座城——常山胡柚发展史》一书就是在这样的背景下应运而生。这本以胡柚为主题的书，有关于胡柚的种植、科研、加工方面的内容，还有关于胡柚的历史文化、品牌宣传、政策支持等方面的内容，全书共有十二章，是一部比较完整、全面真实展示常山胡柚发展历史的书。

　　在策划编辑《一只果　一座城——常山胡柚发展史》过程中，常山县委组织部人才办、常山县农业农村局给予了大力支持。本书也是浙江省 2021 年"希望之光"计划——常山胡柚全产业链人才培育工程项目形成的重要成果。常山县档案馆、常山县文联为编者查阅历史档案、资料开辟"绿色通道";常山县农业农村局副局长杨兴良同志长期从事胡柚研究，担任本书主编;胡柚产业专家高级农艺师汪丽霞同志担任副主编。采编过程中，编者专访了胡柚种植、科研、加工、销售方面的专业人士，收录与引用了《衢州府志》《常山县志》《衢州柑橘志》及新闻媒体中大量有关胡柚的资料。本书采用的图片主要由常山县档案馆、常山县农业农村局、常山县阿良文化创意工作室、衢州市常山宋诗之河文化传媒有限公司等提供，由于涉及原作品内容多，不再一一列举，在此一并感谢。同时感谢叶杏元、贝增明等老一辈胡柚科技工作者，以及常山县委组织部胡斌，常山县农业农村局郑君、毕旭灿、王刚等同志在本书策划、编辑过程中提供的帮助。可以说，本书能够在一年多的时间内编辑成书，倾注了众多人的心血，是集体智慧的结晶，在此，我们对所有给予过支持帮助的同志们表示深深感谢。

由于学识水平、编撰经验和掌握资料有限，书中难免有遗漏、错误、不足之处，有待后续继续更正完善，恳请专家、读者批评指正。

编者

2023 年 8 月